체육세미나(석 · 박사 쉽게 논문쓰기 요령)

김두기 · 이승도 · 정정화 · 이은하 · 김종언 · 김연수

도서출판 **진 영 사**

체육세미나(석 · 박사 쉽게 논문쓰기 요령)

김두기 · 이승도 · 정정화 · 이은하 · 김종언 · 김연수

2011년 4월 18일 초판인쇄
2011년 4월 20일 발 행
발행인 박 진 영
발행처 도서출판 진영사
인천광역시 부평구 삼산동 200-2 대림하이츠빌라 301-401호
전화 : 032)505-4207
팩스 : 032)505-4206
E-mail : 0183734207@hanmail.net
등록 : 122-91-77317

ISBN 978-89-6541-035-5 92690
값 15,000 원

머리말

논문을 쓸 때 누구나 시도를 하지도 않으면서 난 못해 어떻게 할까 망설이는 사람들이 많다. 우선적으로 논문은 가장 쉽게 자기가 편지나 일기를 쓴다고 생각하면서 차근차근 자료를 수집하는 것이 최우선이다.

인간만이 글을 사용할 줄 알고, 이러한 글을 통하여 인간은 가장 효과적으로 자기의 정보를 남에게 전달하며, 남의 정보를 전달받기도 한다. 그러나 아무리 좋은 정보라 해도 다른 사람에게 전달하는 방법이 서투르다면 그 효과는 반감되고 말 것이다. 특히 학문적 연구 결과를 글로 표현하는 방법이 과학적이고 체계적이며 논증적 서술방법이어야 함은 바로 이런 이유 때문이다. 이러한 견지에서 어떤 주제에 따른 자기의 주장과 지식 및 연구 결과를 정리하여 글로 표현해야 될 때 대체로 우리는 논문이라는 형식적 틀(手段方便)을 동원한다.

우선 생각을 많이 하게 되는 것은 바로 제목이다. 제목을 석사와 박사에 따라서 제목을 정하는 것이 다르며, 독립변수와 종속변수에 따라서 석사는 독립변수가 하나면 되지만 박사논문은 2개 이상이어야 한다.

제목을 정했으면 제목에 따라서 자료 수집을 하고, 서두부분을 양식에 맞추어 설정한다. 처음에는 많은 양을 만들고 차츰 요약하면서 정리를 한다.

이론적 배경부분은 제목과 필요성 및 가설에서 주제를 잘 파악하여 나열한다.

연구방법은 가설을 세울 때 미리 계획하여 설계를 한다.

결론은 결과를 요약하면 되고, 초록은 전체적인 것에서 나열하면서 간단명료하게 요약한다.

참고문헌은 미리 정리하면서 모아놓아야 쉽고, 논문에서 발췌한 것인지 책인지, 아니면 학회논문인지 등 미리 저장을 해두는 것이 바람직하다.

이 책의 자료는 국회도서관 논문검색을 통하여 얻은 자료와 석·박사 공부할 때 과제로 모은 자료를 활용하고 인터넷 다음에서 주로 발췌를 하였으며, 많은 석 박사들이 참고 문헌에 표기 된 인터넷 주소로 들어가 활용하거나 자료를 찾으면 될 것이다.

논문은 대체로 보면 결론이 나오면 그다음에 이론적 배경을 구하는 것이 더욱 쉽고 편안하다.

모든 사람들이 논문을 수행하면서 실행을 할 수 있는 능력과 지식을 갖게 함에 다소의 보탬이 되었으면 한다.

끝으로 언급은 못했어도 많은 자료에 도움을 주신 여러분께 감사를 드립니다.

2011년 4월
논문 연구 모임
김두기, 이승도, 정정화, 이은아, 김종언, 김연수 올림

목 차

제1장 논문주제 선정

제2장 논문제목 선정 및 자료수집

제3장 연구 계획 구성

제4장 논문 형식

제5장 논문 작성시 주의사항과 인용법

제6장 신뢰도와 요인분석

제7장 기초통계 종류

제8장 교차분석과 T검정 및 분산분석

제9장 상관관계와 회귀분석 및 신뢰성 분석

제10장 요인분석과 변량분산분석 및 비율 통계량

제11장 선형회귀분석과 로지스틱 회귀분석

제12장 서남대학교 박사논문 양식

제1장 논문주제 선정

1. 논문의 개념
2. 논문을 쓰는 자세
3. 논문의 종류
4. 논문주제 정하기
5. 간단하게 주제정하는 방법
6. 논문주제를 더 쉽게 정하는 방법
7. 논문주제를 계단식 살붙이기
8. 논문주제와 선행연구는 서로를 보완
9. 논문주제가 정해지면 논문의 반은 완성

제1장 논문주제 선정

1. 논문의 개념

인간이 오늘날까지 문화를 유지·발전시켜온 것은 바로 글을 사용할 줄 알았기 때문이다.

인간만이 글을 사용할 줄 알고, 이러한 글을 통하여 인간은 가장 효과적으로 자기의 정보를 남에게 전달하며, 남의 정보를 전달받기도 한다. 그러나 아무리 좋은 정보라 해도 다른 사람에게 전달하는 방법이 서투르다면 그 효과는 반감되고 말 것이다. 특히 학문적 연구 결과를 글로 표현하는 방법이 과학적이고 체계적이며 논증적 서술방법이어야 함은 바로 이런 이유 때문이다. 이러한 견지에서 어떤 주제에 따른 자기의 주장과 지식 및 연구 결과를 정리하여 글로 표현해야 될 때 대체로 우리는 논문이라는 형식적 틀(手段方便)을 동원한다. 그런데 기록을 통한 정보 전달의 도구로서 이용되는 논문은 단순한 사실의 기록물에 머무르는 정도가 아니라, 분석·비판·평가한 것이 종합되어 서로의 이해를 전제로 한다는 면에서 어느 단순한 정보 전달 도구와는 구별되는 학문적 연구 발표의 가장 보편적인 수단인 것이다.

1) 논문은 새로운 글

논문이란 어떤 사리에 관하여 체계적, 과학적으로 연구한 결과를 논리적으로 일관성 있게 일정한 형식을 갖추어 정리한 글이다. 즉 논문은 연구논문, 논제학위논문(Research Paper, Thesis Dissertation)등을 뜻하는 것이다. 논문은 수필이나 칼럼처럼 자기의 느낌이나 주장을 자유롭게 펼치는 것이 아니다. 논문은 보통 특정 주제에 대한 여러 사람들의 최근의 연구 결과를 분석하고 종합하여 자신의 논지를 새롭게 전개하는 글을 말한다. 논문은 크게 연구논문과 학위논문으로 구분되는 데, 연구논문은 연구 과제로서 타당성이 있는 주제에 대한 논문이며, 학위논문의 지도교수의 지도하에서 연구하는 논문을 말한다. 논문을 쓰기 위해서는 먼저 연구를 해야 하고 연구를 위해서는 먼저 자료의 수집과 평가가 선행 되어야 하며, 그것을 정리하고 견해를 담는 과정에서 자연스럽게 내용의 윤곽이 나타난다. 이러한 논문을 연구논문(Research)라고 하는데, 이는 이미 연구(serach)한 것을 다시 연구(re-search)하는 것이기 때문에 논문에는 반듯이 논지의 일관성을 드러내 보여주는 목차와 각주(foot note)와 참고문헌목록(bibliography)을 작성하는 것이다. 논문의 저자가 논지를 확정하고 그 논지를 증명하고자 하는 내용의 줄거리를 잡는다. 그것이 바로 목차 구성이다. 그 때 자신의 글이 어떻게 진행될 것인가를 파악할 수 있다. 줄거리를 잡는데 성급하게 서두를 것이 아니라 시간을 두고 보다 더 나은 내용의 줄거리를 만드는 것이 좋은 논문을 쓸 수 있을 것이다.

문단은 논문 전체나 엣세이 전부를 쓰는 것과 똑같은 과정을 거친다. 어떤 글에 있어서나 목적이 있듯이 각 문단에도 목적이 있다. 글의 목적을 논지라고 한다면 문단의 목적은 주제 문장이라고 할 수 있다. 그런 주제 문장을 증명하기 위해 설명, 정의, 예화, 비교나 대조, 실례, 인용 등을 사용함으로 훌륭한 문단을 구성할 수 있다.

표 1-1. 논문의 개념

구분	기본 내용
① 문제확정	연구과제의 본질에 대해 분명히 이해하고, 연구수행에 필요한 구체적인 틀(framework)을 설정할 수 있어야 한다. 아울러 이 단계에서는 연구과제와 관련된 전제나 가정을 확정해야 한다.
② 문헌고찰	비슷한 문제들을 다른 연구자들은 어떻게 접근하고 다루었는지를 살펴봄으로써, 동일한 연구의 반복을 피하고 연구수행에 도움을 얻게 된다.

③ 자료수집	적절한 조직과 통제를 통해 관련된 정보와 자료를 수집하거나 자연과학 등의 학문분야에서는 실험실습의 결과를 자료로 활용하게 된다. 이와 같은 자료수집이 체계적으로 이루어지지 못하게 되면, 연구과제에 대한 타당한 결론을 도출하기가 어렵게 된다.
④ 자료분석	자료분석 또는 결과에 대한 토의단계는 문제해결의 핵심단계로, 적절한 방법을 적용하여 수집된 자료를 분석하거나 지상토의를 거쳐 연구과제의 해답을 구하는 과정이다. 이 단계에서 연구의 특성과 창의성이 나타나게 되며, 새로운 이론과 체제, 연구방법의 장점이 논리적으로 설명된다.
⑤ 결론도출	수집된 자료와 자료분석결과를 바탕으로 연구과제의 해답을 이끌어내고 끝을 맺는 과정이다.

2) 논문의 기본 요건

지금까지는 주로 논문의 의미와 형식적인 면을 살펴보았다. 그러나 어떤 연구결과든 형식에 맞추어 체계적으로 표현하기만 하면 논문이 되는 것은 아니다.

일반적으로 모든 연구논문은 그것이 일반 학술논문이든 학위논문이든 관계없이 몇 가지의 특성을 갖추고 있어야 논문으로서의 가치를 인정받을 수 있다.

표 1-2. 논문의 기본요건

구분	기본요건
① 독창성 (獨創性)	논문은 새로운 내용으로 학문 발전에 기여해야 하며, 그렇기 때문에 항상 유일회적(唯一回的)이고 유일의적(唯一義的)이어야 한다. 그러고 다른 연구자에 의해 다루어진 소재를 새로운 방법과 시각으로 해석하면 이 역시 독창적인 작업이라 하겠다.
② 객관성 (客觀性)	객관적 사실과 증거에 의존하지 않고 필자의 단순한 의견, 맹목적인 주장, 근거없는 추측, 광신적 신앙 등에 의존한 논문은 휴지에 불과하다. 논문의 객관성이란 과학적 성격을 뜻한다.

③ 공평성 (公平性)	논문은 진리를 밝히는 수단으로서의 주장이기 때문에 어떤 정보나 학설을 공평하게 평가하고 진리를 탐구하는 성실한 자세
④ 치밀성 (緻密性)	자료를 수집할 때는 실험이든 문헌고찰이든 빈틈없는 계획을 세워 꼼꼼하게 이를 수행
⑤ 정확성 (正確性)	논문에 제시되는 통계자료는 한치의 오차도 없도록 주의해야 하며, 인용이나 참고에 사용된 사람이름이나 책이름, 논문제목 등에 대해서도 통계자료 못지 않게 주의를 기울여야 한다.
⑥ 윤리성 (倫理性)	문헌을 이용할 때 원문을 구하지 못해 다른 사람이 인용한 것을 다시 인용(2차인용)하면서 마치 직접 원본을 읽고 인용하는 것처럼 서술한다거나, 인용한 가설 또는 증명방법 그리고 다른 연구자들이 생산한 자료를 인용하여 연구자료로 사용하면서도 출처를 밝히지 않는 등의 행위는 바람직하지 못한 것
⑦ 검증성 (檢證性)	논문의 내용은 필요하다면 누구에 의해서든지 재현될 수 있어야 한다. 논문에는 논증의 근거, 자료의 출처, 연구 과정과 방법, 주제에의 접근 방식, 현실 상황과의 관계, 결과에 대한 평가 기준 등이 정확히 명시되어야 한다.
⑧ 용이성 (容易性)	가장 잘된 글은 쉽게 쓰여진 글이다. 이해하기 쉽게 쓴 글은 읽는 사람으로부터 호응을 쉽게 얻는다. 아무리 좋은 내용을 담은 논문이라도 그것이 어렵게 쓰여졌다면 우선 읽혀지지 않을 것이고, 그리하여 독자가 없다면 논문이 제 구실을 못하게 될 것이다.

2. 논문을 쓰는 자세

1) 내용적인 면

표 1-3. 논문의 내용적인 면

구분	내용적인 면
① 독창성 (獨創性)	자기의 주장, 사상 또는 발견의 내용이 참신해야 하며, 그것이 객관적으로 입증될 수 있는 소명 자료가 있어야 한다.
② 방증성 (傍證性)	확실하고도 충분한 증거를 일정한 논리와 방법에 따라 제시하여 객관적으로 타당성이 입증될 수 있도록 해야 한다.
③ 객관성 (客觀性)	주관적인 해석이나, 이론의 신념화를 피하고 객관적인 입장에서 기술하여야 한다.
④ 관계성 (關係性)	여러 가지 자료를 수집하고 검사하여, 그것을 정리하여 체계적으로 설명하는 것이 필요하며, 논리의 연속성을 잃지 않도록 해야 한다

2) 기술적인 면

(1) 정확성 : 내용, 기록, 자료 등 모든 분야에서 정확성은 논문의 생명이다.

(2) 간결성 : 불필요한 전개를 배제하고 내용 및 중심 사상이 적합한 규모로 이루어 져야 한다.

3. 논문의 종류

1) 졸업논문

논문의 종류에는 article, monograph, treatise, essay dissertaion, thesis, paper, report 등 여러 가지가 있으나 그 중 졸업논문은 다음과 같다.

(1) 학생들이 전공 과정을 통하여 배운 과목들을 종합할 수 있는 기회를 갖게 한다.

(2) 학생 스스로의 힘에 의해 연구하고 발전할 수 있는 능력을 기르게 하는데 그 목적이 있다.

(3) 본격적인 의미의 독창성을 기대하는 것보다는 학생들이 배운 것을 얼마나 정확하게 객관적으로, 일관성 있게 표현하는 능력을 지니고 있는가를 평가하기 위한 것이다.

2) 모든 종류

연구논문의 종류는 그 논문의 작성목적, 내용, 형태, 성격, 의미에 따라 각기 여러 가지로 분류될 수가 있는 데 여기에서는 그 분류 기준을 망라하여 나열하여 보면 다음과 같다.

표 1-4. 논문 종류

종류	내용
① 리포트 Report	리포트는 엄격한 의미에서 논문과 구별된다. 리포트는 사실, 사건, 현상 등에 관한 글로서, 여러 방식들 이를테면, 관찰, 견학, 답사, 조사, 채집, 실험, 분석 등을 통하여 얻은 결과를 정확히 정리하여 제출하는 연구 보고서(報告書)이다. 리포트 작성은 논문을 쓰는 기초적 훈련이다.
② 페이퍼 paper	논문이란 용어를 일반화 한 것이라고 할 수 있다. 대학이나 대학원 과정에서 담당 교수가 부과한 과제물들을 일컫는다. term paper, course paper, research paper 등등 그 종류에 있어서도 다양하고, 요구되는 수준에 있어서도 많은 차이가 있다.
③ 에세이 Essay	한 논제에 관한 일반적이고 포괄적인 의미의 논문이며, treatise보다는 덜 체계적이다.
④ 학술 Treatise	특정 논제를 매우 체계적으로 다룬 논문(systematic exposition)이다.
⑤ 기사 Article	신문이나 잡지, 또는 논문집에 실리는 비교적 간단한 논문이다. 대체로 상황, 계절, 환경 및 시사성에 관한 내용을 담고 있다.

⑥ 모노그래프 Monograph	특정 분야의 문제나 한 사항(事項)에 관한 전공논문(專攻論文)이다. 주제가 매우 전문적이고 제한적인 것이 특징이다.
⑦ 평론 Review	특정한 주제나 전문 분야와 관련된 최근의 논문이나 저서를 소개하고 비평하는 것을 말한다. 그러므로 평론(評論)을 잘 이용하면 논문에 대한 방향 설정과 자료 수집에 도움이 된다. 평론을 보통 서평이라고도 한다. 대체로 평론은 전문지나 학술지 후반에 실린다.
⑧ 연구논문 Research paper	연구논문(research paper)은 전문 분야의 연구 결과를 발표하는 논문이다. 연구 논문은 탐구 대상에 따라 자연과학, 사회과학, 정신과학으로, 탐구방법에 따라 귀납적 방법, 분석적 방법, 연역적 방법으로 분류된다.
⑨ 졸업논문	졸업논문이란 대학 4년간의 배움을 마무리 짓고, 학사 학위를 취득하기 위하여 제출하는 논문이다. "교수와 학생간의 학문적인 접촉을 증진하고, 전공과목의 지식을 종합하며, 자주적 학문연수의 능력과 태도를 함양하기 위한 것이다."
⑩ 석사학위논문	석사학위논문은 대학원교육의 결산이다. 그러나 석사 학위 논문은 전공 분야에 공헌하기 위한 목적에서 연구된 논문이라기보다는, 오히려 전공 분야에 데뷔(debut)하기 위한 목적에서 연구된 논문이다.
⑪ 박사학위논문	박사학위논문을 dissertation이라고 부르며, thesis는 dissertation보다 규격상의 제한을 받으며, 특정한 문제를 특정한 관점에 따라 논증해야 하는 부담도 갖고 있다. 그 반면에 dissertation은 어떤 주제에 관한 체계적인 논의를 그 기능으로 하는 것으로서 주제의 범위가 대체로 thesis보다 넓고 큰 것이 특징이다.
⑫ 교수자격논문	해당 분야의 전문가로서 인정된다. 이들은 평생동안 교수자격 소지자로 존경받으며, 교수 석좌에 오르면 Professor 칭호가 부여된다.

4. 논문주제 정하기

1) 논문 주제 선정

논문을 쓰기로 결정을 했다면 주제를 정해야 하는데, 이것은 무척 어렵기도, 의외로 간단하기도 하다. 논제를 정할 때는 될 수 있는 대로 좁게 잡아야 논문의 깊이를 더할 수 있다. 그렇게 하기 위해서는 시간적, 공간적으로 좁히는 동시에 연구 대상의 특정한 측면에 초점을 맞추는 것이 바람직하다. 논문의 주제를 선정할 때 교수 또는 다른 사람으로부터 주제를 선정 받아서 연구에 착수하는 방법, 선정된 분야내에서 관심 있는 주제를 선정하는 방법, 자유선택 방법이 있다. 논문은 연구자의 창의성을 나타낸 작품이다. 비록 다른 연구자들과 같은 결론에 도달하더라도 분석하고 평가하고 종합하는 방법에 있어서는 연구자에 따라 다른 경향이 있기 마련이다. 따라서 기존의 논문제목이라도 논문제목으로 부적하지 않다는 이야기이다. 논문은 연구자 자신이 견해를 분명히 밝히기 위하여 다양한 기존의 지식을 이용하는 데 연구자가 어디서 무엇을 인용하였다고 밝히지 않으면 그 자료는 남의 것을 도용하는데 지나지 않으므로 자신의 창의력을 발휘하였다고 볼 수 없다. 그러므로 논문에서는 반드시 분명한 인용사실을 밝혀야 한다.

다른 사람의 아이디어를 아무런 평가 없이 단순히 반복하는 것은 논문이 아니다

일련의 인용은 아무리 기술적으로 조합했다 하더라도 인용자체로는 연구자의 연구가 포함되어 있지 않아 창의성이 결핍되므로 논문이라고 할 수 없다. 그리고 입증되지 않은 개인적 견해는 논문이 되지 못한다. 개인적인 신념이나 태도가 중요하지만 그 자체만으로는 논문이 되지 못한다. 개인적인 견해가 근거 없이 주장되면 그 견해는 독단에 빠지게 된다. 논문이란 독단적인 주장이 아니라 자신의 주장을 입증할 수 있는 근거가 있어야 한다. 남의 연구가 발표되었던 발표가 되지 않았던 간에 남의 연구라는 것을 밝히지 않고 베끼거나 그대로 수용하는 것은 논문이 아니라 표절물(plagiarism)이라 할 수 있다. 표절은 우선 학문적 도덕성에 위배되는 행위이다.

논문을 쓰려는 사람은 일반적으로 다음과 같은 사항에 유의하여 주제를 선정하는 것이 바람직할 것이다.

표 1-5. 주제 선정시 유의사항

구분	유의사항
① 자기가 흥미를 느끼는 문제를 선택	평소 자기가 궁금증을 갖고 해결해 보고 싶어한 문제, 관심이나 문제의식을 품어 왔던 분야의 문제를 택하는 것
② 가능성을 고려	해결이 가능한 문제, 자료수집이나 실험이 가능한 문제, 명확한 결론이 도출될 수 있는 문제, 너무 거창하거나 막연해서 구체적인 접근 방법을 근본적으로 허용하지 않는 문제
③ 독창성 있는 문제를 선택	논문의 생명은 독창성, 탐구할 가치가 있는 참신성이 있는 문제를 선정, 지나치게 상식적인 문제라든가, 이미 너무 많은 사람들이 다룬 문제는 가급적 피하는 것이 좋을 것
④ 발전성 있는 문제를 선택	개인의 연구생활 자체가 발전적으로 지속될 수 있고, 학문의 발전에 기여할 수 있는 문제여야 할 것

이러한 요건을 두루 갖춘 문제를 주제로 선택해야 바람직한 논문이 나올 수 있게 된다.

2) 연구 주제의 결정

논문의 핵심은 주제 속에 스며들어 표현된다. 따라서 논문의 주제는 표면적으로는 단순한 선택의 문제인 것처럼 보이나 본질적으로는 집필자가 왜 논문을 쓰느냐 하는 문제의 필연적인 귀결을 보여 주는 것이라고도 할 수 있다. 그렇지만 특정한 주제를 선택하게 되는 구체적 동기는 집필자가 개인적으로 관심을 가지고 관찰을 해 온 범위 안에서 생겨날 수밖에 없다. 그러므로 집필자가 논문을 구체적으로 구상하기 이전까지 어떤 분야의 무슨 문제를 가지고 늘상 생각을 정리해 보거나 고민을 해 왔는가가 주제를 결정하는 데에서 첫 번째의 요인으로 작용하게 된다. 그럼에도 불구하고 개인적인 관심에서 출발했던 주제는 적지 않은 위험성을 지니기 쉽다. 곧 개인적 착상이 학술계의 일반적 동향과 전혀 연관성이 없다거나 또는 학문적인 예비 논쟁 과정이 이미 전제되지 않으면 안 될 경우에는 자칫 극단적인 사적 견해이거나 명상적 주제에 빠져버릴 가능성이 있다. 이러한 위험성을 예방하기 위하여 현실적으로 접근하기 쉬운 방법으로써 평상시의 강의 시간이나 토론에서 동료들이나 교수들과 함께 다루어 보았던 문제들을 중심으로 사고력을 집중시키는 것을 두 번째의 주제 결정 요인으로 들 수 있다.

이럴 경우에는 몇 가지의 현실적인 장점과 문제점이 함께 나타난다.

(1) 기존 학계에서 문제가 되는 부분에다가 쉽게 자신의 문제의식과 사고력을 집중시킬 수 있다는 점

(2) 토론 과정에서 상당히 많은 논문 자료를 접하게 됨으로써 다음 단계인 자료 정리 과정을 비교적 효과적이고도 체계적으로 수행해 나갈 수 있다는 점

(3) 기존 학계의 활발한 문제의식에 집필자 자신의 창의성과 새로운 문헌자료 및 통계를 접합하여 직접적인 기여를 할 수 있다는 큰 장점

(4) 학계의 논쟁에서 나타난 제반 논점, 통계 기법이나 해석 방법, 자료의 적합성 등을 검토해 나가다 보면 뜻밖에 여러 군데의 빈틈을 찾아 새로운 문제 발견

(5) 외국에서 활발하게 제기되는 문제이면서도 국내에서는 소개조차 안 되어 있거나, 소개되었더라도 매우 미진한 상태에 있는 경우

(6) 우리 상황의 특수성을 중심으로 문제를 파 들어가 보는 방법

(7) 특정한 국가나 지역, 비교적 작은 표본 집단, 기업, 지역사회, 직업군, 그리고 더 나아가서는 특정한 분야의 정책적 효과와 영향, 교육적 사례, 심지어 특별한 속성을 지닌 개인들의 심리 상태에 이르기까지 실증적으로 파헤치는 것도 좋은 주제가 될 수 있고, 경우에 따라 특정한 문헌에 관한 비판적 평가도 훌륭한 학문적 검증의 대상으로 삼을 수 있다.

(8) 주제의 선정은 정선작업이 꼭 필요한데, 논문 작업은 주제의 선정(choosing topic)과 선정된 주제를 논문의 종류에 따라 좁혀, 논문의 관점을 드러내고, 깊이 있게 다루기 위한 주제 압축(narrowing topic)이 끝난 후에 비로소 시작되는 것으로 논문이 독자에게 유용하고 참신한 정보를 전달하는 기능을 가지고 있기 때문에 그 전달의 표현은 품위 있고 논리가 정연하고 과학성을 가져야 한다. 이런 것들은 바로 주제 역시 핵심을 끄집어내는 것이어야 한다는 뜻이다.

주제의 핵심적 정선은 초점을 모으는 작업이다. 초점이 흐리면 문제의 본질을 캐내는 작업은 어렵게 된다. 그러므로 주제의 초점을 모으는 일은 산만한 주제를 압축하여 가는 방법을 택해야 한다. 그러기 위해서 우선 포괄적이고 일반적인 주제를 적어 놓고, 그것과 관련된 것들과 그와 파생된 문제들을 열거하는 방법이 필요하다.

5. 간단하게 주제정하는 방법

논문의 주제는 멀리서 찾지 말고 자신이 가장 잘할 수 있는 것을 간추려 보는 것이 좋은 방법이다.

1) 평상시 자신이 잘하는 것을 찾기

(1) 자신이 관심 있는 분야나 직업
(2) 활동하고 있는 기관에 관계있는 일
(3) 자신이 대학원에 입학하게 된 동기 또는 졸업 후 진로
(4) 자신이 좋아하거나 하고 싶었던 일
(5) 평상시 이것은 문제가 있다고 생각했던 일

이들 모두를 처음부터 체계적으로 모두 적는 것은 아니며, 평상시 생각했던 대로 나열하여 적어보면 그 목록들이 자신의 연구 주제가 될 수 있는 것들이다.

논문은 혼자 쓰는 것이 아니며 직장동료나 선후배들에게 물어보는 것이

좋고, 배우고 있는 과목별 또는 대상별 남녀노소 및 선수와 비선수, 경기전후, 또는 장애인 등 분야별로 나열하거나, 선행 연구를 참고하는 방법도 있다. 다른 지도교수님들의 의견을 반영하면서 시간적인 여유를 가지고 생각나는 대로 추가하거나 삭제하면서 다듬어 간다. 이 주제를 정하는 기간이 자신의 진로나 해야 할 책임, 정체성에 대해 많은 고민의 시기이기이다.

2) 주제문 작성의 요령

주제 설정의 원칙에 충분한 주제인가 아닌가는 주제문을 만들어보면 알 수 있다.

언제나 글을 쓰는 사람은 자신이 말하고자 하는 중심 내용을 하나의 명제로 내세워야 한다.

그런데 자기 나름대로의 주장이 담긴 명제의 설정 자체가 불가능하다면 그것은 벌써 문제가 된다. 주제문을 작성할 때는 다음과 같은 요령으로 하는 것이 좋다.

(1) 하나의 완전한 문장으로 진술되어야 하다.
(2) 표현이 정확하고 구체적이어야 한다.
(3) 그 초점을 제재의 한정된 국면에 맞추어야 한다.
(4) 필자의 관점이 드러나야 한다.
(5) 누구나 알고 있는 자명한 이치나 의견이어서는 안 된다.
(6) 감정에 의해서가 아니라 근거에 의해서 증명될 수 있는 것이어야 한다.

6. 논문주제를 더 쉽게 정하는 방법

주제를 더 간단하게 정하는 방법은

1) 자신이 관심 있는 분야의 논문들을 검색하여 제목 위주로 확인하는 방법
2) 논문의 처음부분에 있는 논문요약을 읽어보는 것
3) 논문의 아랫부분에 있는 연구의 한계, 향후 연구과제, 발전방향 읽어보는 것

표현과 방법은 다르지만 자신생각의 논문쓰기에 앞으로 연구해야 할 내용들이 많이 들어 있기 때문에 비교할 수가 있으므로, 이러한 방법이 멋진 논문주제를 찾아내는 비결이다.

7. 논문주제를 계단식 살붙이기

주제 선택시 자신의 교육범위를 벗어나지는 않았는지 확인 후, 지역, 성별, 나이 등을 따져보고, 실현가능한지, 연구 기간내에 완성할 수 있는지, 연구방법 등에는 문제가 없는지, 기존논문의 연구과제가 중복되지는 않는지 등을 구체적으로 따져 보아야 한다. 이것은 조금씩 관련된 논문을 찾아 읽어보거나, 지도교수와 상의하다보면 서서히 알게 되기 때문에 너무 걱정할 필요는 없다. 주제의 윤곽이 어느 정도 드러나면 지도교수를 정하는데 처음부터 교수님에게 도움을 청하는 방법은 너무 막연하여 어려움이 많으므로 어느 정도 윤곽을 잡고 나서 지도교수를 정하는 것이 좋다. 이제 연구 분야가 정해졌으면 조금씩 영역을 좁혀 가면 된다.

예를 들면 '심리'-'선수심리'-'선수심리경쟁'-'선수심리경쟁 불안'-'선수심리경쟁 불안분석'-'경기전 선수심리경쟁 불안분석'처럼 점점 구체화하는 것이다. 논문주제가 구체적일수록 연구하기가 쉽다. 이 과정에서 다른 동료들의 의견과 지도교수의 의견을 반영하는 것이 좋다.

만약 지도교수의 의견을 반영하지 않으면, 나중에 주제가 바뀌어 애써 준비한 논문주제가 무용지물이 되어 곤란할 수가 있다. 심한 경우에는 애써 준비한 논문주제가 체육학과의 범위를 벗어나 논문주제로써 '타당성'이 없거나, 경우에 따라서는 자신의 논문내용을 지도해 줄 지도교수가 없어 포기하거나, 지도교수선정과정에서 논문주제가 바뀌기도 한다.

8. 논문주제와 선행연구는 서로를 보완

논문주제를 찾기 위해서는 선행연구를 해야 하고, 선행연구를 하는 것이 논문주제를 찾기 위한 것이기 때문에, '논문주제와 선행연구'는 서로를 보완하면서 다른 뜻으로 불리는 것이다. 따라서 선행연구는 내가 연구하려는 기본 자료를 찾아 논문주제를 정하는 것이 목적이기도 하지만, 내가 연구하려는 것이 이미 연구하여 발표한 것은 아닌지 확인하는 또 하나의 목적이다.

9. 논문주제가 정해지면 논문의 반은 완성

논문주제가 정해지면 그 주제에 맞게 덧붙이면 서론과 이론적 배경에 있어서 논문이 쉽게 풀리며, 연구방법까지 처리가 쉽게 된다. 그만큼 논문주제의 비중이 크다는 뜻이다.

주제를 정할 때 주의해야 할 점은 주제를 충분히 다룰 수 있는지, 연구를 통하여 무엇을 배울 수 있다고 생각하는지, 주제의 범위가 너무 넓거나 좁지 않은지, 주제를 연구할 충분한 시간이 있는지를 확인해야 한다.

제2장 논문제목 선정 및 자료수집

1. 논문 제목 정하기
2. 제목정할 때 이용 방법
3. 동료와 논문제목 정하기
4. 논문제목 작성의 단계
5. 논문자료 수집
6. 자료 수집 기관
7. 통계자료와 문헌자료
8. 자료 평가
9. 기초 자료 정리

제2장 논문제목 선정 및 자료수집

"독창성(Creativity)"은 이 논문의 연구결과가 독창성이 없다면 아무 의미가 없다. "기여도(contribution)"는 아무리 독창성이 있는 연구라도 그 결과가 아무런 기여를 하지 못할 것이라면 별 의미가 없다는 것이다. "구성, 형식"은 논리적으로 자신의 아이디어와 연구방법, 실험방법, 결과분석 등이 정리가 되어 있는가를 보는 것이다. 어떠한 논문이던지, 논리적인 구성과 형식은 필수임을 기억하라. "난이도"는 학부논문, 석사논문, 박사논문에 따라서 그 난이도를 감안해야 한다. 학부논문에서는 박사학위 논문의 수준을 요구하지는 않는다. 일반적으로, 학부논문은 "연구 수행" 연습을 해보는 과정이라고 생각한다. 주제를 선정하고, 그 주제에 따라서 연구방법과 실험방법을 정하고, 연구를 수행하여 나온 결과를 어떻게 논리적으로 정리를 하는가 하는 것에 대한 연습이라고 생각한다. 따라서 다소 창의성이나 기여도는 떨어지더라도 논문의 구성부분에는 많은 노력이 있어야 한다. 석사논문은 구성은 기본으로 갖추어져야 하고, 창의성과 기여도가 있어야 한다. 박사논문은 구성, 형식은 당연히 완벽하여야 하고, 그 창의성과 기여도가 아주 높아야 한다. 그 연구 분야에서 오랫동안 이슈가 되어왔던 문제에 대한 해결책을 제시하는 것이거나, 새로운 이론의 정립과 그 활용방안을 제시하는 정도의 것이어야 한다.

1. 논문 제목 정하기

논제를 정할 때는 될 수 있는 대로 좁게 잡아야 논문의 깊이를 더할 수 있다. 그렇게 하기 위해서는 시간적, 공간적으로 좁히는 동시에 연구 대상의 특정한 측면에 초점을 맞추는 것이 바람직하다. 논문 제목은 논문의 내용을 정확히 표현해야 한다. 내용 표현을 위해 들어갈 수 있는 것은, 6하 원칙(누가(who), 무엇을(what), 언제(when), 어디서(where), 왜(why), 어떻게(how)) 중 '무엇을', '어떻게', '왜'의 세 가지가 우선시 된다. 이 중 '무엇을' 했는지, '어떻게' 했는지, '왜' 했는지를 염두해 두고 제목을 정해야 한다.

표 2-1. 논문 제목 3대원칙

3대원칙	내용
① 무엇을 했나	논문에서 주장하고자 하는 것, 또는 보이고자 하는 것이 무엇인지 써야 한다. 보통은 가장 중요한 키워드, 그 중에서도 가장 핵심적인 것을 골라야 한다.
② 어떻게 했나	기본적인 방법론을 적는다. 이는 이미 잘 알려진 문제에 대한 접근 방법이 여러가지 있을 때 어느 방법론으로 접근하는지를 나타낸다. 또는 잘 알려진 문제에 대한 새로운 방법인 경우 이 부분이 가장 중요한 키워드가 된다.
③ 왜 했나	보통은 순순히 이론적인 논문이나 특정한 응용분야에 한정된 논문인 경우에 쓴다. '~~~을 위한'으로 해석될 수 있는 제목이 이 부분에 해당한다. 이러한 단서가 붙어 있으면 독자들은 그 특정한 응용분야에 특화된 방법론으로 이해하는 경향이 강하다.

2. 제목정할 때 이용 방법

1) 키워드를 생각나는 대로 나열한다.
2) 중요도 순으로 정리한다.
3) 적당히 나열한다.
4) 불필요하거나 반복되는 부분을 뺀다.
5) 나머지를 다시 정리한다.

중요한 것은 '어느 부분을 넣고 어느 부분을 뺄 것인가' 인데, 간단한 방법은 해당 단어를 빼고 얼마나 정보량이 줄어드는 지를 보는 것이다. 정보량이 많이 줄어들면 중요한 키워드이므로 그대로 둬야 하고, 정보량이 거의 줄어들지 않는다면 뺀다.

3. 동료와 논문제목 정하기

표 2-2. 동료와 논문제목 정하기

구성	내용
① 모범(role model)이 될 만한 논문을 찾아 살펴보기	논문제목이 어떻게 구성되었는지, 어떤 단어나 구절(phrase)이 사용되었고, 예가 어디서 무슨 이유로 쓰였는지 살펴봐야한다.
② 조언자(mentor)는 자신의 전공을 잘 알고 편하게 도와줄 수 있는자	자신이 정한 논문제목이 자신의 전공분야에서 어떻게 평가될지, 어떤 학술지나 학회에 자신의 논문을 제출해야 할지 아는 조언자가 많을수록 좋다.
③ 논문제목에서 판단해야 할 점	무엇을 어디에 써야 하고, 무엇을 쓰지 말아야 할지 판단해야 한다. 전공분야에서 일반적인 지식을 다루는 제목이라면 일일이 다 설명할 필요가 없다. 반면에 전공분야에 생소한 제목이라면 꼼꼼히 적절하게 다루어야하며, 누가보아도 설명이 되는 이해되는 제목으로 선정해야 한다.
④ 논문제목의 스타일의 변화	똑같은 표현을 쓰기보다는 비슷한 의미를 가진 다른 표현을 써야 한다. 특히 사회학이나 심리학에서는 다른 분야보다 더 요구된다. 논문제목도 글이라서 상투적인 글은 남에게 호소하기 어렵다.
⑤ 연구자의 색깔 형성	학과의 구성원으로서, 개인적 성향과 집단의 규칙을 융합시켜서 자신의 색깔을 찾아야 한다. 너무 규칙에 얽매어 제목을 쓰게 되면 개성이 없고 밋밋한 제목이 된다.
⑥ 제목의 중요한 부분을 동료에게 지나치게 의존해서는 안됨	제목을 남에게 너무 의지하다보면 자신의 독자적 연구나 글쓰기 능력을 키울 수 있는 기회를 놓친다. 도움을 주는 동료들은 서로 협력하면서 배우는 과정이기 때문이다.

4. 논문제목 작성의 단계

주제를 결정하고 나면 제목을 정해야 하는데 글의 주제문을 하나로 정리한다.

논문제목을 쓴다는 것은 작성자가 자료에 대한 자신의 관점을 표출시키는 것이다. 그러므로 어떠한 독창적인 견해를 표현해야 한다. 논문의 주제나 과제가 연구 논문으로서 적절한 지를 검토하고 독창성과 기여도가 있는 주제를 선정하여야 한다.

논문을 정하기 위해서 가장 먼저 보는 것은 바로 '제목'이며, 좋은 제목을 정해야 더 많이 읽히게 된다. 그럼 좋은 제목이은 물론 흥미를 끌 만한 제목이 좋은 제목이다. 그래야 선택받을 확률이 높아지므로. 흥미를 끌 만한 제목은 보통 논문에서 보이려 하는 것을 함축적으로 표현한 것과 이게 뭔가 싶어서 읽어보게 하는 그런 제목들이다.

논문 제목에 있어서 '검색'을 빼놓을 수 없다. 논문을 훑어보는데 검색 매칭이 잘 될수록 선택될 확률이 높아진다. 이런 제목을 정하기 위해서는 매우 구체적으로 논문에서 나타내려는 것을 적시할 필요가 있다. 구체적인 제목일수록 길이는 길어진다. 그런데 너무 길이가 길면 또 눈에 잘 들어오지 않게 되므로 적당히 줄여야 한다.

5. 논문자료 수집

논문을 작성하기 위해서 자료를 수집할 때 일차자료와 이차 자료를 모두 사용한다. 일차 자료는 직접적인 정보를 주고 이차 자료는 본래의 주제로부터 한 단계 물러선 간접적인 것이며 대개 일차 자료의 요약이다. 이차자료에는 쓴 사람의 주관이 반드시 포함되므로 편견이 나타날 가능성이 많다. 그러므로 논문을 쓸 때 우리는 이차자료에 대한 충분한 평가가 있어야 한다.

1) 자료 수집

논문의 주제와 제목이 정해지면 가장 먼저 자료를 수집해야 한다. 자료는 주제와 관련이 있는 연구 업적과 참고문헌이 이에 해당한다. 자료는 문헌 자료 외에 실험이나 관찰을 통해서 얻은 자료, 또는 설문 조사로 얻은 통계 등이 될 수 있다. 학문 분야나 연구 대상 또는 논문 주제의 성격에 따라 방법론은 달라질 수 있다. 문헌 자료도 두 가지 유형의 자료가 있다. 하나는 쓰려고 하는 주제와 유사한 문제를 다룬 선행 연구 논문의 문헌이 있으며, 다른 하나는 연구의 대상이 되는 사실을 담고 있는 자료로 자료 문헌이 있다.

2) 연구의 주제에 따라 순서로 자료를 수집

(1) 논문의 주제와 직접 또는 간접적으로 관련이 있는 기존의 업적을 조사하여 논저 목록을 작성

기존에 출판되고 발표된 단행본, 학술지, 학위 논문을 조사해야 한다. 이때 논저 목록 조사를 효율적으로 하는 방법은 관련 학문 분야에서 출판된 논저 해제집이나 논저 목록집을 확인할 수 있다. 그러나 최신 정보를 제공받지 못할 수도 있기에 논문의 주제와 관련된 가장 최근에 발표한 학위 논문을 구하여 참고 문헌목록을 참고하면 된다. 이러한 논문들은 그 동안 그 분야의 연구경향을 한 눈에 볼 수 있는 이점이 있다.

(2) 선행 연구 업적에 대해서 면밀히 검토

선행 연구의 내용을 검토하면서 자신의 논문 방향을 정할 수도 있고 자료를 비판할 것과 선택할 것을 선별할 수도 있다. 자료를 검토할 때에는 '이 논문은 나의 논문과 관련이 있는 내용을 다루는가, 어떤 문제를 제기하여 결론을 맺고 있는가, 논문에 사용하고 있는 방법론은 무엇이며 결함은 없는가' 등을 염두에 두어 두면서 확인할 것은 확인하고 자료의 가치가 있는 것들의 목록을 만든다. 조사 정리한 자료를 면밀히 검토하고 체계화하여, 자신의 논제를 펼칠 수 있도록 논문 개요를 작성한다.

3) 관계문헌의 고찰

관계문헌을 고찰하는 주요목적은 연구의 배경지식뿐만 아니라 가설을 형성하기 위한 근거를 찾고, 연구 방법이나 결과해석에 도움이 될 만한 내용과 자료를 얻기 위한 것이다. 따라서 관련 문헌고찰을 할 때는 해결하려는 연구문제와 직접적으로 관련된 문헌만을 골라서 체계적으로 분석한다. 문헌조사의 중요성은 강조되어야 한다. 사회과학의 지식은 항상 증가하기 때문이다. 또한 관련된 연구는 요약되고, 실험기록에 참조된다. 한 예로 심리학 요약집이 있다는 것은 심리학 연구에서 다행이며, 그것은 어떤 조사든지 연구가 가능하도록 도움을 준다. 또한 대학 도서관에서 이용 가능한 과학인용색인, 사회과학색인, 그리고 다양한 컴퓨터를 통한 탐색과 같이 여러 자료에서 연구문제와 관련된 이미 발간된 논문을 찾아보아야한다. 그러므로 문헌고찰은 연구문제와 직접적으로 관련된 문헌만을 골라서 체계적으로 분석한다. 송인섭의 논문에서 관계문헌 고찰을 아래와 같이 정리하고 있다. "본 연구에서 사용하고 있는 중요한 기본개념, 환경과 유전과의 관계, 자아개념과 가정환경 그리고 자아 개념과 학교성적 등을 역사적인 배경과 관련 연구의 문헌연구를 통해서 제시하고 있다."

문제의 제기와 연구의 목적에서 제시된 본 연구의 기본적인 개념과 변인들과의 관계를 관련연구를 통하여 역사성과 경험적인 결과와 그리고 이론적 문제를 제시하고 있다.

4) 자료의 핵심 정리

자료의 수집이 이루어지면 다시 주어진 주제에 맞는 논문을 쓸 수 있도록 핵심들을 정리해야 한다. 자신의 주장이나 의견에 맞추어 주제가 살아날 수 있도록 체계를 세우고 그에 맞도록 핵심을 정리해 두어야 한다. 핵심을 정리할 때도 일정한 공식이 있는 것은 아니지만, 다음과 같은 사항을 고려하면 효과를 볼 수 있다.

(1) 취사선택한 핵심들은 내용이나 성격이 비슷한 것끼리 묶어야 한다.

그렇게 해야 글을 쓰는 데 편리하고 중언부언을 피할 수 있다.

(2) 주제와 긴밀한 관련이 있는 것과 그렇지 못한 것을 분류한다.

전자를 적극 활용하고 후자는 보충 자료 정도로 활용하는 것이 주제를 살리는 데 좋기 때문이다.

(3) 분류된 핵심들을 전체의 틀에 맞추어 다시 배열하면서, 그것들이 한 쪽으로만 치우치지 않도록 한다.

어떤 사물이나 관념에 대한 긍정적인 측면과 부정적인 측면이 있을 때 어느 한 면만 강조하게 되면 반론이 제기될 가능성이 있기 때문이다.

6. 자료 수집 기관

1) 자료수집 도서관 및 학회

자료수집을 어떻게 할 것인가? 내가 쓰고자 하는 논문의 자료가 어디에 있을까 우선 국회도서관과 국립중앙도서관을 검색하는 것이 제일 좋다.

국회도서관(http://www.nanet.go.kr/)

국립중앙도서관(http://www.nl.go.kr/)

한국학술정보(http://kiss.kstudy.com/)

여기서도 찾는 자료가 부족하다면 문화체육관광부기관의 방문이다. 사실 전문적인 자료는 국책연기관의 정책자료를 참고하는 것이 좋으나 체육관련 논문은 학진에 등재지와 등재후보지를 살펴보는 것이 논문작성에 많은 도움을 줄 것이기 때문이다.

무용학회논문집, 체육과학연구, 한국사회체육학회지, 한국스포츠교육학회지, 한국스포츠사회학회지, 한국스포츠산업경영학회지, 한국스포츠심리학회지, 한국여성체육학회지, 운동과학, 한국운동역학회지, 운동영양학회지 (The Korean Journal of Exercise Nutrition), 움직임의 철학 : 한국체육철학회지, 한국체육학회지, 한국특수체육학회지, 선무학술논집, 한국 무용과학회지, 한국무용교육학회지, 한국무용기록학회지, 무용예술학연구, 한국발육발달학회지, 한국스포츠리서치, 한국여가레크리에이션학회지, 한국체육과학회지, 한국체육사학회지, 한국체육측정평가학회지, 코칭능력개발지, 무도학회지등이 있다.

2) 컴퓨터를 이용한 정보의 입수

(1) 온라인목록의 이용

온라인목록이란 전통적인 카드목록 대신에 컴퓨터 터미널을 이용하여 원하는 자료를 찾을 수 있도록 만든 도서관 소장자료에 대한 검색시스템이다. 여기에는 전통적인 카드목록의 기능에 추가의 기능들을 도입하고 있어 편리한 점이 많다. 이와 같은 온라인목록은 각 도서관마다 그 기능과 사용법이 다를 수 있으므로 유의해야 한다.

(2) 온라인정보서비스의 이용

최근에는 앞서 살펴본 서지정보가 컴퓨터로 가공, 처리, 편집되는 경우도 있고, 컴퓨터 형식의 '데이터베이스'로 축적되고 있는 것이 많다. 이 때문에, 이러한 서지데이터베이스를 사용하는 컴퓨터에 의한 다양한 정보검색시스템이 개발되어 일반에게 널리 제공되고 있다. 그 뿐만이 아니라, 책자형으로서 간행되고 있지 않은 서지데이터베이스를 제공하는 정보검색시스템도 등장하고 있다.

또한 서지데이터베이스 이외의 사전(辭典)과 사전(事典), 명감(明鑑) 등의 데이터베이스도 증가해 가고 있다. 아울러 전문(全文)데이터베이스(full text database)라고 불리는 잡지와 신문의 기사를 전부 수록한 데이터베이스도 등장하여, 컴퓨터를 이용하여 검색할 수 있는 정보는 그 종류와 양이 급속하게 확대되고 있다.

물론 모든 점에서 컴퓨터를 사용하는 검색시스템의 쪽이 반드시 우수하다고는 할 수 없다. 탐색할 수 있는 주제영역과 기간에 대해서는 책자형태가 아니고서는 찾을 수 없는 부분이 상당히 있는 것도 사실이다. 그렇지만 문헌을 탐색하는데 있어 이와 같은 정보검색시스템을 잘 사용함으로써 효율적인 문헌탐색을 행할 수 있다. 아울러 대응하는 책자형태의 자료가 없는 데이터베이스가 증가하게 되면, 정보검색시스템은 단순히 편리한 도구일 뿐만 아니라, 문헌과 정보를 탐색하는데 불가결한 것이 된다.

컴퓨터를 사용한 다양한 정보검색서비스는 도서관서비스의 하나로서 추가되고 있는데, 이용자는 자신의 정보요구를 도서관의 담당데스크에 가지고 가면, 사서가 검색을 대행하여 적절한 정보를 찾아내 준다. 즉, 도서관의 이용자는 검색서비스의 구조를 전혀 알지 못하더라도 특별히 문제가 될 것은 없다. 그러나 정보검색시스템이 어떠한 것이며, 어떻게 사용할 수 있는가에 대하여 이용자 자신이 어느 정도의 지식을 가지고 있는 편이 자신의 요구를 사서에게 전달할 때나 검색 결과를 평가할 때, 더 적절한 행동을 취할 수 있다. 또한 개인용 컴퓨터의 보급과 이용자 지향이 강한 정보검색시스템이 등장함에 따라, 이용자 자신이 검색을 실시할 기회도 늘어나게 될 것이다. 그렇게 되면 정보검색시스템을 이용하는데 필요한 최소한의 지식을 갖추어야 할 것이다.

3) 인문사회 분야의 주요 색인 · 초록지

특정주제분야에 대한 연구를 통해 학위논문을 작성하고자 하는 연구자는 주제별 참고자료를 이용해야 할 것이다.

인문과학 분야와 사회과학 분야에 대한 포괄적인 정보수집방법과 각 분야별 주요 자료에 대한 정보를 얻기 위해서는 『인문과학정보론』(한국도서관협회, 1997)과 『사회과학정보론』(한국도서관협회, 1995)을 참고하면, 대단히 유익한 정보를 얻을 수 있을 것이다. 이 두 책에서는 각 분야별로 정보입수상의 특성과 정보 및 자료입수방법, 국내외의 주요정보원 등에 대해 상세하게 제시하고 있다.

표 2-3. 색인초록지

분야	색인 초록지
① Humanities Index	Humanities Index가 Social Sciences and Humanities Index로부터 분리되어 1974년부터 발행되었다. 역사, 고고인류학, 어문학, 예술, 신학, 종교, 민속문화, 각 지역연구 등에 관련된 영어 잡지논문을 대상으로 하는 색인이다.
② Social Science Citation Index	이 색인집은 Philadephia에 있는 과학정보원(Institute for Scientific Information)에서 출판하는 세 개의 별책 색인집으로 구성되어 있다. 첫 번째 별책은 subject index로 사회과학 분야, 두 번째는 source index로 해당기간 동안에 출판된 책이나 저자이름이 수록, 세 번째는 Citation index로 특정저자나 특정문헌이 어떤 논문에 인용되었는지를 찾아보는데 매우 유용하다.
③ Psychological Abstracts	심리학도와 교육학도들이 가장 많이 이용하는 이 초록집은 매월, 그리고 색인은 6개월마다 발행된다. 수년간에 걸친 색인을 수록한 색인집도 발간하고 있다. 미국심리학회가 발행하는 이 초록집은 세계 각국에서 출판된 심리학과 관련된 거의 모든 논문의 초록이나 요약을 싣고 있다. 저자별 색인과 주제별 색인이 따로 있어 심리학 관련 문헌조사를 하는데 매우 편리하다.
④ Education Index	1929년부터 발행되는 이 색인집은 영어로 쓰인 교육관련 문헌에 대한 저자-주제를 수록한 색인집이다. 이 색인집은 저자와 주제간의 구별을 두지 않고 알파벳순으로(주제의 경우, 키워드의 알파벳순) 특정저자나 특정주제에 관한 문헌자료가 수록되어 있다.
⑤ Current Index to Journals in Education	이는 미국 교육성 산하 정보기관인 Educational Resources Infromation Center(ERIC)에서 매월 발행하는 것으로 교육관련 정기간행물의 색인집이다.
⑥ Research in Education	이 역시 ERIC에서 매월 발행하는 것으로 최근에 완료된 연구들, 현재 진행하고 있는 프로그램들, 그리고 정기간행물에 발표되지 않은 보고서에 대한 정보가 수록되어 있다.
⑦ Journal of Education Literatures	미국경제학회(AEA)에서 연4회 발행하는 이 정보지에는 이 분야의 각 학술지에 수록된 논문에 관한 정보가 담겨 있어 경학과 무역학 분야의 연구자들이 주로 이용하고 있다.

7. 통계자료와 문헌자료

자료에는 두 가지가 있다. 하나는 분석할 자료(대개 숫자로 된 통계자료)이며 다른 하나는 기존의 이론 및 실증연구자료(문헌자료)이다. 석사학위 논문은 대개 새로운 이론의 주장보다는 기존 이론의 실증분석 혹은 기존 실증연구들의 확장·검증 형태가 대부분이므로 자료의 획득이 성공의 90% 이상을 차지한다고 해도 과언이 아니다. 이것이 없으면 설문조사 혹은 인터뷰조사 등을 직접 수행하여야 하는 경우가 많다.

1) 문헌고찰의 필요성

좋은 연구문제와 연구가설을 형성하기 위해서는 연구 주제에 대해 지속적으로 생각하고 관련된 문헌들을 읽고 종합하는 과정을 반복해야 한다. 흥미롭고 유용한 연구문제나 연구가설을 형성하기 위해 핵심이 되는 작업은 연구자가 읽은 사실에 근거하여 연구주제에 대한 연구자의 생각들을 수정해나가는 과정이다. 즉, 연구자는 연구주제에 대해서 생각하고, 관련 문헌을 읽고, 읽은 사실에 근거해서 이전에 갖고 있던 생각들을 바꾸거나 절충하고, 관련된 정보나 논문들을 읽고, 연구자가 갖고 있는 생각을 수정하는 부단한 과정을 거쳐야 한다.

연구주제에 관한 문헌을 고찰한 후 주제에 관련된 연구자의 생각을 수정하고자 하는 노력은 연구에 굉장한 이익을 가져올 수 있다. 연구자는 이런 과정을 통해 점차로 연구의 초점을 구체화시켜 가고 연구에 반영할 변인들을 찾을 수 있을 것이다. 이런 접근 방법은 결국 연구자가 자신의 연구문제나 연구가설이 잘 문서화되고 논리적인 합리성을 가질 수 있게 정리하는 것을 가능하게 한다. 이와 같이 연구 주제를 선정하고 문제를 생성하여 연구를 가능하도록 하는 기초 작업으로 문헌 고찰이 필요할 뿐만 아니라, 가설 검증을 위한 연구 설계의 과정에서도 연구자는 문헌 고찰을 통해 연구자가 세운 연구 문제에 대한 근거 및 이론적 배경이 될 수 있는 선행연구들을 제시할 수 있다. 또한 자신의 연구 주제와 관련된 다른 연구자들이 연구를 수행하는데 사용했던 연구 절차 및 방법론에 주목하여 살펴봄을 통해, 자신의 연구에서 사용하게 될 고유한 연구 모형을 설계하거나 연구 방법을 사용하는데 도움을 받을 수 있다. 즉 문헌 고찰을 통해 선행 연구 탐색 및 중복 연구의 유무 확인 뿐 아니라 연구 주제와 관련된 최근까지의 연구 동향을 살펴봄으로써 중복된 연구물의 유무를 확인하고 이론적 근거가 될 선행 연구들을 찾을 수 있으며, 내가 하고자 하는 연구와 관련하여 방법본적인 측면에서의 시사까지 얻을 수 있다. 또한 문헌 고찰할 때 자신의 연구에서 예상되는 결과를 지지하는 연구 결과뿐만 아니라 반박하는 연구 결과들을 정리한다면 논문의 선행연구로 제시하기 위해 유용하게 사용할 수 있을 것이다. 그러나 여러 연구결과들의 불일치가 해결되지 않더라도 여구자의 신념과 반대되는 증거를 숨겨서는 안된다. 반대되는 증거가 존재한다는 것은 단지 연구 결과가 완전한 예언력을 갖지 못함을 나타낼 뿐이다. 그러므로 반대되는 증거가 없는 것처럼 행동할 필요는 없다. 이와 같이 문헌 고찰의 내용을 정리할 때 연구자가 가져야할 자세는 무엇보다 개방적이고 유연한 자세로 연구 결과들을 대해야 할 것이다. 연구 문헌들을 고찰하다보면 연구자가 예상하는 바와 상반된게 나오는 연구 결과들을 의외로 많이 접하게 된다. 연구자는 이와 같은 연구결과들을 무시할 것이 아니라 주의 깊게 검토해야 하며, 이같은 상반된 연구결과들이 나타나게 되는 원인을 세밀하게 찾아보아야 하며, 이같은 상반된 연구 결과들이 나타나게 되는 원인을 세밀하게 찾아보아야 하며 각각의 연구들이 가지고 있는 방법론적인 측면도 살펴보아야 한다. 같은 주제에 대해 서로 다른 연구 결과가 나타나고 있음은 연구 방법의 다양성에 의한다는 사실을 밝힘으로써, 통합적인 위치에서 다양한 연구 결과들의 불인치하는 것으로 보이는 현상을 설명할 수 있도록 개방적 자세로 문헌을 고찰하고 정리할 필요가 있다.

2) 문헌고찰의 목적

문헌고찰은 연구의 전단계에 걸쳐 필요한 작업으로 연구를 진행하는데 있어서 중요한 작업이나, 그 목적을 연구 과정과 관련하여 크게 두 가지로 나눠 살펴볼 수 있다.

(1) 연구 주제를 선정하고, 선정한 주제를 명료화를 하기 위해 문헌을 고찰한다.

문헌은 연구주제를 설정하기 위한 가장 중요하고 바람직한 자원이라 할 수 있다. 연구를 시작하기에 앞서 연구자는 우선 연구 가능한 주제를 찾기 위해 여러 연구 논문들을 섭렵할 필요가 있으며, 읽고 있는 논문들에서 언급된 관련 연구 문헌들 중 필요한 연구들을 찾고 정리하여 연구문제를 설정하기 위한 준비작업 과정으로서 문헌연구를 하여야 한다. 그러나 이러한 과정은 비단 연구 주제를 찾기 위한 작업이라기보다는, 공부하는 사람의 기본적인 책읽기 자세이므로 평소 연구 논문들을 읽을 때 정리하는 과정이 습관화되어 있다면 위의 과정은 연구주제 선정과정에서 생략될 수 있다.

예를 들어 자기조절 학습에 관심을 가지고 있는 연구자라면, 자기조절학습을 키워드로 하여 다양한 논문 및 자료들을 검색하여 문헌고찰을 할 수 있다. 즉 자신의 연구 주제와 관련된 중심 단어를 검색어로 활용하여 자료를 탐색하고 열람하여 참고 자료로 사용한다.

(2) 연구 주제를 설정하고 난 후, 연구 방향 설정 및 연구 문제의 구체화, 방법론적 측면의 시사점을 얻는 등 실제 논문을 작성하기 위한 목적으로 문헌을 고찰한다.

이 목적을 위해 문헌을 고찰할 때는 연구 주제를 선정할 때의 탐색적인 방법으로 광범위하게 문헌을 고찰하는 것과는 달리, 본인의 주된 연구 주제에 초점을 맞춰 보다 심도 깊고 세분화하여 문헌을 고찰하고 정리해야 한다. 자기조절 학습에 관심을 가지고 문헌연구를 하던 중 가지조절 학습과 학업성취간의 관계에 대한 연구를 하기로 연구주제를 명료화 하였을 경우, 이제 문헌 고찰은 자기조절 학습과 학업성취와의 관련성을 살펴본 문헌으로 한정하여 고찰할 필요가 있다. 또한 자신의 연구 주제와 밀접한 선행 연구의 방법본을 살펴봄을 통해, 사전에 방법론적인 실수를 미리 예방할 수 있을 뿐 아니라 기존에 연구자가 생각하지 못했던 새로운 방법에 대한 아이디어를 구할 수 있다.

8. 자료 평가

1) 수집 자료평가

수집한 자료들을 살펴보면서 어떤 것이 다른 것들보다 유용하거나 신뢰할 만한지 평가해야 하는 데 자료를 평가할 때 다음과 같은 질문이 필요하다.

(1) 해당 분야의 저명한 저자인가?

(2) 출판 연도가 최근의 것인가?

(3) 자료의 내용이 얼마큼 사실성, 객관성, 정확성을 나타내는가(각주, 참고문헌 여부)?

(4) 심도 있는 연구 내용을 제공하는가?

(5) 어떤 내용들이 두드러지게 나타나는가?

2) 연구논문 평가사항

참고로 한국체육학회에서 연구논문 심사시에 적용하는 평가 항목은 다음과 같다.

(1) 구성의 완성도 : 논문 구성상 목차와 전개가 논리적이며 참고문헌은 적절한가?

(2) 주제 연구의 심도 : 주제에 관한 연구가 충실하고 심도 있게 이루어졌는가?

(3) 학문적 독창성 : 주제 선정과 내용 전개 및 결론 제시의 독창성이 있는가?

(4) 학문적 기여도 : 주제에 관한 연구가 국내외적으로 학문적 기여도 있는가?

9. 기초 자료 정리

1) 기초 수집자료 정리

수집한 자료를 평가한 후 우선 순위를 정하여 필요한 부분을 정독하고 논문 작성에 인용할 내용을 정리한다. 예전에는 카드 적기 방법을 사용했으나 지금은 컴퓨터(W/P)에 기초 자료로 분류하여 바로 입력한다. 기초 자료는 기본적으로 다음 세 가지의 방법으로 정리한다.

(1)직접인용 (2)요약 (3)의역이 그것이다.

특히 자료를 잘 기록할 때 명료, 정확, 완결의 특성을 언제나 유념해야 한다. 차후 각주와 참고문헌목록으로 사용하기 위한 서지사항을 정확하게 기록한다.

* 참고 : 서지사항이라 함은 도서에 관련된 일채의 사항 즉, 저자, 저서명, 출판지, 출판사, 출판년도를 말한다.

2) 자료의 정리

자료의 수집이 이루어지면 다시 주어진 주제에 맞는 논문을 쓸 수 있도록 핵심들을 정리해야 한다. 자신의 주장이나 의견에 맞추어 주제가 살아날 수 있도록 체계를 세우고 그에 맞도록 핵심을 정리해 두어야 한다. 핵심을 정리할 때도 일정한 공식이 있는 것은 아니지만, 다음과 같은 사항을 고려하면 효과를 볼 수 있다.

(1) 취사선택한 핵심들은 내용이나 성격이 비슷한 것끼리 묶어야 한다. 그렇게 해야 글을 쓰는 데 편리하고 중언부언을 피할 수 있다.

(2) 주제와 긴밀한 관련이 있는 것과 그렇지 못한 것을 분류한다. 전자를 적극 활용하고 후자는 보충 자료 정도로 활용하는 것이 주제를 살리는 데 좋기 때문이다.

(3) 분류된 핵심들을 전체의 틀에 맞추어 다시 배열하면서, 그것들이 한쪽으로만 치우치지 않도록 한다.

어떤 사물이나 관념에 대한 긍정적인 측면과 부정적인 측면이 있을 때 어느 한 면만 강조하게 되면 반론이 제기될 가능성이 있기 때문이다.

제3장 연구계획 구성

1. 연구 계획서 내용 및 주요 구성 요소
2. 연구 계획서를 작성하기 전에 고려해야 할 사항
3. 연구 계획서 작성의 필요성
4. 연구의 설계

제3장 연구 계획 구성

1. 연구 계획서 내용 및 주요 구성 요소

연구 계획서에는 적어도 연구 문제의 진술, 연구 문제의 이론적 배경, 연구의 중요성 및 연구 문제를 해결하기 위한 연구 방법에 관한 내용이나 항목이 반드시 포함되어야 한다. 그러나 연구 계획서를 제출 받아 이를 심사 및 평가하고 있는 연구비 지원기관이나 대학원 등에서는 각기 나름대로 요구하는 계획서의 형식이나 양식이 있으며 연구 계획서 작성의 목적과 연구의 성격에 따라 필요한 항목이나 내용을 첨가하거나 그 순서 또는 강조되는 부분이 약간씩 다를 수 있다.

예를 들면 연구 자금의 후원을 얻기 위하여 자금 후원 기관에 논문 계획서를 제출하고자 하는 경우에는 연구 방법이나 기술에 관해서는 간략하게 요약하는 반면 연구 문제의 중요성, 기대되는 결과, 연구원의 조직, 연구 진행 일정, 소요 예산 등의 항목이 첨가되거나 명세화되는 경우가 많다. 일반적으로 연구 계획서는 다음과 같은 구성 요소들로 이루어지게 된다.

일반적으로 논문계획서는 다음과 같은 구성요소들로 이루어지게 된다.

1) 연구 주제명 및 논문 제목

제목만으로도 무슨 연구인지를 알 수 있도록 포괄적이면서도 간결하고 명료하게 정한다.

연구주제명은 논문의 제목을 말한다. 제목만으로도 무슨 연구인지를 알 수 있도록 포괄적이면서도 간결하고 명료하게 정한다.

2) 연구의 필요성

연구의 필요성은 연구주제의 선정이유와 이 주제의 해결 필요성과 그 중요성 등에 대해 기술한다. 이론적 필요성과 실제적 필요성으로 나누어 생각해보는 것이 좋다. 연구의 목적과 함께 기술되는 경우도 많다.

3) 연구 목적

연구목적은 연구를 통해 알아내고 싶은 것, 또는 밝히고 싶은 것에 대해 분명하게 기술한다. 연구목적은 연구계획서의 가장 핵심적인 내용으로 연구배경 및 필요성이 논리적으로 연결되어야 하며, 연구결론으로 유도되는 일반목적과 구체적으로 관측하게 되는 연구성적 및 결과 등으로 나타나는 실행목표로 구분하여 기술한다.

대개 일반목적은 최종적으로 도달하고자 하는 연구목적으로 개념적 내지는 추상적인 내용을 기술하는 반면, 실행목표에는 개념적인 일반목적을 명백하고 측정가능하며 성취 가능한 현상적 상태로 구체화한 내용을 포함한다.

4) 가설의 및 변인설정

(1) 가설의 설정

가설은 연구주제에 대한 잠정적인 대답으로, 두 변인(變人)간의 관계를 진술한 것이다. 이 잠정적인 대답은 이론이나 선행연구의 결과를 기초로 설정된다. 가설은 경험적 증가를 바탕으로 그 진위(眞僞)를 확률적으로 결정할 수 있도록 진술해야 한다.

(2) 변인의 정의

연구에 있어서 교육 심리학도들은 일반적으로 환경과 행동 간의 경험적 관계성을 찾으려고 한다. 이러한 관계성은 가설, 이론, 법칙과 같은 여러 가지 명칭으로 불린다. 교육학에서 이러한 관계성은, 만일 어떤 환경적 특성이 변화한다면 어떤 유형의 행동도 또한 변화할 것이라는 것을 말한다.

독립변인과 종속변인 변인간의 관계에서 영향을 주는 쪽을 독립변인이라고 하고, 일반적으로 환경적 측면이 많으며, 행동에 어떠한 변화가 일어났는지에 대한 측정치를 종속변이라 한다. 개략적으로 변인이란 값을 변화시킬 수 있는 어떤 것이다. 변인에는 보통 크기가 강도에서 값의 차이를 나타낼 수 있는 특성이 있다. 변인이란 일반적으로 서로 다른 숫자 값을 갖는 것이라고 말할 수 있다. 변인은 여러 가지 환경 조건에 따라서 그 값이 변화한다. 변인들의 몇 가지 실례로는 여성의 신장, 남성의 체중, 쥐가 미로를 달리는 속도 불빛의 밝기, 심리 치료적 면접에서 환자가 말하는 단어의 수, 그리고 주어진 업무를 수행하는데 노동자가 받는 임금의 총액 등이 있다.

연속변인과 비연속 변인 : 예를 들어, 우리는 24초, 12.5초 혹은 2분, 19.3초 동안 미로를 달리는 한 마리 쥐를 볼 수 있다. 이 변인의 값에서 직선을 따라 점으로 표현될 수 있는데 이것을 연속변인이라 한다. 연속 변인은 양으로 변화 시킬 수 있는 것이며, 무한하게 적은 양으로도 분할시킬 수 있다.

연속되지 않는 변인을 비연속 변인이라 한다. 비연속변인은 명확히 규정된 단계에 의해 달라지는 숫자 값으로 가정할 수 있다. 예컨대, 극장 안에 있는 사람의 수는 비연속적이다. 사람들은 주위 사람들 중의 한 사람을 전체에서 분할한 일부분으로 생각하지는 않을 것이다. 그러므로 극장안의 사람들을 1.6명 혹은 14.8명이 아니고 1명, 15명, 299명 혹은 302명으로 표현한다. 유사하게 성별과 눈의 색깔은 비연속적인 예로서 자주 인용된다.

(3) 독립변인의 영향

연구자들은 독립변인과 종속변인과의 관계를 찾으려고 한다.

연구자는 행동에 영향을 주는 변인들을 찾는데 관심이 있다.

독립변인은 그것이 행동에 영향을 주었는지의 여부를 결정하기 위해 연구되는 변인이라 할 수 있다. 과학적으로 연구되고 있는 몇 가지 독립변인에는 인지적 능력, 학습, 발달, 유전적 요인, 뇌의 손상, 약물, 소음, 그리고 가정환경 등이 있다. 독립변인이 종속변인(연속 변인이나 비연속변인 중 어느 하나)에 영향을 주었는지를 결정하기 위해, 실험집단과 통제 집단의 개념에 대해 살펴보면, 실험연구에서 연구자는 독립변인이 행동에 영향을 미쳤는지를 결정하기 위해, 실험집단에는 '실험처치'를 가하는 반면, 통제 집단에는 '정상처치'를 가함을 의미한다. '실험'과 '정상'의 처치간의 본질적인 차이는 각 집단에 할당된 독립변인의 값이다. 예를 들어, 독립변인이 쇼크의 강도라면 실험자는 실험집단에 높은 강도를 주고 통제집단에는 낮은 강도 혹은 쇼크를 주지 않는다. 산업생산 장면을 상상해 보자. 노동자들은 일에 착수하기 전에 조립작업을 10번 정도 실행해 본다. 그러나 얼마 후에 감독관은 노동자들이 생산품을 적절히 조립하지 못함을 발견하게 되고, 그들이 일을 충분히 익히지 못했기 때문이라고 판정한다. 몇 가지 수정할 행동이 지적되고, 감독관은 노동자들이 10번 대신 15번을 연습하면 일을 더 잘할 수 있을 것이라고 제안한다. 여기서 연구자는 가장 간단한 종류의 실험을 실시해볼 수 있다. 연구자는 '일을 수행하는데 훈련시키는 횟수'를 독립변인으로 생각하고, 가정할 수 있는 무한한 값들 중 10번과 15번을 할당한다. 물론, 다른 수많은 값-1번, 5번, 혹은 5000번-이 선택될 수도 있지만, 연구자가 관심을 갖는 문제의 특성 때문에 10번과 15번이 연구를 하는데 적절한 값으로 생각한다. 실험집단에는 조립작업을 15번 연습시키고, 통제집단에는 10번 연습시킨다. 즉, 통제 집단은 정상적인 처치(10번)를 받고, 실험집단은 실험적 처치(15번)를 받는다. 또 다른 경우에서는, 독립변인에 '00 값을 주는 집단을 '통제집단'이라 하고, 독립변인에 '+'값을 주는 집단을 '실험집단'이라 할 수 있다.

5) 연구의 의의(기여도)

연구문제를 해결함으로써 학문의 이론적 또는 방법론적 발전에 기여할 수 있는 것이 무엇이며 그 중요성은 어떠한지에 대해 밝힌다. 실제적인 측면에서 거둘 수 있는 기여도도 함께 기술한다.

6) 연구 배경 및 필요성

연구주제의 중요성과 연구수행의 필요성을 논리적이며 객관적으로 기술하여 심사자에게 이를 충분히 인식시키고자 하는 부분이다. 연구목적이나 가설설정의 타당성을 명백히 하기 위하여 문헌고찰을 통하여 지금까지의 연구동향과 진전사항 등을 검토분석하고 연구문제의 역사적 배경 또는 그 이론적인 근거를 기술하여야 한다.

연구의 출발이 과거의 연구와 관련된 어떤 이론적인 근거에 토대를 둔 경우에는 이러한 이론적인 체계에서 자연히 유도되는 연구문제를 가설로서 표현하는 것이 적절하다. 하지만 과거에 이루어진 관련된 연구가 없거나 이론적 배경이 없는 연구에서는 현재의 당면한 실제적인 문제해결에 관심이 집중된 연구이므로 가설을 설정하기보다는 몇 개의 구체적인 연구목적으로 세분화하여 제시하는 것이 더 타당하다. 연구 배경을 작성하는데 모든 서술은 간결, 명확하게 표현되어야 한다. 심사자가 무슨 뜻인지 알 것이라고 생각하여 지나치게 함축된 표현이나 일부 분야에서만 통용되는 전문화된 용어를 사용함으로써 내용 전달에 미흡함이 없도록 주의하여야 한다. 끝 부분에 연구목적에 해당하는 내용을 기술한다.

연구주제에 관한 기존의 원리나 법칙, 이론들을 종합하여 체계적으로 제시한다. 선행연구의 결과를 기초로 이들을 비판하고, 자신의 연구와 이러한 이론이나 법칙들과의 논리적 관계 그리고 자기의 연구와 선행연구와의 논리적 관계를 체계적으로 밝힌다. 이러한 관계에서 자신의 연구문제를 해결하는데 기초가 되는 이론과 전제를 분명히 한다.

역사적 연구의 경우에는 연구자 자신이 다루려는 역사적 사실이나 사건을 어떤 관점이나 사관에서 보고자 하는지와 그러한 사관을 택한 이유, 그리고 다른 사관을 택했을 때 이들 사건이나 사실에 대한 해석이 어떻게 달라질 수 있는지에 대해 밝혀야 한다. 문학연구의 경우에는 채택하고 있는 비평방식이나 접근방식의 장단점을 밝히고, 철학적 연구의 경우에는 연구주제와 관련된 현상을 어떤 철학적 관점에서 보려는 지에 대해 밝힌다. 이런 의미에서, 연구의 이론적 배경은 연구에서 검증하고자 하는 가설설정의 기초를 제공한다고 할 수 있다.

7) 연구 방법 및 내용

선정한 연구주제를 어떤 방식으로 해결할 것인지 그 방법을 명시한다. 구체적으로는 누구에게 무엇을 어떻게 할 것인지에 대해 규명하는 것으로서, 연구절차와 연구대상, 도구, 자료수집과 분석 및 처리방법 등에 대해 진술한다. 연구과제의 성격에 따라 문헌연구나 경험적 연구의 방법을 채택하게 될 것이다.

연구목적을 해결하기 위한 방법과 수행과정을 명시하는 부분이고, 구체적으로는 누구에게 무엇을 어떻게 할 것인지에 대해 규명하는 것으로서, 연구절차와 연구대상, 도구, 자료수집과 분석 및 처리방법 등에 대해 기술한다.

그 방법은 연구내용 및 분야에 따라 연구계획서 작성이 매우 다양하나, 사용할 방법이 높은 정확성 (accuracy)과 재현성 (reproducibility)이 있다는 것을 분명히 하여야 한다. 연구 방법을 기술함에 있어 다음과 같은 고려사항들이 있는데 연구내용이나 분야에 따라서 해당되는 사항을 고려하여 작성한다.

(1) 일반적인 원칙

① "아무리 자세하더라도 지나치지 않는다"는 원칙에 입각하여 서술한다.

② 연구진행 또는 시간적 순서에 따라 서술한다.

③ 다른 연구자가 그 실험 또는 조사내용을 그대로 재현할 수 있도록 기술한다.

(2) 실험조사 설계

① 전체적인 실험조사 설계 내용을 알기 쉽게 설명해야 하며, 이를 위하여 표나 흐름도를 사용하기도 한다.

② 실험 또는 조사하고자 하는 항목이나 변수를 명확히 정의한다.

③ 연구비 규모에 따라 실험조사 설계가 조정 또는 변경되는 경우도 고려한다.

④ 대조군은 실험조작을 하지 않았다는 사실 이외에는 모든 면에서 실험군과 같도록 설계한다.

⑤ 연구성적에서 제3요인의 영향을 배제할 수 있도록 타당한 실험조사 설계를 제시한다.

(3) 실험조사 대상 또는 재료

① 실험조사 대상 또는 재료의 특성을 기술한다.
② 실험동물을 사용하는 경우 그 종 선택의 적절성이 있어야 한다.
③ 실험 조사 대상 또는 재료의 선정과정이나 처리과정을 설명하고 그 타당성을 제시한다.
④ 여러 종류의 대상이나 재료를 사용하는 경우에는 알기 쉽게 표나 그림을 사용한다.
⑤ 각종 재료를 표시할 때는 과학명칭 (generic name)을 사용하고 동물실험인 경우 그 동물의 genus, species, strain을 밝힌다.
⑥ 실험대상 또는 재료의 규모 (sample size) 결정방법을 설명한다.
⑦ 사람을 대상으로 하는 경우 실험조사로 인하여 발생할 수 있는 잠재적 위험성과 윤리성을 평가하여 기술한다.
⑧ 실험동물인 경우에도 실험에 따른 잠재적 위험성을 평가한다.

(4) 실험조사 방법

① 구체적인 실험조사 관측방법의 정확성 (실험 기기 및 관측방법의 특이도와 민감도)과 재현성 (실험 기기의 정도관리, 관측방법의 일관성 등)을 평가한다.
② 실험조사 방법은 행위주체 및 행위객체 (목적물)가 분명하도록 한다.
③ 연구자에 의해 새롭게 시도되는 방법은 전 과정을 자세히 기술한다.
④ 실험처치 과정이나 실험조건의 유지에 관한 구체적 방법을 제시한다.
⑤ 실험관찰 내용을 계량적으로 표현하는 경우에는 그 계량화 방법과 내용을 기재한다.
⑥ 실험조사 방법에 가능한 제한점이나 취약점을 평가하고 이를 최소화할 수 있는 대안을 강구한다(이러한 제한점이나 취약점은 계획서 심

사자가 결국 알게 된다).

⑦ 실험조사에 사용할 기기에 대하여는 그 제조회사명과 모델 내용을 기술한다.

(5) 자료 처리와 분석 방법

실험조사에서 얻게 될 연구자료를 분석하는 기법에 대한 적합성과 내용(통계package 명 등)을 명시한다. 이는 자료가 수집되기 전에 미리 고려되어야 하며 만약 그렇지 않고 먼저 상당히 많은 경비와 노력을 들여 자료를 수집한 다음에 해결하고자하는 연구목적에 적합한 통계적 방법이 존재하지 않을 때에는 큰 손실을 초래하게 되는 수도 있다. 분석적 방법 때문에 설정된 연구목적이 왜곡되는 일이 없도록 조심해야하며, 통계적 분석방법에 관하여는 사전에 전문가와 상의하여 적합한 통계적 방법을 쓰도록 해야 한다. 이러한 과정을 통하여 때로는 같은 목적을 달성하는데 시간과 노력이 적게 드는 새로운 방법을 제안 받을 수도 있다.

(6) 기타 사항

① 연구 성적을 제시하는 방안 (표, 그림 등)을 고안 제시한다.

② 예상되는 연구성적을 해석하는 기준 등을 검토한다.

8) 기대되는 결과

연구의 결과가 어떻게 나타날 것으로 기대하는지에 대해 명시하고, 그에 따른 잠정적인 결론을 구상하여 적는다.

9) 참고 문헌

연구자 자신이 입수하고 있거나 구할 수 있는 주제관련 문헌을 요약 · 정리하여 누락된 것이 있는지에 대해 지도교수나 심사위원의 도움을 받을 수 있도록 한다.

참고문헌은 Harvard style (본문에 저자명과 발간연도가 함께 표시되고, 참고문헌에는 저자를 알파벳, 가나다 순으로 나열)보다는 Vancouver style

(참고문헌이 인용된 순서로 나열되어 있고, 본문에는 인용번호만 기재)을 사용하도록 한다.

10) 부록

논문의 목차로 정리한 연구의 개요와 연구에 활용할 각종 도구 및 기초자료를 제시한다.

2. 연구 계획서를 작성하기 전에 고려해야 할 사항

표 3-1. 연구 계획서를 작성하기 전에 고려해야 할 사항

구분	고려사항 내용
① 연구 주제 설정	전반적 또는 개념적인 연구목적으로부터 보다 구체적인 연구 주제까지를 도출하고, 나아가 연구에서 얻어질 것으로 예상되거나 기대하는 연구 성적까지의 내용을 예상하여야 한다.
② 문헌 고찰 및 선행 연구 목록 작성	연구의 목적과 주제를 정리하고 가장 타당한 연구 방법을 선택 또는 고안하며 예상되는 연구 성적에 대한 해석 방향을 세우기 위하여 문헌 고찰과 관련 지견의 분석이 계획서 작성 이전에 완벽하게 이루어져야 한다.
③ 각종 용어의 정의와 가정의 명확화	연구 계획의 개괄적 구상에서 인용 또는 사용하였던 각종 용어에 대해 학술적 정의는 물론 논리 전개 등에서 사용한 가정이나 전제 사항에 관하여도 그 내용을 명확히 한다.
④ 관련 시설, 기기의 활용 및 관련 기관 협조 가능성 확인	연구 진행에 관련하여 이용하게 되는 각종 시설이나 기기 등에 대한 활용 가능성을 확인하고, 연구 수행에 협조를 얻어야 할 관련 기관 또는 부서에 사전 접촉을 통하여 협조를 확인한다.

⑤ 공동 연구자	연구를 수행함에 있어 단순한 협조자와 연구 주제에 대한 공동 연구자를 구별하고 공동 연구자로 내정한 사람에게는 공동 연구자로서의 참여를 승낙 받는다.
⑥ 예비연구 시행	연구주제의 도출에서부터 연구결론에 이르는 연구의 전 과정에 대한 최종 검토를 위하여 소규모일지라도 시험적 관찰(pre-test)을 포함하는 예비 연구(pilot study)를 연구 계획서 작성에 앞서 시행해 보는 것이 좋다.
⑦ 통계에 대한 자문	연구 대상 규모의 결정, 관측 자료의 계량화 등과 같은 실험 조사설계 과정에서는 물론, 연구 성적 자료의 분석 과정에 이르기까지 통계적 기법이 많이 사용되고 있다. 따라서 연구 계획서 작성에 앞서 통계적 사항에 대한 전문가의 자문을 받도록 한다.

3. 연구 계획서 작성의 필요성

어떠한 연구를 시작하려고 할 때에는 연구의 전체적 윤곽 파악과 일의 선후 및 진행상황 등을 면밀히 검토하기 위해서 연구의 진행 과정을 구체적이며 정확하게 계획한 논문 계획서의 작성은 필수적이라고 하겠다. 즉 연구 계획서를 작성함으로써 연구 문제와 연구 진행 과정에 관하여 보다 조직적으로 사고할 수 있게 되어 연구 계획에 결점이나 불합리한 점을 사전에 찾아내어 교정할 수가 있게 될 뿐만 아니라, 필요한 자료의 수집과 진행 절차를 명백히 해줄 수 있다. 그리고 지도 교수 등 타인에게 연구 계획에 관한 비평과 제안을 받고자 할 때 정확한 의사소통을 위한 한 기본적인 방편을 제공해 준다. 이러한 연구 계획서는 모든 연구의 계획 수립 단계에서 필요하지만 특히 대학이나 대학원 학생이 학위 논문을 쓰고자 할 때 지도교수의 승인을 받기 위하여 쓰는 경우가 많다. 요즈음 일반적으로 대학이나 대학원에서는 연구를 진행하기 전에 연구 계획을 일정한 시기에 발표할 것을 요구하는 경우가 많으므로 연구 계획서의 적절한 작성 요령을 습득하는 것은 중요하다 하겠다.

4. 연구의 설계

연구문제의 해결방안과 가설을 검증할 수 있는 계획 및 절차를 짜놓는 것이 연구 설계이다.

연구 설계의 첫 단계는 자료수집이다. 자료수집은 연구 할 대상을 선택하는 것이다. 연구 할 참여자의 유형은 문제의 본질에 따라 결정될 것이다. 만일 심리 요법에 관심이 있다면 신경질적 환자를 선택하게 될 것이며, 뇌의 기능에 관련된 문제는 동물의 이용을 필요로 할 것이다. 연구에 협력하는 사람들은 참여자 혹은 전통적 용어인 피험자라고 불릴 수 있다.

그러나 Gillis(1976)가 지적한 대로 '참여자'가 사회적으로 더 바람직한 것이다. 왜냐하면, 피험자는 사람이 '이용된다는 의미'를 느끼게 하기 때문이다. 연구동물이 피험자 혹은 참여자 중 어느 것으로 언급될 것인지는 아마도 개인의 '생활철학'에 달려 있을 것이다. 다음으로는 자료의 수집과 분석방법, 연구 설계의 실행방안 등이 논의되어야 한다.

제4장 논문 형식

1. 서두 부분
2. 본문 부분
3. 참고자료 부분

제4장 논문 형식

1. 서두 부분

논문의 체제는 논문의 종류에 따라 차이가 있다. 일반 학술 논문들은 학문의 분야나 학술 잡지의 성격에 따라 편집 요구에 따른다. 예를 들어 일반 학술 논문에서는 목차를 생략하거나 목차를 간단하게 처리하기도 하는데 비해 학위 논문은 반드시 있어야 한다. 학기말 리포트에서도 생략하지 않는 것이 좋다. 그래서 목차는 논문의 전체적인 구성을 일목요연하게 보여주기 때문에 중요한 부분이라고 할 수 있다.

학위 논문은 가장 완비된 형식을 갖추어야 한다. 논문 체제는 논문을 구성하는 요소의 범주에 따라 크게 서두 부분, 본문 부분, 참고자료 부분으로 나뉜다.

1) 표제지 또는 표지

표제지는 논문의 맨 앞부분으로 논문의 제목을 적는 부분이다. 학위 논문은 대학이 정해 놓은 규칙이 있으므로 그 규칙을 따라야 한다. 표제지는 논문의 제목, 연월일, 해당 대학, 학과, 제출자의 이름이 표시되어야 한다.

2) 제출서

속표제지와 제출서 인준서는 석·박사 학위 논문에서 붙이고, 일반적으로 학사 학위 논문에서는 붙이지 않는다. 제출서 난에는 표제지의 사항에 지도교수의 이름, 그리고 무슨 학위 논문으로 제출한다는 공식적인 언급이 있어야 한다.

3) 인준서

추인서에는 누구의 무슨 학위 논문을 인준한다는 내용을 적고 심사위원의 서명란이 있다.

4) 서문 및 감사의 글은 필요한 경우

서문인 '감사의 글'은 필요할 경우 목차가 들어가기 전에 쓴다. 여기에는 논문을 쓰게 된 동기, 의의 등이 간단히 들어가고 논문을 쓰는 동안 도움을 준 사람이나 기관 및 단체에 고마움을 표시하는 글을 쓴다.

5) 약호목록은 필요한 경우

간단하고 알기 쉽게 나타내어 일정한 순서로 적어도 된다.

6) 목차

목차는 논문의 본문 순서를 기록해 놓은 것으로 차례라고도 한다. 목차의 순서를 표시하는 숫자의 부호나 소제목들은 본문의 것과 반드시 일치해야 한다. 자료의 기록을 끝냈을 때 논문 주제 내용하고 연관되는지 다시 한번 확인해야 한다. 이때에 불필요한 내용은 버려야 한다. 그런 다음에 전체 논문을 대표하는 작성자의 견해 또는 주장을 한 문장으로 묶은 논지를 구성해야 하고, 그 논지를 증명하는 목차들 또한 구성해야 한다. 목차는 논문의 뼈대와 같은 것으로서 자료정리가 어느 정도 수행된 후 심사숙고하여 여러 번의 수정을 거침 후에 최종 작성한다.

목차의 표기는 장, 절, 항, 목으로 표기하는 장절식 목차, 숫자나 기호를 사용한 수목차가 있고 장절식 목차와 수목차를 절충하는 수문목차가 있다. 일반적으로 장절식은 저서에 주로 쓰이고 논문에서는 수목차를 많이 쓴다. 목차는 큰 범위의 목차일수록 왼쪽으로 나오게 표기하고 한 단계 아래로 내려가는 작은 범위일수록 오른쪽으로 들여 쓴다. 그러나 논문의 본문에서는 가장 큰 제목이 가운데 오게 하고, 그 다음 항목부터는 중앙보다 앞쪽으로 배치한다.

7) 표 목록과 그림목록은 필요한 경우

논문에 표를 사용하였다면 표와 그림의 순서에 의해 목록을 나열한다. 여러 사람들의 연구를 본인 나름대로 분류하여 표와 그림을 잘 정리하는 것이다.

수집한 자료나 실험결과를 정리하여 표, 그림 또는 지도 등으로 나타내면 글로 설명하기 어려운 내용을 쉽게 설명할 수 있다. 특히 의학, 생물학 또는 화학 분야에서는 실험결과로 나타난 실물의 모양이나 상태를 사진으로 제시하면 상황을 정확하게 전달할 수 있다. 따라서 학위논문이나 학술논문을 작성할 때는 표나 그림을 적절하게 활용하는 것이 바람직하다.

그러나 표와 그림은 꼭 필요한 경우에만 사용해야 한다. 이미 글로 자세하게 설명한 내용을 표와 그림으로 중복하여 다시 나타낸다든지 또는 표에 주어진 자료를 이용하여 그림으로 다시 나타내는 것은 바람직하지 못하다. 다만, 내용 설명상 꼭 필요하거나 매우 중요한 경우는 예외이다. 많은 정보를 싣기 위하여 하나의 표와 그림에 여러 가지 항목을 더하여 복잡하게 작성하는 경우를 가끔 보게 되는데, 그렇게 하면 오히려 복잡하고 특히 그림에서는 선이 중복되어 읽는데 어려움만 주기 때문에 몇 개로 나누어서 작성하는 것이 좋다.

(1) 표의 위치

표는 본문에서 표에 관한 언급이 있는 후, 다음 페이지에 페이지당 하나씩 작성하는 것이 이상적이다. 그러나 경우에 따라서는 표에 관한 언급이 있는 직후 같은 페이지에 나타낼 수도 있다. 그리고 표에 관한 언급이 있는 위치가 지면의 아래쪽에 있어 표 전체를 그 페이지에 넣을 수 없는 경우에는 지면에 여백을 남기지 않기 위해 본문의 줄거리를 그 페이지 끝까지 쓴 다음, 그 다음 장 첫머리에 표를 넣는 것이 좋다. 그리고 한 페이지 전체를 차지하는 표를 제시해야 할 경우에도 본문에서 그에 관한 언급이 있은 다음에 그 페이지 끝까지 본문의 다른 줄거리를 쓰고, 다음 페이지에 표를 작성하여야 한다.

(2) 폭이 한 페이지를 넘는 표의 처리

폭이 넓은 표는 세로로 처리해도 무방하다. 폭이 너무 넓어서 세로로도 다 넣을 수 없으면, 서로 마주보고 있는 좌우의 두 면을 다 사용할 수도 있는데, 이때 양면의 동일한 지면을 차지하도록 한다. 위의 두 가지 방법으로도 처리할 수 없을 만큼 표의 크기가 클 때는 큰 종이를 사용한 후 종이를 접어 본문의 종이 크기와 규격을 같게 하거나 복사기를 사용하여 본문에 들어갈 만한 크기로 축소하여 사용할 수도 있다.

(3) 길이가 한 페이지를 넘는 표의 처리

한 페이지 이상의 길이를 가진 표는 여러 페이지로 나누어 연속하여 작성한다. 이때 표의 번호와 제목은 나뉘어진 표의 맨 앞장에 달아주고 다음 장에 계속되는 표의 왼쪽 위에는 표번호와 함께 계속된다는 사실을 표시해야 한다.

(4) 표의 번호

본문에 나오는 표의 번호는 본문에서 언급한 순서대로 아라비아숫자로 표기한다. 자연과학 논문에서는 본문은 국문으로 쓰더라도 표는 영어로 작성하는 것이 보통이나 경우에 따라서는 국문으로 작성할 수 있다. 따라서 영문으로 작성할 때는 표의 번호를 Table 1, Table 2, …등으로 표기하고 국문으로 작성할 때에는 표 1, 표 2, …등으로 표기하고 〈 〉로 처리하기도 하는데, 표의 제목과 함께 표의 상단 좌측 줄 끝에서 시작하거나 중앙에 놓는다.

(5) 표의 제목

표의 제목은 표의 번호 다음에 마침표를 찍거나 표 〈 〉로 처리되었을 때는 한 칸을 띠고, 바로 표가 담고 있는 내용을 한 문장으로 간결하게 나타내는 것으로 설명이 필요하면 표 아랫부분에 쓴다. 표의 제목이 표의 폭보다 길 때에는 두 줄 이상으로 작성해야 하고 반드시 표의 우측 끝까지 채운 다음 윗줄의 제목 시작 지점에 맞추어 새로운 줄을 시작한다. 그리고 제목의 끝에는 마침표를 찍지 않도록 하며, 제목이 두 줄 이상이 될 경우 영문이든 국문이든 한 단어를 서로 다른 줄로 분리시키지 않도록 주의해야 한다.

(6) 표의 경계선

표의 제목과 표 사이에는 한 줄을 띄는 것을 원칙으로 한다.

대체적으로 표를 작성할 때는 세로줄만 사용하고, 가로줄은 사용하지 않는 것이 보통이나 분야에 따라서는 세로줄을 사용하는 경우도 있다. 그리고 표의 가장 위에 있는 가로줄은 두 줄로 하고 나머지는 모두 한 줄로 하며, 표가 여러 페이지에 걸쳐 있는 경우에는 표의 아랫줄을 맨 마지막 페이지에서만 긋고 나머지 페이지에서는 생략한다.

(7) 표의 각주

표에 대한 각주는, ① 표를 다른 문헌에서 인용했을 경우에 그 출처를 밝히고, ② 표 전체에 대한 설명(예 : 연구 방법 등)을 간단히 하여 읽는 사람이 본문을 보지 않더라도 표가 나타내는 연구 결과의 도출과정을 알 수 있게 하고, ③ 표에 사용한 약자나 기호 등을 설명하기 위해 꼭 필요한 수단이다.

표에 대한 각주는 설명해야 할 부분의 오른쪽 어깨 위에 1, 2, 3 등의 아라비아숫자나 a, b, c 등의 영문 소문자(이탤릭체로도 쓸 수 있음) 또는 *, §, †, ‡, # 등의 기호로 표시하는데, 숫자에 대한 각주를 숫자로 표시하는 것은 지수(指數) 표시와 혼동을 일으킬 수 있기 때문에 피해야 한다.

(8) 페이지 수의 표시

표만 들어있는 페이지도 본문의 페이지에 연속시켜 페이지수를 나타내고, 표가 너무 넓어 facing page까지 사용하여 표를 작성했을 때는 표가 있는 양쪽 모두에 페이지수를 표시하며, facing page 뒷면에는 페이지수를 쓰지 않는다. 그리고 표가 너무 커서 표가 포함된 페이지를 접었을 때는 접힌 지면의 중앙에 페이지수를 기입한다.

(9) 수표의 형식

표는 숫자로 된 통계 자료나 연구 결과뿐만 아니라 논문에 제시한 여러 가지 유사한 사실들을 간결하고 일목요연하게 정리하여 나타내는 수단이다.

논문이란 연구 결과를 보고하는 문서이기 때문에 정리만 잘 되어 있으면 읽는 사람들이 그 내용을 충분히 잘 이해할 수 있다. 따라서 문자에 의한 서술만으로 충분히 연구 내용을 전달할 수 있을 때에는 구태여 표를 사용할 필요가 없다. 그러나 글로 표시하려면 몇 페이지에 걸쳐 서술해야 할 뿐만 아니라 그렇게 한다 해도 명확하게 그 내용을 표현하기 어려운 자료나 결과를 제시할 필요가 있을 때에는 표의 사용은 필수적이다.

더구나 자연과학 계통의 논문에서는 연구 자료나 표로 나타냄으로써 보다 더 명확하고 간결한 논문을 만들 수 있다.

그러나 어떤 사람들은 자신의 논문에 표가 많아야 논문이 그럴듯하게 보인다고 생각하여, 표로 만들 필요가 없는 자료나 결과들까지 표로 나타내는 경우가 있는데, 이는 잘못된 생각으로 표로 나타낼 자료의 선정에는 신중을 기해야 하며, 특히 그림과 중복되는 표의 작성은 절대 금해야 한다.

표를 작성할 때에는 표의 작성을 위해 개발된 여러 가지 다양한 컴퓨터 프로그램을 이용하여 작성한다.

2. 본문 부분

논문의 체제에서 서두 부분이 형식적인 요소들이라면 논문의 본문은 논문의 핵심부로 서론, 본론, 결론의 세 부분으로 구성된다. 서론에서 문제 제기를 하고 본론에서 이를 논증 · 해명하며, 결론에서 연구 성과를 집약한다.

1) 서론

서론은 그 논문이 무엇을 왜, 어떻게 이루려고 하는 지를 밝히는 부분이다. 대체로 연구의 목적과 논의의 범위, 연구 방법, 연구사, 연구의 필요성, 연구의 배경 및 연구의 관점 등을 간명하게 드러낸다.

논문의 제1장은 서론으로 제1절 연구의 배경(문제제기, 필요성), 제2절 연구목적 및 방법, 범위와 구성, 제3절 선행연구, 용어의 정의로 구성된다.

표 4-1. 서론 예시

구분	예시1	예시2	예시3	예시4
서론	(1) 서론 ① 연구의 필요성 ② 연구의 목적 ③ 연구의 가설 ④ 연구의 제한점 ⑤ 용어의 정의	(1) 서론 ① 연구의 배경 ② 연구 목적 및 방법 ③ 연구의 변인 및 문제 ④ 연구의 제한점 ⑤ 용어의 정의	(1) 서론 ① 연구의 관점 ② 연구의 범위와 구성 ③ 연구의 변인 및 가설 ④ 연구의 제한점 ⑤ 용어의 정의	(1) 서론 ① 문제의 제기 ② 연구의 필요성 및 목적 ③ 연구의 가설 ④ 연구의 제한점 ⑤ 용어의 정의

서론을 쓰면 논문기술이 시작되었다고 볼 수 있다. 서론은 논문의 논지가 무엇인가를 말하고 그것을 어떻게 증명할 것인가를 말하는 것이다. 본론 신중하게 작성된 목차를 따라 논문의 본론을 쓰되 자신의 말에 대한 충분한 설명과 증거를 제시하여야 한다. 역시 자세한 내용을 나열하고 예를 들어야 하고 하나 하나의 문장들이 모두 논지를 직접 간접으로 지지하고 있어야 한다. 본론을 쓸 때 다음과 같은 요소들을 참작해야 한다.

1) 통일성 2) 연결성 3) 강조성 4) 명확성 5) 구체성 결론, 결론에서는 논지를 증명하기 위해 사용했던 내용들 주에서 특별히 회상시키고 싶은 내용 즉 논지를 잘 지지하고 있는 내용을 포함해서 전체 본론을 간단히 요약해야 한다. 그 때 거기서 논지를 끌어내어 확증하는 것을 유념해야 한다. 인용과 각주, 참고문헌 논문의 주제를 살리기 위해서나 증명하기 위해서 작성자의 설명과 함께 다른 사람의 글을 증거자료로 제시해야만 한다. 이때 인용 표시, 주, 참고 문헌을 붙여야 한다.(각 페이지에는 최소한 2개 이상의 각주를 붙여야 하면, 참고문헌은 30권 이상이어야 한다).

(1) 목적

취급하고자 하는 논제의 연구 목적을 간결하고도 충분하게 소개한다. 독창성과 참신성, 그리고 실현가능성 있는 목적을 균형잡는 것이 중요하다.

(2) 범위

다루어야 할 문제의 범위를 명확히 한다. 이것은 집필자 자신의 논지를 보호하는 구실을 하기 때문에 되도록 구체화시킬 필요가 있다.

(3) 검증하려는 가설이나 문제

자기생각이 없는 논문은 자료집이 될수 있으므로 연구자의 생각을 개발하는 다른 방법은 논문에서 검증할 가설이 무엇인지를 항상 생각해야한다. 석사학위논문의 상당부분은 분석에 중심을 두며 개선대안 혹은 시사점 등은 비교적 가볍게 다룬다. 연구의 범위와 방법은 항상 제한된 범위에서 이루어지는 것이므로 다소 서툴더라도 나름대로의 가설을 항상 붙들고 있어야 한다. 공격할 대상이 있어야 논문이 흥미롭게 진전될 수 있다.

간혹 검증이 불가능한 가설을 가지고 씨름하지 말고 버려야 할 대상이다. 이런 논문은 대개 규범적인 논문이 되기 쉽다. 규범적인 논문은 대개 도를 닦듯이 혹은 선문답 하듯이 진행될 수밖에 없으며 논문의 주제도 매우 거창한 것이 특징이다. 즉, 거창한 주제의 논문제목을 피해야 하며, 겸손한 작은 주제로 시작하는 것이 좋다. 체육학의 논문은 철저히 객관적이고 사실로써 검증이 가능한 주제를 다루어야 한다. 그래서 검증한 가설을 조작적 가설(operational hypothesis)이라 한다.

기존연구 요약과 분석을 통하여, 내가 하고자 하는 연구를 확실하게 정의하고, 어떤 방법, 기법(어떤 식으로 나의 가설 또는 문제를 구현을 하여 실험을 할지, 수학적으로 증명을 할지, 설문조사를 통하여 증명을 할지)를 뚜렷하게 정한다.

표 4-2. 연구문제의 진술 방법

구분	단계별 내용
연구문제 제시방법	① 연구자는 연구문제가 무엇인지 구체적으로 제시 ② 연구문제가 어떠한 연구목적과 이론적 배경을 근거로 도출되었는지 제시 ③ 연구문제의 도출배경을 논리적으로 제시 ④ 선행연구나 이론들을 논리적이고 체계적인 방법으로 제시 ⑤ 체육학의 논문은 철저히 객관적이고 사실로써 검증이 가능한 주제를 제시

고찰한 선행연구 결과나 이론에 따라 연구문제를 자연스럽게 논리적으로 기술할 수 있게 된다.

표 4-3. 연구문제를 선정 절차

구체적으로 선정	내용
(1) 연구문제를 선정 ① 단계는 관심 주제를 결정 ② 관련 이론과 선행연구를 고찰 ③ 연구 가능한 연구문제를 도출 ④ 탐색된 연구문제를 평가하여 최종적 선정	연구자의 관심 관련된 연구의 경향을 파악 연구를 통해 해결할 수 있는 가능성 현실적인 자료 수집의 가능성을 판단

일반적으로 연구자의 학문적 성숙을 통해 축적되고 내면화된 지식 내용이 연구문제가 되는 것이 바람직하다. 특정 영역에 대한 관심만으로 좋은 연구문제를 선정할 수 없다. 오랜기간 동안의 학문적 노력과 성실한 탐구를 통해 연구자 자신이 충분히 내면화할 수 있는 내용이 연구문제로 선정되는 것이 효과적이다. 연구자가 연구문제를 선정하는데 도움을 주는 자원은 문헌연구, 공동연구 참여, 학술대회 참여, 교육적 경험 등 다양하다. 이러한 다양한 자원 중 가장 기본적인 것이 연구자의 관심과 흥미라 할 수 있다. 연구자는 관심 있는 연구 내용을 연구주제로 구체화할 수 있다. 예를 들어 평소에 자아 개념에 관심이 있던 연구자는 연구주체로 자아개념 과 관련된 주제를 선정할 것이다. 연구자가 자아개념을 연구주제로 선정할 경우, 주제에 대한 관심 영역은 참의성과 시험 불안과 같은 관심영역과는 분명하게 구분된다. 이러한 광범위한 주제 안에는 많은 협의의 주제들이 내포되어 있다. 자아개념과 관련된 주제는 가정환경이 아동의 자아개념의 위계적 구조도 협의의 연구 주제에 포함될 수 있다.

연구문제를 선정하기 위해 광범위한 주제가 협의의 주제보다 더 바람직한가, 혹은 협의 의 주제가 광의의 주제보다 더 바람직 한가 연구문제를 선택하는 초기 단계에서는 광범위한 주제가 더 도움이 될 수 있다. 주제의 범위가 넓을수록 더 많은 연구 문제가 추출될 수 있기 때문이다. 따라서 연구자는 특정한 주제에 대한 관심과 흥미를 구체화하고 체계화하여 연구문제를 선정할 수 있다. 연구자가 연구문제를 선정하는데 가장 바람직한 자원은 문헌연구이다. 문헌연구는 연구주제와 관련된 교과서, 학술지, 전문서적, 학위논문등이 포함된다. 따라서 다양한 문헌 연구를 통해 연구주제를 선정하고 구체화할 수 있다.

모든 연구는 문제의식에서 출발한다. 즉 연구의 실제에서 첫 단계는 연구문제를 선정하는 것이다.

어떤 문제를 선정하는가에 따라 연구절차와 방법이 결정되기 때문에 연구문제는 전체 연구과정의 방향을 결정하게 된다. 연구문제를 선정하는 것은 연구자에게 가장 어려운 일인 동시에 매우 중요한 일이다. 연구문제의 선정에서 가장 중요한 역할을 하는 것은 연구자의 분석력과 비판력, 창의력이다. 연구자는 관심 있는 영역의 다양한 문헌을 탐독하고 그 내용을 분석하며 현상에 대한 원인과 결과를 밝힐 수 있어야 한다. 또한 관련 문헌에서 다루어지고 있는 연구 영역들의 비판적 고찰을 통해 기존 연구의 한계를 분석하고 대안적인 연구방향을 설계할 수 있어야 할 뿐 아니라 새로운 가설이나 사실을 발견하는 창의적인 사고 능력도 필요하다.

표 4-4. 연구문제의 영역

구분	구체적인 영역
(1) 연구문제의 영역	단계별 내용
① 지식의 결함	정보의 결여가 연구문제로 선정된다. 우리가 제기한 질문에 대한 답이 없다면 지식의 결함이 있는 것이며 이러한 지식의 결함을 채울 수 있는 방향으로 연구문제를 설정할 수 있다.
② 상반된 연구결과	동일한 문제에 대한 여러 연구의 결과가 다를 경우 연구문제로 선정될 수 있다.
③ 사실에 대한 설명	연구자가 어떠한 '사실'에 대해 '왜그러한가?' 라는 의문을 가질 경우 연구 문제로 선정된다.

다양한 문헌연구를 통해 이전 연구에서 해결하지 못한 내용을 연구문제로 선정하게 되며 선정된 연구문제는 다음과 같은 영역에 해당한다. 우선, 이전 연구 결과에서 정보의 결함이 있는 경우, 둘째 동일한 주제에 대한 여러 연구의 결과가 일치하지 않을 경우, 사실에 대한 설명이 부족한 경우이다.

표 4-5. 연구 문제의 유형

구분	구체적인 유형
(1) 연구 문제의 유형	단계별 내용
① 사실 확인의 문제 (problems of fact)	이것은 검증적 관찰이 가능한 개개의 사실과 그 관계를 규명하는 문제이다.
② 가치 판단의 문제 (problems of value)	발생된 문제를 어떻게 평가해야 하며 가치 있는 것은 무엇인가를 챙겨 보는 의미 있는 것이다.
③ 수단에 관한 문제 (problems of means)	문제를 해결하여 바라는 목적을 달성하기 위한 수단 또는 기술적인 문제이다.

논문에서 주제(Thema)는 하나의 상징(symbol)이며 전체의 의미를 함축하고 있다.

논문이 다루고 있는 근본적인 문제나 중심 되는 내용을 의미하고 있는 그 주제 선정 여하에 따라 논문의 성패가 결정된다. 논문이 다루려는 그 대상은 정도의 차이는 있지만 모두가 문제성을 내포하고 있기 마련이다. 연구자는 문제성을 인지하고 그것을 규명하는 작업에서 방향과 의미가 표출되어져야 한다. 논문에서 문제의 제기는 그 논문의 의미와 방향을 설정하는 작업의 기본이기도 하다. 논문의 주제 연구에 접근하는 문제의 유형은 여러 가지로 가려 볼 수 있겠다.

표 4-6. 연구 가설에 관하여

구분		구체적인 유형
	가설 종류	단계별 내용
연구의 가설	① 가설 종류	이것은 검증적 관찰이 가능한 개개의 사실과 그 관계를 규명하는 문제이다.
	② 가설 검증	연구에서 검증하여야 할 가설은 1종 오류와 관계된 사실을 검증하는 것이어야 한다.
	③ 가설의 사실	여기서 영가설은 1종 오류의 사실인 내용이 된다. 대립가설은 영가설의 반대사실이다.
	④ 가설의 오류	"두 활동에 의한 차이가 없는데 차이가 있다"고 오판(1종 오류)하거나 "차이가 있는데 없다"고 오판(2종 오류)할 수 있다. 여기서 1종 오류가 2종 오류보다 더 위험한 판단임을 알 수 있다. 그리하여 연구 논문에서는 1종 오류를 기준으로 가설을 세운다.
	⑤ 영가설 대립가설	영가설은 1종 오류에서 알 수 있는 사실인 "두 활동에 의한 학업성취도의 차이가 없다"는 것이고 대립가설은 그 반대사실인 "두 활동에 의한 학업성취도의 차이가 있다"는 것이다.
	⑥ 서술적, 통계적 가설	서술적 가설은 위의 예에서 볼 때, "두 활동에 의한 학업성취도의 차이가 있다(없다)"이고 통계적 가설은 "A1=A2" 등의 형태를 띤다.
	⑦ 등가설 부등가설	등가설은 집단간에 차이가 있다 혹은 없다(2-tailed)로 기술되는 가설이고 부등가설은 보다 구체적으로 기술하여 A집단의 결과가 B집단보다 크다 혹은 작다(1-tailed)로 기술되는 가설이다.
	⑧ 대립가설 서술적가설	일반적으로 대립가설과 서술적 가설은 연구논문에 기술한다.
	⑨ 부등가설	등가설과 부등가설 중 선택은 연구자의 이론적 배경이 강하거나 사전연구가 풍부할 경우 부등가설을 기술하는 것이 바람직하다.
	⑩ 가설을 예를 들면	1. 게임 활동을 통한 우수선수와 비선수는 승부욕에 있어 차이가 있을 것이다. 2. 게임 활동을 통한 우수선수는 비수선수보다 승부욕이 더 높을 것이다.

(4) 논제의 연구 상황에 관한 간략한 소개

논제 또는 그것과 밀접한 관계에 있는 문제에 관한 과거의 연구를 간단히 요약한다. 그러나 날카롭게 비판적으로 소개하고 그 문제의 연구 과정 및 상황을 요약함으로써 집필자 자신의 연구의 필연성을 강조할 수 있게 해야 한다.

(5) 기본 자료의 소개 및 용어의 정의

논문에서 사용한 기본 자료나 용어는 이 서론에서 명백히 밝혀 두어야 한다. 논문에서 사용되는 용어는 일반적인 개념인 경우가 대부분이지만, 논문에 따라서는 용어의 정의와 한계 등을 사전에 정의하고 논리를 전개하는 경우도 있다. 특수한 번역어가 있을 때에는 각 항목에서 설명할 것이 아니라, 이 자리를 빌어 원어와 대비하여 설명하는 것이 좋다. 특히 기존의 번역어가 불만스러워 다른 번역어를 사용했을 때에는 그의 타당성과 까닭을 명확히 달아야 한다.

2) 본론

본론은 서론에서 제기한 문제를 본격적으로 풀어 나가는 부분이다. 서론에서 제기한 문제는 가설을 검증하기 위하여 증거와 논리에 의해 결론으로 이끌어 가야 한다. 논문의 핵심 부분이 되는 본론에서는 자기의 주장이나 타 이론에 대한 비판을 하고자 할 때 충분하고 확실한 자료를 증거로 제시하면서 이론적으로 전개해 나가야 한다. 이론 전개 방법은 귀납적 추리, 연역적 추리, 분석 방식 등이 사용되고 있다. 자기의 이론이나 학문적 입장을 설정하는 과정에서 선입견, 독단, 감정, 편견, 맹신이 개입되어져서는 안 된다.

표 4-7. 본론 예시

구분	단계별 내용
이론적 배경	① 서론에서 제기한 문제를 본격적으로 풀어 나가는 부분 ② 문제나 가설을 검증하기 위하여 증거와 논리를 펼치는 부분 ③ 확실하고 충분한 자료증거로 제시하면서 이론적으로 전개해 나가는 부분 ④ 이론전개방법은 귀납적추리, 연역적추리, 분석 방식 등이 사용되는 부분 ⑤ 자기의 이론이나 학문적 입장을 설정하는 부분 ⑥ 본론은 논문의 핵심이므로 내용의 가치와 논리가 무엇보다 중요한 부분 ⑦ 제목에서 명시된 모든 자료를 뒷받침해주어야 하는 부분

본론은 논문의 핵심이므로 내용의 가치와 논리가 무엇보다 중요하다. 논문을 논문답게 만드는 곳이 바로 이 부분이며, 다른 부분은 본론의 부수적인 부분이라고 할 수 있다. 그러므로 본론에서는 충분한 자료를 구사해서 일관성 있게 논리를 전개하고 구명하고자 하는 논제를 명백히 설명하여야 한다. 이때 다음과 같은 사항에 중점을 두어야 한다.

(1) 논거가 충분해야 한다.

논거는 어떤 주장에 대한 논증을 뒷받침해 주는 것으로 충분하고 적절하게 제시해야 한다. 논거는 자료나 현상 또는 이론이나 다른 사람의 주장 등으로 확실하게 전개해야 한다. 사실과 관련되는 자료나 현상을 어떤 입론에 대한 증거로 삼을 때 이를 사실 논거라 하고, 다른 사람의 주장이나 언급을 자기주장에 대한 입론의 증거로 삼을 때 소견 논거라 하며 소견 논거에 지나치게 의존해서는 안 된다.

(2) 논지의 전개라 뚜렷해야 한다.

논지 전개는 논의를 이끌어 가는 방식이다. 제시된 논거가 어떻게 자기의 주장을 뒷받침하는가를 밝히고, 사소한 문제로부터 중요한 문제로, 중요한 문제로부터 사소한 문제로 논리를 전개해야 한다. 논리 전개에는 연역적인 방법과 귀납적인 방법이 있다. 연역적인 방법은 전제에 근거하여 논리적으로 추론하는 방식이고 귀납적인 방법은 증명하고자 하는 주장을 뒷받침할 만한 증거를 하나하나 제시하여 설득하는 방식이다. 일반적으로 논문에서는 귀납적인 방법을 가장 많이 사용한다. 또한 논지를 전개하면서 소단원이 끝날 때마다 소결론을 내리는 것도 효과적인 방법이다.

(3) 논의를 구체적으로 드러내야 한다.

자료나 이론을 근거로 가설이나 대안의 정당성을 이끌어가는 과정으로 논거와 논지에 따라 논증을 구체적으로 진행해야 한다. 제시된 자료와 이론을 근거로 하여 자신의 논지를 논리적으로 증명해 가는 과정이다. 이 과정에서 주어진 자료가 가지는 의의 및 그 중요성에 대하여 면밀히 검토한 다음 주장의 근거로 삼는다. 또한 자신의 주장이 가지는 문제점이나 예외의 사항도 낱낱이 검토하여 그에 따른 문제점과 자신의 주장이 어떻게 정당화될 수 있는가를 입증한다.

학술지에 게재하는 논문의 본문, 즉 서론에서 고찰에 이르기까지의 모든 내용은 학위논문에서와 같은 자세와 생각으로 다루어야 한다. 다만 논문을 작성할 때 학위논문과 같이 모든 부분을 구체화할 필요는 없다. 특히 서론 부분은 가급적 간략하게 쓰는 것이 좋으나, 연구의 목적은 분명히 해야 한다. 특히 이공분야의 경우, 재료 및 방법은 특수한 경우가 아니면 재료의 출처, 어떤 방법으로 표본추출하여 조사하였다든지, 어떤 방법으로 분석을 하였다는 식으로 설명하면 된다. 그러나 실험결과에 대한 해석 및 고찰은 학위논문 못지않게 세밀하고 날카롭게 다루어 결론을 유도해야 할 것이다.

논문의 목적이 다양하고 분량이 많은 경우에는 결론과 요약(summary)을 별개 항으로 두어 설명하지만, 결론(conclusion)을 넣으면 요약은 생략하는 것이 일반적이며, 심지어는 고찰과 함께 취급하여 고찰 및 결론으로 하여 마무리 짓는 경우도 있다.

2) 연구 방법

논제에 관한 연구 방법론을 소개한다. 과거의 예를 보면 전혀 연구 방법을 제시하지 않거나, 간혹 제시하더라도 형식상으로 또는 본문의 내용과 아무 관계가 없는 것을 적당히 기술하는 경우가 많았다. 이것은 물론 논문을 작성하기에 앞서 문제를 파악하는 능력이 부족하였다는 것을 말하는 것이며, 또한 논제에 접근하기 위한 이론이나 개념 체계(conceptual scheme)가 서 있지 않은 까닭이라고 생각된다.

연구 방법에 대한 기술은 독자가 충분히 이해하여 그 연구과정을 재반복할 수 있을 정도로 상세하고 정확해야 한다. 여기에서는 연구방안이나 실험방안, 경험적 자료(실제로 측정된 자료)와 이론적 개념이나 배경과의 논리적인 관계, 피험자 또는 표집대상의 특성, 표집방법, 실험통제의 방법, 측정방법과 자료수집의 절차, 또한 어떤 특수한 도구가 사용된 경우에는 그 도구의 주요 특징에 관한 기술과 통계적인 분석방법 등이 포함된다.

(1) 연구 방법 내용

우선 제시된 연구문제를 해결하기 위한 접근방법의 전반적이 설명이 필요하다.

즉, 연구의 방법과 절차, 문제해결의 주요전략과 기술에 대한 설명, 실험방안, 측정도구 및 연구진행 순서 등에 관한 상세한 기술이 필요하다. 때로는 어떤 특정한 연구방법을 적용하는데 필요한 어떤 가정이 있으면 이를 명시해야 한다. 실험설계나 동원된 어떤 연구방법이 연구목적에 적합한지에 대한 정당성이 또한 제시되어야 한다. 그러나 위와 같은 전반적인 연구방법에 관한 진술과 더불어 연구의 성격과 필요에 따라서 구체적으로 다음의 항목을 따로 설정하여 이를 명세화 함으로써 연구방법의 타당성과 절차가 명료하게 인식되도록 해야 한다.

① 자료의 내용과 도구

연구의 성격이나 연구방법의 중요성에 따라 여기에서는 자료의 수집방법이나 실험절차 및 측정도구의 성격에 관해서 명세화해야 한다. 예를 들어,

면접방법에 의해서 연구를 하는 경우에는 면접의 성격, 절차 및 그 내용과 그 면접을 수행하는데 적합한 면접자의 특성도 기술되어야 한다. 또는 심리검사를 사용하는 경우에는 사용될 검사의 내용과 그 특징 및 그 검사가 실시되는 상태와 조건을 명시해야 한다. 또한 실험연구에서 어떤 도구가 사용되거나 제작되는 경우에는 이 도구나 실험기구에 대한 설명과 그 실시상태와 조건 및 실험방안을 명시해야 한다.

② 연구대상인 전집과 표집

전집(또는 모집단)이란 연구의 결과를 일반화할 수 있는 전집집단을 말한다. 예를 들어 연구결과를 한 도시의 중학교 1학년에게 일반화하려는 경우에는 이 전집의 특성과 그 한계를 명시해야 한다. 물론 전집을 연구의 대상으로 삼을 수 없으므로 전집으로부터 연구에 사용될 표집(또는 표본)을 어떻게 할 것인가 하는 표집방법을 명시해야 한다. 이때의 표집방법은 연구에서 얻어진 결과를 일반화할 수 있는 편견이 없는 표집방법이 되어야 한다. 특히 실험연구나 분석적 연구가 아닌 조사연구(survey type)에서는 전집과 표집과의 관계를 명시하는 것이 더욱 중요하다. 실험연구나 분석적 연구에서는 연구에 사용될 표집의 특성을 보다 명확히 기술함으로써 이에 의하여 연구결과의 적용범위(또는 일반화의 한계)를 명시하는 셈이 된다.

③ 자료처리와 분석방법

자료처리에 적용될 통계적 방법이나 분석방법을 명시한다. 분석방법은 자료가 수집되기 전에 미리 고려되어야 한다. 만약 그렇지 않고, 먼저 상당히 많은 경비와 노력을 들여 자료를 수집한 다음에 해결하고자 하는 연구목적에 적합한 통계적 방법이 존재하지 않을 때에는 많은 손실을 초래하게 되는 수도 있다. 통계적 분석방법에 관해서 통계전문가와 사전에 상의하는 것이 좋다. 이러한 상의를 통하여 때로는 같은 목적을 달성하는데 시간과 노력이 적게 드는 새로운 방법을 제안 받을 수도 있는 것이다. 통계적 방법은 연구목적을 달성하기 위한 수단이므로 현재의 문제해결에 적합한 통계적 방법을 동원하도록 해야 한다. 어떤 분석적 방법 때문에 설정된 연구목적이 왜곡되는 일이 없도록 조심해야 할 것이다. 연구문제의 성격에 따라 연구방법에 관한 영역에 있어서도 구체적으로 제시되는 내용이나 항목이 여러 가지로 다양하게 다를 수 있다.

표 4-8. 연구방법 예시

구분	예시1	예시2	예시3	예시4
연구방법	① 연구대상 ② 측정도구 ③ 실험방법 및 절차 ④ 연구기간	① 조사대상 및 표집방법 ② 측정방법 ③ 분석방법 ④ 연구기간	① 측정대상과 측정방법 ② 표집방법 ③ 측정도구 ④ 분석절차	① 실험대상과 표집방법 ② 실험도구 ③ 측정변인 ④ 실험방안 ⑤ 분석방법

한 논문계획서에는 적어도 연구문제의 진술, 연구문제의 이론적 배경, 연구의 중요성 및 연구문제를 해결하기 위한 연구방법에 관한 내용이나 항목이 반드시 포함되어야 한다. 그러나 논문계획서 작성의 목적과 연구의 성격에 따라서 필요한 새로운 항목이나 내용을 첨가하는 것이 바람직한 경우가 있다. 예를 들면 연구자금의 후원을 얻기 위하여 자금후원기관에 논문계획서를 제출하고자 하는 경우에는 연구방법이나 기술에 관해서는 간략하게 요약하는 반면에 연구문제의 중요성, 기대되는 결과, 연구직원의 조직, 연구진행 일정 계획, 소요예산 등의 항목이 첨가되거나 명세화 되는 경우가 많다.

3) 접근방법의 결정

(1) 통계적 접근

① 1차 자료수집

연구제목과 목적에 부합되는 자료목록 조사 국회도서관, 국립중앙도서관, 국책연구기관 등

② **설문지구성**

연구전반에서 가장 중요한 부분(신중히 검토) 목적을 충분히 달성할 수 있도록 이론적 근거에 의해 구성, 단순히 궁금한 사항을 질문하는 것이 아니라 향후 통계처리기법과 결과분석방법도 충분히 고려해서 설문문항을 만들어야 함.

③ **설문조사**

연구목적에 맞도록 중점적 비교집단 선정 중요. 표본집단의 접근 용이도 충분히 고려

④ **자료입력**

연구목적과 통계분석방법을 고려하여 코딩

⑤ **통계처리**

표 4-9. 단순통계와 다중통계

구분	단순통계	다중통계
통계처리	평균 중위수 표준편차 산포도 빈도수 교차표 t-test one way ANOVA	신뢰성・타당성 상관관계 분산분석 요인분석 다중회귀 판별분석 군집분석 다차원분석

⑥ **결과분석**

목적과 연구가설에 대한 검증을 중심으로 분석 통계결과가 시사하는 의미 분석과 연구자의 개인적 의견 제시

⑦ **논문작성**

일관성과 명확성을 잃지 않도록 구성 최종적으로 학술과 실무를 병행하여 결론 유도

(2) 비통계적 접근

설정된 주제를 어떻게 다룰 것인가 하는 것을 결정해야 한다. 주제를 다루는 방법이 접근방법으로서 접근방법은 자료를 어떻게 다룰 것인가 하는 방법을 제시해 준다.

① **분석적 접근방법**

분석적 접근방법은 주어진 주제에 대하여 여러 가지 측면에서 관찰하고 다양한 시각에서 주제를 다루는 것을 말한다.

② **평가 또는 비판적 접근방법**

많은 연구자는 다른 연구자의 연구결과를 평가하기도 한다. 비판이나 평가는 남을 헐뜯는 것은 아니다. 어떤 사실을 객관적인 입장에서 긍정적인 측면과 부정적인 측면을 다함께 다룬다.

③ **비교적 접근방법**

시대에 따라 그리고 환경에 따라 어떻게 서로 다르게 접근했나를 비교할 필요도 있다. 비교한다는 것은 유사점을 찾는 것이고 대조한다는 것은 차이점을 찾는 것이다.

④ **연역적 접근법**

이론과 이론의 적응성, 어떤 사람의 사고방식과 활동, 개인과 사태, 조직과 환경 등 다양한 연역적 접근방법이 있다.

⑤ **주장적 접근**

어떤 사실 또는 사태에 대하여 찬성 또는 반대적 입장을 취하거나 독자로 하여금 자신의 견해에 동조하도록 설득시키는 접근방법이다.

4) 연구의 결과 및 논의

(1) 연구결과의 보고

다른 사람들에게 자기가 수행한 연구결과를 알려주기 위하여 연구자는 연구를 끝마친 다음에 보고서를 작성한다. 다른 사람들에게 연구내용을 효과적으로 전달할 수 있도록 연구 보고서를 잘쓰는 일은 매우 중요하다. 아무리 훌륭한 연구를 했어도 연구보고서의 작성이 제대로 되지 못하면 연구 전체를 잘못 평가받기 쉬운 것이다. 연구 보고서에는 연구의 목적과 문제, 방법과 절차, 결과 및 해석등을 포함시킨다. 연구 보고서는 문학적인 작품과는 달리 감정적이거나 과장된 수식어로 표현해서는 안 되면, 솔직하고 간결하게 오직 사실대로만 기술해야 한다. 결과는 일반적으로 요약, 논의 그리고 결론으로 구성되어 있다. 일반화는 검증된 가설의 적용범위와 관련되어 있다. 결과가 얻어진 후에, 연구자는 연구가 되어진 특수한 조건하에서 가설이 진이라고 결론을 내린다. 우리는 연구가 실시된 특수한 조건을 강조해야 하며, 특별한 상황에서의 실험에서 조건들이 얼마나 특수한지를 잊어버려서는 안된다. 그러나 연구자다운 연구자는 극도로 제한된 상태에 일반화할 수 있는 진술을 원한다.

표 4-10. 연구의 결과 및 논의 예시

구분	단계별 내용
연구의 결과 및 논의	① 감정적이거나 과장된 수식어로 표현해서는 안 된다. ② 솔직하고 간결하게 오직 사실대로만 기술해야 한다. ③ 일반화는 검증된 가설의 적용범위와 관련된다. ④ 연구에서 발견한 사실을 바탕으로 가설의 긍정여부를 판단 평가한다. ⑤ 연구를 진행하는 과정에서 있었던 문제들을 전반적으로 검토, 논의하고 연구의 결론을 도출하는 것이다. ⑥ 연구자는 얻은 결과를 있는 그대로 받아들이고 다른 관계 선행연구나 이론과 관련시켜 평가해야 한다. ⑦ 가설의 지지가 적절히 관련되는 모든 사실에 일반화와 가설의 일반성은 정확히 진술되어야 한다. ⑧ 논의는 선행연구가 되어진 가설과 결과 그리고 결론의 어떤 문제에 대하여 서로간 의견을 내어 비교하면서 논하는 것을 말한다.

(2) 연구결과의 평가 및 일반화 결정

연구결과의 평가는 연구에서 발견한 사실을 바탕으로 가설의 긍정여부를 판단하고, 연구를 진행하는 과정에서 있었던 문제들을 전반적으로 검토, 논의하고 연구의 결론을 도출하는 것이다. 연구의 결과가 원래 자기가 기대했던 방향으로 나왔든 그 반대로 나왔든 연구자는 얻은 결과를 있는 그대로 받아드리고 다른 관계 선행연구나 이론과 관련시켜 평가해야 한다. 설령 연구자의 기대에 어긋나는 부정적 결과가 나왔어도 그것은 그 나름의 가치를 갖는 것이다. 연구자는 지적으로 정직해야 하며, 개방적인 자세로 연구에 임하는 것이 좋다. 그리고 연구 결과를 해석하거나 결론을 내릴 때 지나친 일반화를 감수하는 것이 바람직하다.

가설이 지지되면 우리는 가설이 적절히 관련되는 모든 사실에 일반화 시킬 것이며, 이 경우에 가설의 일반성은 정확히 진술되어야 한다.

(3) 통계적 검증 및 가설의 지지

자료 수집을 통하여 획득한 다양한 자료를 정리하는 작업을 의미한다.

표 4-11. 통계적 검증 및 가설의 지지

구분	단계별 내용
연구의 결과	① 일차적으로 코딩작업이 이루어지고 단수한 기초통계분석을 통하여 그 연구에서 사용된 자료의 의미를 파악한다. ② 검증은 가설을 자료와 비교함으로써 이루어진다. 자료가 가설을 지지할 지 기각할지를 결정하기 우해 통계적 검증을 한다. ③ 과학적 방법의 연구에서 과학자들은 문제와 가설을 진술을 가지고 연구를 시작한다. 연구에서 자료란 가설의 진위에 대한 확률성을 가리키는 것이다. ④ 집단의 종속변인 값의 차이가 통계적으로 신뢰롭다면, 그 차이는 임의적 변동에 의한 것이 아니다. 이때 실제로 독립변인이 종속변인에 영향을 미쳤다고 결론지을 수 있다.

5) 결론 및 제언

결론은 본론에서 논의된 결과를 요약하고 최종적인 성과를 간명하게 정리하는 단계이다. 결론은 서론과 짝을 이루는 부분이므로 서론에서 하고자 했던 결과가 어떻게 나타났는지를 명시하는 것이 좋다. 일반적으로 본론에서 이미 이루어 놓은 소결론들을 종합하여 결론으로 삼는다. 이때는 본론에서 논증된 사실이나 결과만을 제시하고 검토하지 않은 내용은 들어갈 수 없다. 본론에서 깊이 다루지 않았고 검토했더라도 증명되지 않은 문제를 증명한 것처럼 기술해서도 안 되며 주변적이고 사소한 논점들이나 문제들은 제거해서 논문의 핵심이 명확하게 드러나게 한다. 결론에서 연구자의 연구결과를 스스로 과대평가해서도 안 되고 지나치게 겸손을 표시해서도 안 된다.

결론에 연구의 결과 이외에 간단히 언급할 수 있는 사항은 본론에서 명확히 다루지 못했거나 보완되어야 할 사항, 그리고 앞으로 밝혀야 할 문제들을 제시할 수도 있다. 그러나 이 부분을 너무 상세하게 나열하면 자신의 연구 성과를 과소평가하는 것이 되니 신중을 기해야 한다. 본론의 끝에 전망이나 제언, 의의 등을 첨가하는 경우도 있는데 이는 문제의 해결이 다른 부분에 미치는 영향이나 의의 혹은 학문의 방향에 대하여 언급하는 것이다.

마지막으로, 정리요약하고 결론을 내린다. 결론은 "이 논문에서 증명된 가설"을 말한다. 이제 논문이 완성되었다. 이렇게 함으로써, 연구자의 연구결과를 논리적이고 객관적으로 세상에 전달하는 기본적인 형식을 갖추게 되는 것이다. 논문은 전체적인 이야기의 흐름이 물 흐르듯이 무리 없이 흘러가야하고, 필요 없는 부분, 군데군데 부분, 부족한 부분, 빠진 부분 등이 없는지 점검하여야 한다.

표 4-12. 결론 및 제언

구분	단계별 내용
결론 및 제언	① 본론에서 논의된 결과를 요약하고 최종적인 성과를 간단하게 정리하는 단계이다. ② 서론에서 하고자 했던 결과가 어떻게 나타났는지를 명시하는 단계이다. ③ 본론에서 이미 이루어 놓은 소결론들을 종합하여 결론으로 삼는 단계이다. ④ 결론에서는 마지막으로, 정리요약하고 결론을 내리는 단계이다. ⑤ 결론은 "이 논문에서 증명된 가설"을 말한다. ⑥ 본론에서 논증된 사실이나 결과만을 제시하고 검토하지 않은 내용은 들어갈 수 없다. ⑦ 본론에서 증명되지 않은 문제를 증명한 것처럼 기술해서는 안 된다. ⑧ 결론에서 스스로 과대평가나 지나치게 겸손을 표시해서도 안 된다. ⑨ 연구결과를 논리적, 객관적으로 세상에 전달하는 기본적인 형식을 갖추게 되는 것이다. ⑩ 본론에서 명확히 다루지 못했거나 보완되어야 할 사항, 앞으로 밝혀야 할 문제들을 제시할 수도 있다. ⑪ 본론의 끝에 전망이나 제언, 의의 등을 첨가하는 경우는 문제의 해결이 다른 부분에 미치는 영향이나 의의 혹은 학문의 방향에 대하여 언급하는 것이다.

연구의 순서는 사례분석을 먼저 완성하고 기존논문을 고찰하면서 이를 다시 수정·보완하는 식으로 하면 될 것이다. 상식과는 다르게 서론은 대개 맨 나중에 쓰는 것이 좋다.

3. 참고자료 부분

1) 참고문헌

참고자료 부분은 참고문헌, 부록, 색인, 초록 등으로 이루어진다. 참고문헌은 연구를 진행하는 동안 참고했거나 언급한 모든 문헌이나 자료를 일정한 순서와 양식에 따라 본문 뒤에 배열하는 논문 작성에 필요 요건이다. 일반 학술 논문에서는 각주를 대신해서 생략하는 경우도 있지만 학위 논문인 경우는 필수적인 요건이다.

논문에서 참고문헌을 중요하게 여기는 이유는 그것을 통하여 연구의 질이나 수준을 판단할 수 있는 기준이 되기도 하고 연구과제에 맞는 문헌들을 참고했는지를 판단할 수 있기 때문이다. 이 부분은 일정한 순서와 양식에 따라 작성해야 한다.

2) 부록은 필요한 경우(설문지, 도표, 원서)

부록은 본문에서 다루기 어려웠던 자료나 참고사항, 도표, 연표, 긴 인용문, 법률조문, 특수한 자료나 사진 자료 등을 요목별로 묶어서 제시하는 부분이다. 실험 연구나 조사 연구에서는 실험도구나 통계표, 조사표, 질문지의 양식을 제시하기도 한다. 이 부록란에는 논문과 관련된 사항으로 참고가 될 가치가 있는 것이어야 하고, 일정한 순서에 의해 수록해야 한다.

3) 색인은 필요한 경우

색인은 '찾아보기'라고도 하며 주로 단행본에 주로 사용하고 일반적으로 논문에서는 많이 쓰지는 않는다. 색인은 저서의 가장 끝부분에 넣고, 책에서 다루러진 내용 중에 주요 사항이나 술어, 단어 등을 쉽게 찾을 수 있도록 배려하는 데 목적이 있다. 색인은 내용에 따라 분류하는 경우도 있고 주요 술어나 내용에 대한 주제 색인, 일반 색인 이외에도 인용된 사람들의 인명 색인으로 분류하여 만드는 경우도 있다. 색인은 표제어의 가나다순으로 하거나 알파벳순으로 한다.

4) 영문 초록

초록은 연구의 내용이나 결과를 요약한 글로서 학문의 보편성과 국제성을 고려하여 논문의 표기 문자가 국어인 경우에는 외국어로, 외국어인 경우에는 국어로 작성한다. 초록을 흔히 영어로 작성하기 때문에 영문 초록이라고도 하는데 다른 외국어로 작성하기도 한다. 초록 작성은 연구의 성과를 전 세계에 공표하여 공유할 수 있도록 하기 위한 것이다.

초록의 내용은 언제 어떠한 사람이 보더라도 그 내용을 알 수 있도록 정확하게 작성해야 한다. 외국인의 경우 국어로 작성된 논문의 본문을 읽을 수 없으므로 초록은 그 논문의 안내 역할을 담당하는 부분이 된다. 초록은 참고문헌 이후에 붙인다.

제5장 논문 작성시 주의사항과 인용법

1. 창의성(창조적인 모방)
2. 사고의 연속성
3. 표현에 관한 문제
4. 다듬기
5. 인용법
6. 직접인용과 간접인용
7. 각주 및 주석과 참고문헌
8. 설문지 작성
9. 논문 지도교수의 역할

제5장 논문 작성시 주의사항과 인용법

1. 창의성(창조적인 모방)

논문은 어떻게 보면 창작 활동의 한 부분이다.

창작이라 함은 허구의 내용을 자의적으로 꾸며낸다는 말이 아니라 특정한 사실을 창의적으로 설명한다는 뜻이다. 그러나 예술적 창의성과 달리 학문적 창의성은 '새로운 표현'에서 나오는 것이 아니라, 새로운 표현이 가리키는 '새로운 사실의 발견'이나 '사물에 관한 새로운 인식 방법'에서 드러난다. 결국 새로운 표현이라 하더라도 결코 표현의 기법에 관한 문제만일 수 없고 새로운 발견을 향한 학문적 열의와 문제의식 그리고 연구 대상에 대한 끊임없는 고찰이 사실상 논문의 학술적인 창의성의 전제가 될 수밖에 없다. 그러므로 학술 논문에서는 집필자의 창의적인 대목이 논문의 중심되는 위치에 오도록 서술해야 한다. 이러한 창의성이 불명확하게 또는 어설프게 서술되면 왜 이 논문이 존재해야 하는지가 전혀 드러나지 않게 된다.

2. 사고의 연속성

글을 쓰는 데에서 가장 중요한 것은 사고의 연속성을 유지하는 일이다.

여러 가지의 많은 자료를 조사하고 수집하였다 하더라도 그것을 정리하여 체계적으로 논리를 펼쳐 나가는 것은 논문 집필의 핵심이며, 최초의 발상에서부터 마지막 결론에 이르기까지의 일관된 사고가 이어지지 않고서는 학문적 주장(argument)으로서의 필요한 타당성을 인정받을 수 없다. 그러므로 최초의 착상을 얼마나 흔들림 없이 꾸준히 유지할 수 있느냐 하는 문제는 앞에서 말한 개요 작성의 중요성과도 연결되는 점이기도 하다. 이 점은 애

당초 개요를 작성하는 과정이 얼마나 치밀했는가를 보여 주는 대목일 수도 있다.

3. 표현에 관한 문제

논문을 집필한다 함은 연구 결과를 공개하는 행위에 그치지 않고, 자신의 앎을 언어를 통하여 재구성한다는 또 하나의 의미를 보여준다. 그러므로 집필자 자신이 캐내어 엮어 놓은 사실을 다른 사람들에게 어떻게 명확하게 전달하여 자신의 논지를 이해시킬 수 있겠느냐 하는 것과 그렇다면 어떻게 표현해야 할 것인가 하는 '표현에 관한 문제'에 결국 다다르게 된다. 따라서 여기에서 관심을 가져야 할 표현이라는 문제는 당연히 기능미학적인 것이 아닌 의미의 정확성에 관한 것에 초점을 맞추어야 한다.

1) 간결한 표현

일반적으로 간결한 표현을 사용하는 것이 좋다.

표 5-1. 간결한 표현

구분	내용
간결한 표현	① 간결한 문자에서는 보통 주어와 서술어의 관계가 분명하게 나타낸다. ② 주어에 의해서 나타나는 표현단위의 주체와 서술어에 의해서 나타나는 그것의 운동 및 변화 그리고 그 속성 등이 읽는 이들에게 부담없이 전달될 수 있다는 중요한 장점이 있다. ③ 만일 복잡한 구조의 문장으로 표현은 이해를 돕지 못하는 부분은 되도록 줄여 버리거나 다음 문장으로 표현해야 한다. ④ 어쩔 수 없이 복잡한 문장으로 나타낼 수밖에 없는 문장은 주요 개념들 사이의 관계가 문법적으로 분명한 이음새를 유지하도록 해야 한다. ⑤ 전공자이든 비전공자이든, 해당 논문의 흐름을 전혀 예상하거나 예지하지 못하고 있는 것을 논리적 전제로 삼아야 한다는 점이다.

2) 객관적 표현

연구자가 포착해 낸 사실이나 정리해 낸 이론을 언어를 통하여 그려 나간다는 일은 결코 쉬운 일이 아니다.

표 5-2. 객관적 표현

구분	내용
객관적 표현	① 학문의 목적에는 주관적 관념 체계를 객관적 인식의 상태로 전환시키는 것도 중요한 항목이다. ② 각 어휘가 지나고 있을 수 있는 주관적 용법을 특별히 경계해야 한다. 일상적으로 경험하는 어휘의 의미는 주관적인 감성과 자의적인 의미 해석을 허용할 수 있다. ③ 학술 활동에서의 표현은 원칙적으로 고도로 추상화되어 있는 전문 용어를 사용함으로써 그 객관성을 확실히 해야 한다. ④ 학술적 표현이란 해석자로 하여금 특정한 상황 요소(곧 장소나 시간 그리고 인간적 문제)들과 결합되지 않고, 오히려 그것으로부터 독립되어 나온 개념(이것을 추상 개념이라고 한다)을 통하여 객관적인 세계에 다다르게 하도록 해야 한다. ⑤ 논리에 따라 논문의 작성 과정에서는 되도록 주관적 상황을 떠올리게 하기 쉬운 특정한 인칭 대명사 대신에, 삼인칭을 보편적으로 사용하고 있다. ⑥ 주어로 등장하는 어휘는 주로 사물을 가리키는 낱말일 경우가 많으며, 사람 이름은 인용 출처를 밝히는 경우에나 사용된다. ⑦ 연구자 자신을 가리키는 표현도 일반적으로 '나'라고 하는 일인칭 대명사보다 '필자 또는 논자'라고 하는 삼인칭이 더 적합하게 받아들여진다. ⑧ 논문에서는 감정이나 편견이 엿보이는 표현을 사용해서는 안 된다. ⑨ 확실히 입증될 수 없는 의견을 표현하는 경우는 그 점을 명확히 밝혀 두는 것이 좋다. ⑩ 본인의 실무경험과 경력을 강조하며 서술하는 경우는 논문에서는 바람직한 표현기법이 아니다.

3) 논리적 표현

연구자가 무의식적인 형식 논리의 전개를 하면 안 된다.

표 5-3. 논리적 표현

구분	내용
논리적 표현	① 학술 논문에 '밝히다'라는 용어가 불분명하게 사용되는 경우가 있는데 분명히 구체화시켜서 명백하게 이해할 수 있게 해야 한다. '밝히다'하는 낱말은 단순한 '진술'을 뜻하는 맥락에서 사용될 수 없다. ② '구체'의 개념은 '추상'과 대립되며 특정한 사물을 직접적으로 가리킨다. '구체적으로 말하며'이라는 표현 다음에는 읽는 이로 하여금 대상 개념의 형상, 속성, 크기, 가치 등과 같은 실질적 요소들을 머리에 떠올릴 수 있는 서술이 뒤따라야 논리적이다. ③ 추상의 개념은 '구체'적인 대상들을 하나의 단위로 총괄해서 일컫는 말로 특정한 부분적 사실의 진리치와는 큰 관계가 없다. '추상'은 '구체적으로 말해서…'라는 말의 다음에는 앞에서의 추상적인 내용을 개별 상황에 적합하게 직접성으로 나타내는 서술이 뒤따라야 한다. ④ 학술 논문에서 '결론적으로…'라는 표현이 부적합하게 사용됨을 볼 수 있다. 자신의 논지가 최종적으로 압축된 부분에서 사용되어야 함에도 불구하고 앞선 문장의 논리적 귀결에다가 이 말을 잘못 접속시키지 않도록 각별히 조심해야 한다. ⑤ '앞에서 말한 바와 같이'라는 표현이 구체적으로 가리키는 앞부분이 어디에 있는지 불분명하거나 아주 없는 경우도 있다. ⑥ 논리적 표현과 관련된 문제 가운데 하나로 자주 나타나는 것은 '추론'과 '짐작'에 관한 것이다. ⑦ '추론'은 논리적인 귀결 가운데의 하나로서 구체적으로 삼단논법의 중요한 한 과정이다. 반면에 '짐작'은 주관적인 전망의 한 가지라고 볼 수 있다.

4. 다듬기

가장 힘이 드는 초고를 작성하고 나서 이를 다시 읽어보면, 필요없는 것이 많이 포함되어 있는 경우가 적지 않다. 따라서 좋은 논문을 쓰려고 할 때는 초고를 되풀이해서 읽어가면서 필요 없는 부분들을 차례대로 삭제해야 한다.

짧은 논문을 쓰려고 할 때에는 초고를 길게 작성하였다가 불필요한 부분을 자르면 된다. 잘 손질된 논문이란 다름 아니라 필요한 것은 모두 포함하면서 필요하지 않는 것은 하나도 포함하지 않는 논문을 말한다. 초고가 완성되면 얼마 동안의 시간이 경과한 후에 퇴고에 착수하는 것이 좋다. 이렇게 시간적 여유를 가진 뒤에 그 논문을 다시 읽어보면 비교적 객관적인 검토가 가능하다.

1) 퇴고의 원칙

정확하고 올바른 퇴고를 위해서는 대체로 다음의 세 가지 원칙을 따르는 것이 좋다.

표 5-4. 퇴고의 원칙

구분	내용
부가(附加)의 원칙	① 주로 쓰여진 글에 있어서 빠진 부분과 부족하다고 느껴지는 부분을 찾아 보완하는 것을 말한다. 글쓰기 전에 의도했던 바가 잘 드러나 있는가, 너무 심한 비약으로 중간의 단계를 건너뛰거나 한 곳은 없는가, 논리적인 결함은 없는가 등을 주로 살펴보도록 한다.
삭제의 원칙	② 글에 불필요한 부분이 들어가 있다거나 지나치게 많이 들어간 것들을 찾아 삭제하는 것을 말한다. 쓸데없이 덧붙여 씀으로써 과장된 느낌을 주거나 표현이 지나쳐서 조잡하고 가식적인 느낌을 주는 부분은 없는가를 중점적으로 살핀다. 이러한 삭제의 과정을 거침으로써 문장은 긴장미를 지닐 수 있게 된다.

구성의 원칙	③ 쓰여진 글의 순서를 바꾸어 놓았을 때 더욱 효과적일 수 있는 부분이 없는가를 살펴보고, 문장 구성을 변경하여 주제 전개의 양상을 부분적으로 고치는 것을 말한다. 이러한 세 가지 원칙을 바탕으로 퇴고를 하면서 보다 구체적으로 살펴보아야 할 세부 사항들을 정리해 보면 다음과 같다.

(1) 전체의 검토

자기가 쓰고자 했던 내용이 충분히 표현되었는가, 주제는 확실히 자기가 말하고자 의도했던 대로인가, 좀 더 정확한 주제문을 나타낼 수는 없는가.

요점이 잘 드러나고 있는가, 주제 이외의 다른 부분이 오히려 강조되어 있지는 않은가, 의도했던 바와는 달리 해석될 가능성이 있는 부분은 혹시 없는가.

세부적인 항목들이 모두 주제와 연관되고 조화되어 있는가, 중심 줄거리와 어긋나는 항목이 들어가 있지는 않은가, 까다롭거나 모호한 항목이 들어가 있지는 않은가.

(2) 부분의 검토

모든 단락이 하나의 주제 아래서 유기적으로 통일되어 있는가, 강조는 적절한가, 각 부분은 중요도에 따라 적절한 비율로 쓰여지고 있는가.

부분과 부분의 관계는 논리적으로 명료한가, 한 의견에서 다른 의견으로 옮아갈 때 그 발전을 명확하게 나타내고 있는가.

(3) 문장의 검토

각개의 문장은 내용을 정확히 나타내고 있는가, 문법과 문맥에는 이상이 없는가.

(4) 낱말 등 용어의 검토

낱말은 정확히 사용되고 있는가, 잘못 이해된 용어는 없는가.

독자가 이해하기 힘든 용어가 설명없이 쓰이고 있지는 않은가.

잘못 쓴 글자나 빠진 글자는 없는가.

(5) 최종 종합 검토

낭독을 하면서 어색한 곳이 없는가를 살펴본다.

맞춤법이 잘못된 곳은 없는가, 부호가 잘못 사용된 곳은 없는가를 살펴본다.

처음부터 끝까지 다시 한 번 읽어본 후, 그 글이 발표된 이후 후회할 부분은 없겠는지 다시 한 번 생각해 본다.

위의 항목들을 중시하면서 함께 생각해야 할 문장 평가의 기준은 다음과 같다.

① 알기 쉽게 쓰여 졌는가?
② 가치 있는 주제를 담고 있는가?
③ 주제에 의한 통일이 이루어져 있는가?
④ 구체적이며 설득력 있는 소재들로 이루어져 있는가?
⑤ 논리적이고 효과적으로 구성되어 있는가?
⑥ 단락 상호간의 연결이 긴밀히 잘 되어 있는가?
⑦ 내용을 정확히 전달하고 있으며 표현 능력이 풍부한가?
⑧ 정확하고 구체적이며 명확한 용어를 사용했는가?
⑨ 문법과 서식에 맞추어 썼는가?
⑩ 독창성이 있는가?

2) 퇴고의 뜻

이미 작성된 초고를 놓고 그 글에 미진한 점은 없는지, 불합리한 점은 없는지, 논지가 잘못 전개된 부분은 없는지, 빠진 것은 없는지, 불필요한 것이 들어가 있지는 않은지, 원고 쓰는 양식에 어긋남은 없는지 등에 관하여 상세히 살펴가면서 수정하고 보완하는 일을 퇴고하고 한다.

퇴고란 말을 사용하게 된 유래는 다음과 같다.

중국 당대(唐代)말엽에 가도(賈島)라는 시인이 있었다. 어느 날 저녁 시를 한 수 짓다가 승퇴월하문(僧堆月下門) [스님은 달빛 아래 절간 문을 밀친다.]으로 할 것인가, 승고월하문(僧敲月下門) [스님은 달빛 아래 절간 문을 두드린다.]으로 할 것인가를 결정하지 못하고 깊은 생각에 빠졌다.

'밀 퇴(推)로 할 것인가 두드릴 고(敲)로 할 것인가'를 곰곰히 생각하며 노새에 몸을 맡겨 정신없이 길을 가던 가도(賈島)는 맞은 편에서 고관의 행차가 오는 것도 몰랐다. 여전히 '퇴'와 '고'를 중얼거리던 가도는 그만 노새에 탄 채 고관의 행렬을 들이받고 말았다.

가도는 고관 앞에 끌려나가지 않을 수 없었다. 앞에 꿇어 엎드려 시를 짓는 일에 마음이 팔려 그리 되었음을 사죄하고, '퇴'와 '고'의 문제를 변명으로 이야기하였다. 고관은 잠시 생각한 후 '그건 퇴보다 고가 나으리라'했다. 이 고관이야말로 당시 경윤(京尹)벼슬을 하고 있던 당대 문호 한퇴지(韓退之)였다.

이 일이 있은 후로 한퇴지는 가도의 친한 글벗이 되었고, 세상 사람들은 글 고치는 일을 '퇴고'라 부르게 되었다.

5. 인용법

논문을 쓸 때 논거를 제시하며 논증을 진행하여 가는 과정에 자료나 남의 연구 성과를 인용하는 일이 많다. 인용은 자신의 논거를 뒷받침할 만한 근거나 다른 사람의 이론을 제시함으로써 논문의 구체성과 설득력을 높여 준다. 그래서 인용할 때 그에 대한 자신의 견해를 덧붙여야 한다. 인용만을 나열하는 논문은 올바른 논문이 될 수 없다.

표 5-5. 인용을 할 때 유의해야 할 사항

구분	내용
정확성 타당성 권위성	① 인용하는 자료는 반드시 정확하고 타당하며 권위 있는 것이라야 한다. 그렇지 않으면 자기의 논거를 뒷받침하기보다 오히려 역효과를 가져 온다.
객관성 보편성	① 자신의 판단에 부합하는 자료만 인용하여 논거를 삼으면 논리적인 결론을 도출했다 하더라도 논문에 대한 객관성을 얻을 수 없다.

인용은 정확해야 한다.	① 인용은 가급적이면 원전 또는 일차적인 자료를 통해 이루어져야 하고 재인용이나 간접 자료에 의존하는 일은 피해야 한다. ② 원전을 확인하기 어려운 간접자료나 재인용을 할 경우는 반드시 그 사실을 밝혀야 한다. ③ 인용은 언제나 원전의 일부분을 인용하게 되는 것이기에 원전 전체의 문맥을 통해 정확하게 이해하고 인용하도록 주의해야 한다. ④ 원본의 한 부분만을 잘못 해석하거나 잘못 이해하여 왜곡되게 적용, 전달할 경우 자신의 논문뿐만 아니라 원저자에게 커다란 피해를 입힐 수도 있다. 인용은 지나치게 길거나 자주 사용하는 것은 좋지 않다. ⑤ 자신의 논거를 뒷받침할 수 있는 필요한 자리에 적절하게 인용해야 한다. ⑥ 직접 인용은 제3자의 저술 내용을 그대로 인용하는 경우와 법률 조문이나 공문 등을 그대로 인용하는 경우를 말한다. 직접 인용을 할 때는 원문(철자, 구두점, 자구) 그대로 옮겨야 한다. ⑦ 간접 인용은 저술내용을 그대로 인용하지 않고 원문을 요약하거나 원문의 함축된 뜻을 논문작성자의 말로 표현하는 경우를 말한다.

6. 직접인용과 간접인용

1) 직접인용

직접인용이란 원문을 그대로 옮겨 적는 것을 말한다. 직접인용은 원문대로가 아니고는 그 뜻을 정확하게 전달할 수 없는 내용이나 표현, 기타의 이유가 될 때 사용된다. 예를 들면 문학 작품, 법조문, 행정 시행령, 중요 포고문, 긴 성경 구절, 수학이나 과학의 공식을 인용할 때이다. 직접 인용하되 내용을 본문 속에 삽입할 때에는 큰 따옴표(“ ”)를 사용하고 본문 속에 직접인용하지 않고 긴 인용문이 될 때에는 본문과 인용문을 구별한다. 인용문의 위·아래 한 줄씩을 띄우고 왼쪽에서 2-3자 정도 들여서 쓰며 활자의 크기와 줄 간격도 본문보다 한 두 호수 작게 줄인다. 이는 시각적으로 인용문과 본문을 쉽게 구별하도록 하기 위함이다. 이렇게 인용할 경우에는 따옴표를 붙이지 않고 인용문 맨 끝에 각주를 달아 출처를 밝힌다.

직접인용을 할 때는 맞춤법과 문장의 부호까지 그대로 옮겨 적어야 한다. 원문이 탈자나 오자, 오식이 틀림없는 경우라도 임의로 고쳐서는 안 된다. 다만 그것이 인용자의 오기로 보일 염려가 있을 때에는 '[원문대로]'라고 적어 넣는다. 또한 원문을 바르게 고치고 싶을 때에는 '[인용자 원문의 오자를 바로 잡음]'이라고 하고, 인용자가 원문에 없는 밑줄을 긋거나 기타 부호를 썼을 경우에는 인용문 뒤에 '[인용자 밑줄 금]', '[인용자가 부호 지정])'이라고 써야 한다. 인용문의 일부를 중간에서 생략했을 경우에는 생략한 부분에 '[중략]', 또는 '[하략]'이란 표시를 해야 하며, 인용문 끝 부분에서 생략했을 경우에는 인용문의 말미에다 소괄호를 하고 '(이하 생략)'이란 표시를 해 준다.

표 5-6. 직접 인용의 원칙

구분	내용
그밖의 원칙	① 원전에 잘못된 부분(표기, 철자법 등)이 있어 필자가 이를 표시하고자 하는 경우에는 원문 그대로 인용한 다음 바로 그 뒷부분에 [sic] 또는 (원문 그대로)라는 표시를 한다. ② 원전 중에서 필요하지 않은 부분을 필자가 생략하고자 하는 경우에는 3점 부호(…)를 사용한다. ③ 인용문에 필자가 임의로 자료나 의견을 첨가고자 할 때는 [ ]를 사용하여 표시한다. ④ 원전의 인용에는 인용부호(" ")을 사용하고, 원전의 내용 중에 이미 인용부호(" ")로 표시된 자료가 있으면 " "를 ' '로 바꾸어 표시한다. 단, 인용부호가 안쓰인 긴 인용문에는 " "를 사용한다.

2) 간접인용

간접인용은 원문을 그대로 옮기지 않고 그 내용을 인용자의 말로 바꿔 인용하는 것이다. 이는 보통 요약이나 의역으로 이루어지는데, 상당한 기술과 훈련이 필요하다. 이 경우 인용부호를 쓰지 않고 주를 달아 출처를 밝힌다. 이때 원문의 본래 의미가 왜곡되지 않도록 각별히 주의해야 한다.

원저자의 연구물을 간접 인용할 때 참고문헌 인용(reference citations)을 사용한다. 본문 내에서 인용문헌의 출처는 저자명과 발행년도(경우에 따라서 쪽수)만을 본문에 직접 표시한다. 이와 같이 참조 인용된 본문 내의 인용 문헌의 완전한 출처는 논문의 뒷부분에 첨가되는 참고문헌 목록에 제시하고 있다.

표 5-7. 간접 인용의 원칙

구분	내용
그 밖의 원칙	① 인용된 저서나 저자명이 본문에 나타나는 경우괄호 속에 발행년도 또는 발행년도와 해당 면을 표시한다. ② 인용된 저서나 저자명이 본문에 나타나지 않는 경우해당 부분의 말미에 괄호를 치고 그 속에 저자명과 발행년도를 표시한다. 하나의 문항에 여러 문헌을 인용하는 경우 문헌들 사이에 쌍반점(;)으로 가른다. ③ 저자가 3인까지는 모두 표시하되, 4인 이상은 첫 번째 저자만 나타내고 그 다음은 국문 또는 국·한문의 경우 '박찬호 외', 영문의 경우는 'et al.'로 나타낸다.

7. 각주 및 주석과 참고문헌

1) 각주

주는 본문 인용의 근거와 출처를 밝혀 주는 것으로 그 기능에 따라 참조주와 내용주로 구분하고 위치에 따라 각주와 미주로 구분할 수 있다. 본문의 주번호는 인용된 문구의 끝이나 문장의 끝 또는 설명을 요하는 내용의 바로 다음에 단다. 본문의 주번호는 아라비아 숫자를 사용하여 위 첨자 형식으로 단다. 닫는 괄호를 붙이기도 하지만, 요즘은 괄호를 달지 않는 사례도 있다. 본문의 각주번호는 각 장을 단위로 하여 일련번호 순으로 단다. 각주는 본문의 각주번호가 있는 쪽의 하단에 각주 난을 만들어 기입하면 되는데, 한글97을 이용할 경우 각주 달기 기능을 이용하여 작성하면 각주 번호와 형식이 자동으로 지정되므로 편하다. 표나 그림에 사용하는 내용 각주는 별표(*)나 단검표시(†)로 구분하여 표시한다.

-인용, 참조 및 내용의 부연설명 등을 표시

위치는 '-'를 제외한 모든 구두점 다음에 표시

보통은 장별로 새로운 주석번호 부여.

1) 이승도, 스포츠회복마사지 (진영사 : 도서출판사, 2010), pp. 130-132.
2) 이승도, "요통에 스포츠마사지와 신체교정의 통합그룹처치가 미치는 영향에 관한 빈도분석," 체육과학회 자연과학, 18권 제1호(태근문화사 : 한국체육과학회지, 2009.2.10), pp.15-26.
3) 이승도, 전게서, 2010, p.55.
4) 상게서, pp.78-90.
5) Bandura, A. Self-efficacy : Toward a unifying theory of behavioral change. (Psychological Review. 1977). pp.191-215
6) Ibid, p.156.
7) Feltz, D. L, & Brown, E. W. Perceived competence in soccer skills among young soccer players. Journal of Sport Psychology. 1984, p.385.
8) Denise DiPasquale and Cunningham C. Wheaton, Op. Cit., p.150.

2) 주석 작성법

주석은 본문의 논의를 보충하거나 필요한 부가적 설명 또는 증거 자료의 출처를 명시하는 사항, 기타 필요한 내용들의 자리를 따로 하여 기술하는 것을 말한다. 주석은 본문에 기술할 경우 논의의 전개나 문장의 흐름에 지장을 주게 되기 때문에 주로 처리한다. 증거 자료의 출처는 그 문헌에 관한 서지적 사항들을 관례에 맞는 방식으로 기입하여야 하고, 필요한 사항을 보충 설명하는 자리일 때는 특별한 형식상의 제약은 없으나 가급적 간결하고 길이는 짧을수록 좋다.

주석란은 논문의 말미, 각 장 또는 절의 말미, 각 페이지의 하단에 위치를 설정하는 방법이 있다. 주석번호는 아라리바숫자를 사용하며 1, (1), 1), ① 등의 형식이 있는데 '1)'의 형식이 가장 널리 사용되고 있다.

(1) 외각주 작성법

본문 밑에 각주를 다는 외각주는 인용 문헌의 출처를 밝히는 것이나 보충 설명하는 것이든 주번호를 순서대로 매기면서 작성한다. 순서는 필자명, 책명, 서지사항, 출간연도, 인용면수로 한다. 책명에는 낫표(□□, 「」)를 하기도 하지만 최근에는 부호를 생략하고, 외국서적의 제목은 이탤릭체로 한다. 논문의 제목일 경우에만 큰 따옴표(" ")나 작은따옴표(' ') 중에 하나를 선택해서 통일한다. 저자나 필자가 세 사람 이상일 때는 첫 번째 사람 이름만 쓰고 그 뒤에 '외 몇 명'이나 'et.', 또는 'and other'를 쓴다. 어떤 방식으로 하든 마지막에는 마침표를 찍는다. 주석은 참고문헌보다 인용 면수가 표시된다는 것과 외국 저자의 이름을 쓸 때 '이름-성'의 순서로 하는 점이 다르다. 참고문헌 작성에서 외국 저자의 이름은 한국식으로 '성-이름' 순서로 써야 한다. 인용 면수는 알파벳 소문자 'p', '쪽', '면' 등으로 표시하기도 하고 최근에는 페이지 숫자만 표시하고 마침표를 한다. 복수 페이지일 때는 'pp.34-55.'나 '34-55.'로 표시한다. 최근 인터넷에서 얻은 자료를 활용할 때는 그 자료가 문헌으로 얻을 수 없는 자료일 때 가능하다. 기존의 문헌으로 나와 있는 경우는 정보만 얻고 그 문헌을 인용해야 한다. 그리고 인터넷에서 얻은 자료의 출처는 웹 사이트의 주소와 자료를 받은 날짜를 기록한다. 주석을 달다가 동일한 논저가 계속 인용될 경우에는 두 번째부터는 그 전체를 다시 쓰는 완전주석 대신 약식 부호들을 사용하여 간략하게 표시한다. 대표적인 약식 부호는 다음과 같다.

표 5-8. 외각주 작성법

구분	내용
Ibid. (상게서, 상게 논문)	① 바로 위에서 완전하게 주로 소개한 같은 문헌을 이어서 인용할 때 인용 면수만 달리하는 경우에 쓰인다. 이 'Ibid.' 대신에 '상게서', '상게 논문'이나 '위의 책', '위의 논문' 이라고 쓰기도 한다.

Op. cit. (전게서, 전게논문)	② 바로 위에서가 아니라 그 앞의 어디에선가 인용했던 문헌을 다시 인용하는 경우에는 주를 완전주석으로 작성하지 않고 저자명 또는 필자명 다음에 이 부호를 적고 해당 인용 면을 적어 약식으로 작성한다. 이 'Op. cit' 대신에 '전게서', '전게 논문', '앞의 책', '앞의 논문' 등으로 쓸 수 있다.
Loc. cit.	③ 앞에서 한 번 인용했던 부분을 바로 연이어서 완전히 반복할 때 쓴다. 논문에서 이러한 경우는 부득이 한 경우가 아니면 가능한 한 사용하지 않는다. 이승도, 스포츠회복마사지, 도서출판 진영사, 2010, 133. Ibid., 103. 이승도, Op. cit., 155-156..

(2) 내각주 작성법

내각주는 외각주와는 달리 문장을 이끌고 가는 도중에 인용 문헌의 출전 표시를 하는 방법으로 주석란에 기재하지 않고 본문의 행간에 사입하는 것을 말한다. 다만 주석문을 본문의 행간에 삽입하기 때문에 주석문 전체를 괄호 속에 넣는다. 이는 인용문헌의 출전 표시만을 위한 주를 외각주로 처리하는 것은 읽는데 불편을 주고, 또한 동일한 저자의 여러 문헌들을 반복해서 인용할 경우에는 약식부호들을 사용하는 것이 거의 불가능하게 된다. 이러한 불편을 피하기 위한 방식으로 최근에는 내각주의 방식이 많이 이용되고 있다. 내각주는 주로 간접인용이나 극도로 압축된 요지를 제시하면서 그 출전을 해당 부분에다 간단하게 밝히는 방식이다. 내용주는 독자가 그것을 간과하더라도 논문 내용을 이해하는 데 지장이 없다. 또한 보충설명의 주가 아닐 때 인용문이나 참조한 부분의 출처를 굳이 각주란에 밝히지 않아도 되기 때문에 지극히 간편한 체제가 되고 읽는데도 편리하다. 내각주는 본문을 써내려 가다가 저자의 이름만 들고 괄호에 간행연도만 표시하거나, 저자와 간행연도만을 넣는 경우, 저자와 간행연도, 페이지를 괄호에 넣는 경우가 있다.

표 5-9. 내각주 작성법

구분	예시 내용
내각주 작성법	경기 현장에서 심판의 역할은 매우 중요하며 그에 따른 선행 연구도 많이 이루어졌다, 김영학(1992)은 검도의 판정에 있어서 객관성이 부족하다고 하였고, 최형윤과 조영권(1993)은 레슬링 경기의 판정시 주관적인 입장이 개입되는 경향이 있다고 하였으며, 김종철(1996)은 심판의 판정시 지도자나 관중의 영향력이 개입되는 경향이 있다고 하였다. 또한 하키 심판의 경우에 매 경기당 1~2회의 오심 경험이 있는 것으로 보고되었고(유선옥, 1987), 장순권의 『태권도 심판 판정에 대한 연구』 에서도 심판 판정의 객관성이 부족하다고 하였다(장순권, 1990).

3) 참고문헌

학술적인 저서나 논문은 그 말미에 연구를 위해 참고한 문헌을 모두 수록하는 것을 원칙으로 한다. 이러한 원칙에 따라 참고문헌들은 일정한 규칙에 의해 배열 수록한 지면을 참고문헌이라 한다. 이 목록은 논문의 질을 평가할 수 있는 어느 정도의 기준이 될 수도 있고 자료에 대한 정보를 제공하는 구실도 한다. 참고문헌에는 논문을 쓰면서 직접적으로 인용했던 문헌뿐만 아니라 이론적인 참고 논저들과 비판의 대상이 되었던 논저 등도 포함시킨다. 이 난에서는 관계되는 서지사항을 빠짐없이 기록한다. 저자가 여러 명일 때는 그 저서에 나열되어 있는 순서대로 이름을 다 밝히되 그 사이에 가운뎃점(·)을 한다. 해당 저서가 초판이 아닐 경우에는 반드시 판수를 기록해야 한다(2008/2011). 논저의 정보가 한 줄을 넘을 때에는 네 칸 들여서 기록한다. 외국의 논저를 참고문헌에 수록할 때에는 본문에서 주석을 달 때와는 달리 '성-이름'의 순서로 하고 그 사이에 쉼표(,)를 한다. 예를 들어 각주에서 "Francis Bacon,"이라고 한 것을 참고문헌에서는 "Bacon, Francis."이라고 표기한다. 그리고 저자가 두 사람 이상일 때는 두 가지 방법이 있다. 하나는 맨 처음 사람만 "성-이름"의 순서로 하는 방법과, 각각의 저자명을 모두 '성-이름'의 순서로 적는 방법이 있다. 논문의 본문에서 내각주 형식을 한 인용의 출처를 밝혔을 때의 참고문헌은 간행연도를 필자명 또는 저자명 다음에 괄호 속에 표시한다. 이러한 참고문헌 작성법은 최근 내각주의 사용이 증가함에 따라 가장 일반적으로 많이 쓰이는 형식이다.

본문에 인용된 참고문헌은 참고문헌 목록에 반드시 제시해야 한다.

논문 또는 단행본의 저자명은 성과 이름을 기재해야 하며 동일저자의 다른 논문 또는 단행본이 계속하여 나오는 경우에는 저자명 부분을 밑줄로 표시할 수 있다. 참고문헌은 따로 모아 한, 중, 일, 영문은 각각 저자명의 가나다순으로, 기타 외국어는 알파벳순으로 본문 다음에 열거한다. 외국어로 된 참고문헌은 대체로 APA 형식에 따라 작성하고, 국문 또는 국·한문으로 된 참고문헌은 한국교육학회의 논문 작성 요령과 APA 형식을 따르는 것을 원칙으로 한다.

표 5-10. 참고문헌 작성 내용

구분	내용
단행본의 경우	① 저자명(성을 앞에, 이름을 뒤에), 발행년도(괄호로 묶어서 제시), 서명(영문의 경우 이탤릭체로), 판수(초판은 표시하지 않음), 출판지명(출판지명 뒤에 콜론(:)을 찍는다), 출판사명 이승도, 스포츠회복마사지, 도서출판 진영사, 2010.
학술지의 경우	② 논문저자명(위와 같음), 발행년도(괄호 속에 표시), 논문제목(영문의 경우 첫 단어의 두문자만 대문자로), 잡지명(영문의 경우 이탤릭체로), 권호, 면수(p 또는 pp는 생략) 이승도, "요통에 스포츠마사지와 신체교정의 통합그룹처치가 미치는 영향에 관한 빈도분석," 체육과학회 자연과학, 18권 제1호, 태근문화사 : 한국체육과학회지, 2009. pp.15-26.
학위 논문의 경우	③ 저자명(위와 같음), 발행년도(괄호 속에 표시), 논문제목(영문의 경우 첫 단어의 두문자만 대문자로), 학위논문의 종류, 학위수여 대학교 이승도(2009). 스포츠마사지와 신체교정의 통합그룹처치에 따른 요통에 미치는 영향. 박사학위논문, 서남대학교.
웹 자료의 경우	④ 저자명(위와 같음), 발행년도(괄호 속에 표시), 웹 자료(사이트)의 제목, 검색 날짜, 웹사이트 주소

참고문헌의 배열은 논문의 성격이나 필자의 의도에 따라 적절한 방법을 선택할 수 있다. 자료와 참고논저로 크게 나눌 수도 있고, 1차적 자료, 2차적 자료로 나누어 순서를 정할 수도 있다. 그러나 가장 일반적인 방법은 국내문헌과 외국문헌으로 크게 나누고 그것을 다시 ① 단행본 ② 논문 ③ 정기 간행물·잡지 ④ 신문 ⑤ 기타의 순서로 배열한다. 그리고 각 항은 다시 저자명의 가나다순서(외국문헌은 알파벳)로 배열한다. 만일 출판연도순으로 해야 할 필요가 있을 때는 그렇게 할 수 있다.

8. 설문지 작성

주제가 수립되고 자료가 수집되면 연구방법에 대한 구체적이고 실질적인 고민에 들어가야 한다. 연구방법은 연구의 목적을 달성하기 위한 여러 가지 방법들의 선택과정이다. 동일한 연구목적을 달성하는데는 여러 가지 방법들이 많으나, 가능한 한 오류를 줄일 수 있는 정확한 방법을 선택하여야 한다. 연구방법의 결정은 확정된 연구설계를 통하여 어떤 실험을 할 것인지를 정하고, 연구 대상자를 확정하고 자료수집방법을 정하며, 그에 따른 세부적인 자료수집절차를 결정하여 자료를 수집하는 것을 말한다. 이 부분은 연구의 가설을 검증하기 위하여 필요한 자료를 수집하는 부분으로서 조사자체의 신뢰도, 타당도에 크게 영향을 미치는 부분이다. 선택된 각 연구방법에 대해서는 어떤 이유에서 선택하였으며, 어떤 과정을 통하여 수행되었는지를 명확히 하여야 하며 각 연구 방법들이 전체 연구목적과 모순이 있어서도 안된다. 예를 들어, 심리연구를 위하여 순수 실험설계를 하면서 우편 설문방법을 선택하여 표본추출을 한다면 심리연구와 순수 실험설계방법과 우편설문방법은 잘 맞지 않는 연구방법이 된다. 따라서 순수 실험설계를 사후실험설계로 바꾸든가 우편설문방법을 관찰법 등으로 바꾸어야 할 것이다. 논문계획서에도 연구방법을 선택한 명확한 이유를 써야 하고 그 이유에는 타당성이 있어야 한다. 연구의 여러 방향에 따라 설문지의 문항을 많이 만들 수도 있고 몇 가지만 만들 수도 있다. 그런데 설문지 작성에서 가장 중요한 원칙은 설문지의 '과학성'과 '객관성'을 유지하는 것이다. 연구조사 담당자는 객관적인 사실에 근거하여 판단을 내려야 한다. 이럴 때만이 과학적인 연구가 이루어진다. 과학성의 중요한 첫걸음이 바로 설문지 작성이며, 설문지를 어떻게 작성하느냐에 따라서 연구 결과가 달라질 수 있다. 조사 담당자들은 조사 목적에 맞게 설문지를 만들어야 한다. 아무리 알차게 만들어진 설문지라도 내용이 연구 목적에 맞지 않으면 한낱 휴지 뭉치에 불과하다. 연구 목적과 주제에 맞는 설문지를 작성하기 위해서는 설문지 작성 전에 자료를 체계적으로 수집, 정리해 두어야 한다.

표 5-11. 설문지 작성 내용

구분	내용
설문작성	① 우선 조사의 목적과 주제를 충분히 숙지하여야 한다. 이러한 개념들을 어떻게 조작화 하고 측정될 수 있는가에 대한 이해가 설문지 작성과 조사에 앞서 이루어져야 한다. ② 자료수집방법의 결정에 있어서 각 주제와 복합하는 자료의 수집방법을 택하여 수집하고 체계적으로 정리하여야 한다. ③ 넘어서는 가장 중요한 부분으로 조사 방법을 선택하고 표본추출방법을 확정하고, 조사 일정에 대한 계획을 확정하고 일정에 맞춰 세부사항을 마련한다. ④ 설문지의 작성에 들어가는데, 가장 중요한 원칙을 과학성과 객관성에 놓고 우선 개별적인 질문들을 구성하고 각 질문을 설문지에 포함시킬 것을 결정한다. 그리고 꼭 필요한 내용인가? 응답자가 필요한 정보를 알고 있는가? 응답자가 그 정보를 제공해 줄 수 있는가? 한 문항으로 충분한가? 등을 고려하여 검증한다. ⑤ 조사 설계와 일정계획에 맞추어 조사를 진행하고, 수거 및 검증의 단계에는 설문지 내용의 진실 여부를 검증하여야 한다. 또한, 주응답자와 불량 설문지를 최대한 방지하여야 한다. ⑥ 뿌린 씨를 거두어야 하는데, 코딩 및 입력 작업에서 실수가 나지 않도록 주의하고, 설문 내용과 데이터의 성격에 맞게 통계 분석을 하고, 통계분석기법을 적용한다. ⑦ 마지막 분석결과도출 단계에서는 유의도의 기준에 따라 신중하고 분명한 해석을 내린다.

9. 논문 지도교수의 역할

연구와 논문작성의 모든 과정에서 지도교수는 가이드를 제공한다. 또한 지도교수는 위에 언급한 논문의 기본적인 요소, 즉 창의성, 기여도, 난이도의 적절성을 판단하여 주며, 논문의 논리적 흐름과 구성의 적절성에 대한 조언을 제공한다. 그리고 연구의 진행이 다른 방향으로 나가지 않도록 올바른 방향을 잡아 주는 역할을 한다. 이렇게 함으로써, 연구와 논문이 적절한 수준과 기여도를 가지고 논리적인 구성을 갖춘 훌륭한 논문이 나올 수 있게 된다. 연구수행과 논문작성은 학생 스스로 하는 것이며, 지도교수에게 위에 언급한 "조언과 판단, 그리고 평가" 이상의 개입을 요구하는 것은 본인 스스로의 연구능력을 포기하는 것이다.

제6장 신뢰도와 요인분석

1. 신뢰성(reliability)
2. 요인분석(Factor analysis)

제6장 신뢰도와 요인분석[1]

1. 신뢰성(reliability)

신뢰성 분석은 측정도구의 신뢰성(reliability)을 확인하기 위한 분석방법으로서 여기서 측정도구는 연구에 사용된 설문지, 보다 구체적으로 설문지의 문항 정도로 생각하면 쉽겠다.

가장 널리 사용되는 신뢰도 계수는 Cronbach's alpha로 신뢰도 계수 alpha(α)는 검사의 내적 일관성(internal consistency)을 나타내는 값으로서 한 검사 내에서의 변수들간의 평균상관관계에 근거해 검사문항들이 동질적인 요소로 구성되어 있는지를 알아보고자 하는 것이다. 신뢰성이란 동일한 대상에 대해 어떤 측정도구(설문)를 반복하여 적용했을 때, 그때마다 동일한 결과가 나오는지의 여부에 관한 문제이다. 우리가 사용하는 측정도구(설문지)가 알아내려고 하는 개념을 얼마나 믿을만하게 측정하는지 알아보는 방법은 여러 가지가 있다. 신뢰성 측정 방법으로는 재측정법(Retest Method), 항목이분할법(Split-Halves Method) 그리고 내적일치도법(Internal Consistency Method)가 있다. 이중 가장 널리 사용되는 방법은 응답자들에게 동일한 개념을 묻는 비슷한 질문들을 해서 응답자들이 비슷하게 대답하였는지를 측정하는 내적일치도법이다.

* 크론바흐(cronbach)의 알파계수

이 알파계수는 0과 1사이의 값으로서 1에 가까울수록 문항들에 대한 응답

1) 인터넷 다음카페(2010). cafe.daum.net/spssmaster,spss,Amos 논문통계도우미, 석박사 통계분석(전체내용)

이 서로 유사해서 신뢰성이 높음을 나타낸다. 신뢰도 값이 어느 정도여야 괜찮은 것인지에 대한 일률적인 기준은 없다. 그러나 대체로 0.8이상이면 상당히 신뢰할만한 측정이라고 본다. 신뢰도가 0.6이상인 경우는 아쉬운 대로 쓸 만하다고 할 수 있고 그 이하의 신뢰도에 대해서는 측정 방식을 개선해야 할 것이다.

1) 신뢰도 분석이란?

신뢰도 분석은 측정도구의 신뢰도(reliability)를 확인하기 위한 분석방법이다. 여기에서 측정도구는 연구목적으로 작성된 설문지, 즉 설문지의 설문문항을 의미한다고 할 수 있다. 신뢰도를 분석하다는 것은 하나의 개념에 대해 응답자들에게 다시 설문을 하여도 시간이나 상황에 영향을 받지 않고 유사한 결과를 나타낼 것인가를 알아보고자 실시하는 분석방법이다. 신뢰도 분석에 가장 널리 사용되는 신뢰도 계수는 크론바하 알파 계수이며, 이 알파는 검사의 내적 일관성을 나타내는 값으로 한 조사 내에서 변수들 간의 평균 상관관계에 근거해 설문문항들이 동질적인 요소로 구성되어 있는지를 나타낸다. 개별 측정항목과 다른 항목들 간의 상관관계를 나타내는 크론바하 알파 계수는 0에서 1사이의 값을 가지는데 일반적으로 사회과학 연구에서는 0.7 이상이면 측정항목에 대한 신뢰도에는 별 문제가 없는 것으로, 즉 측정항목의 내적일관성을 가지는 것으로 간주한다. 신뢰도 분석은 모든 자료에서 내적 일관성 지수인 크론바하 알파계숙를 산출할 수 있는 것은 아니라, 동일한 척도로 구성된 자료에 대한 응답자의 응답의 일관성을 알고자 할 때만 사용할 수 있다. 즉 동일하게 척도화 된 자료에서만 사용이 가능하다. 예를 들면, 등간척도로만 구성된 자료의 경우에는 신뢰도 분석을 할 수 있는 반면, 등간척도와 명목척도가 혼합된 자료에 대해서는 신뢰도 분석을 할 수 없다는 것이다.

2) 신뢰도 분석을 위한 기본가정

첫째, 숫자화 할 수 있는 데이터를 사용해야 한다. 신뢰도 분석에 사용될 수 있는 자료는 서열 혹은 등간척도일 수도 있으나 분석을 하기 위해서는 반드시 숫자로 코딩될 수 있어야 한다.

둘째, 관측치는 상호간 독립적이어야 하며 측정 문항간의 오차는 서로 상관관계가 없어야 한다.

3) 신뢰도분석해석

표 6-1. 신뢰도 통계량

Cronbach의 알파	Cronbach's Alpha Based on Standardized Items	항목 수
.713	.716	6

표 6-2. 항목 통계량

	평균	표준 편차	N
경쟁불안	2.90	1.096	346
자신감	2.68	1.046	346
만족감	2.92	1.060	346
행복감	2.85	1.034	346
성취감	3.03	.969	346
참여동기	3.00	1.133	346

표 6-3. 항목간 상관행렬

	경쟁불안	자신감	만족감	행복감	성취감	참여동기
경쟁불안	1.000	.332	.342	.124	.489	.161
자신감	.332	1.000	.300	.230	.330	.415
만족감	.342	.300	1.000	.187	.397	.215
행복감	.124	.230	.187	1.000	.305	.381
성취감	.489	.330	.397	.305	1.000	.225
참여동기	.161	.415	.215	.381	.225	1.000

*공분산 행렬을 계산하여 분석에 사용합니다.

표 6-4. 요약 항목 통계량

	평균	최소값	최대값	범위	최대값/최소값	분산	항목 수
항목 평균	2.894	2.676	3.029	.353	1.132	.016	6
항목 분산	1.119	.938	1.284	.346	1.368	.014	6

*공분산 행렬을 계산하여 분석에 사용합니다.

표 6-5. 항목 총계 통계량

	항목이 삭제된 경우 척도 평균	항목이 삭제된 경우 척도 분산	수정된 항목-전체 상관관계	제곱 다중 상관관계	항목이 삭제된 경우 Cronbach 알파
경쟁불안	14.47	12.064	.430	.292	.679
자신감	14.69	11.868	.496	.274	.658
만족감	14.45	12.213	.432	.214	.678
행복감	14.52	12.778	.364	.200	.698
성취감	14.34	11.974	.541	.352	.647
참여동기	14.37	11.972	.419	.261	.683

표 6-6. 척도 통계량

평균	분산	표준 편차	항목 수
17.36	16.539	4.067	6

* 해석 내용

6개 문항 전체에 대한 신뢰도로서 크론바흐 알파 값은 분석결과의 처음에 제시되어 있는데 그 값은 0.713으로 나타났다.

다음에는 적극성에 대한 6개 문항, '경쟁불안', '자신감', '만족감', '행복감', '성취감'과 '참여동기', 각각에 대한 항목 통계량(평균(mean)과 표준편차(Std Dev))과 항목산 상관행렬(Correlation Matrix)이 출력되었다.

표 6-4, 요약항목 통계량 표에서는 6개 문항의 평균(Item Means)과 표준편차(Item Variances)를 비교하였다. 6개의 평균값이 2.894이고 최소값이 2.676, 최대값은 3.029이며 6개 평균값들의 분산은 0.016이다. 항목 분산들의 통계량을 보면, 항목 분산들은 대체적으로 비슷한 값을 가지고 있는데 그 범위는 0.346이다.

항목 총계 통계량 표에서는 6개 문항 각각에 대해서 그 항목이 없을 경우에 있어서,'5개 문항 합의 평균', '5개 문항 합의 분산', '그 항목과 남은 5개 문항 합과의 Pearson 상관계수', '다중 상관계수 제곱', '크론바흐 알파' 값을 제공한다. 여기에서 '다중 상관계수 제곱'이란, 고려하는 항목을 종속변수로 하고 남은 5개 항목을 독립변수로 하는 다중 회귀분석을 하여 산출되는 R2값을 말한다. 이 중에서 '크론바흐 알파' 항목을 보면 어느 문항을 제거하더라도 전체 신뢰도 값(0.713)을 증가시키지 못하므로 6개 문항을 모두 사용하는 것이 좋다.

척도 통계량 표에서는 6개 문항들의 합(scale)에 대한 평균과 표준편차를 제시하였다.

6개 문항의 합이나 평균을 사용하는데 있어서의 신뢰도 계수인 0.713의 크론바흐 알파 값은 매우 만족할 만한 값은 아니지만 0.6보다 크므로 그런대로 쓸 만하다고 하겠다.

표 6-7. 신뢰도 통계량

Cronbach의 알파	Cronbach's Alpha Based on Standardized Items	항목 수
.496	.499	6

표 6-8. 항목 총계 통계량

	항목이 삭제된 경우 척도 평균	항목이 삭제된 경우 척도 분산	수정된 항목-전체 상관관계	제곱 다중 상관관계	항목이 삭제된 경우 Cronbach 알파
혼자훈련	13.90	10.005	.186	.062	.488
독창적생각	14.74	9.694	.279	.134	.437
다른훈련방식	14.37	9.750	.274	.121	.439
비판적임	14.41	9.736	.261	.073	.446
현실보다이상추구	14.38	9.379	.278	.091	.437
간섭싫어함	15.30	10.322	.243	.064	.456

* 해석 내용

'독창성'에 대한 6개 문항을 신뢰도 분석한 출력결과이다. 5개 문항 전체의 신뢰도 계수는 0.496으로 나타났다. 이 신뢰도 계수는 0.6보다 작으므로 신뢰도면에서 사용하는데 문제가 있다고 본다. 또한 항목 총계 통계량 표에서 '크론바흐 알파'값을 보면 어떤 변수를 제거하여서 신뢰도계수를 증가시키지 못한다는 것을 알 수 있다. 따라서 앞의 6개 문항은 같은 개념에 대한 측정이라고 할 수 없거나, 항목의 질문 방법에 문제가 있는 것으로 판단된다.

4) 신뢰성분석 해석방향

신뢰성은 측정도구의 정확성이나 정밀성(precision)을 나타내는 것으로서 의존가능성(dependability), 안정성(stability), 일치성(consistency), 예측가능성 (predictability), 및 정확성(accuracy)과 동일한 의미를 갖는다. 신뢰성분석(reliability analysis)은 동일한 개념을 독립된 측정방법으로 측정한 경우 결과가 비슷하게 나타나야 한다는 것을 전제로 하고 있다.

신뢰성분석은 일반적으로 Cronbach's alpha와 같은 신뢰성 척도를 사용하며, alpha는 테스트의 내적 일관성(internal consistency), 즉 검사 문항이 동질적인 요소로 구성되어 있는지를 알아보는데 그 초점을 두고 있다. 일반적으로 신뢰성 척도인 Cronbach's alpha의 값이 .60 이상이면 신뢰성이 있다고 보며 전체 항목을 하나의 척도로 종합하여 분석할 수도 있다. Nunnally는 탐색적인 연구분야에서는 Cronbach's alpha 값이 .60 이상이면 충분하고, 기초연구분야에서는 .80, 그리고 중요한 결정이 요구되는 응용연구 분야에서는 .90 이상이어야 한다고 주장하고 있다. 또한 Van de Ven & Ferry도 조직단위의 분석수준에서, 일반적으로 요구되어지는 Cronbach's alpha 값이 .60 이상이면 측정도구의 신뢰성에는 별문제가 없는 것으로 일반화되어 있다.

5) 신뢰성 분석에서 주의할 점

자칫 잘못 생각할 수 있는 것은 신뢰성 분석절차가 신뢰성을 높이는 절차가 아니며, 신뢰성을 높이기 위해서는 잘 만들어진 질문지를 이용해 정확한 조사를 해야만 하는 것이다. 그러나 신뢰성을 높이기 위한 몇 가지 절차를 제시하면 다음과 같다.

(1) 측정도구의 문항을 분명하게 작성해야 한다. 측정도구의 문항이 모호하면 응답자마다 다른 해석이 있을 수 있으며 여기서 오차 분산이 발생할 수 있기 때문이다.

(2) 측정할 도구를 충분히 신뢰할 수 없다면, 같은 속성을 지닌 문항을 더 많이 포함시킴으로써 신뢰도를 높일 수 있다.

(3) 응답자가 설문 문항을 작성할 때 명확하고 일관성 있는 지시사항은 측정상의 오차를 감소시켜 줄 것이다.

6) 신뢰성 분석을 하는 경우

연구자는 외래코치의 직무 만족도와 역할갈등에 대해 알아보고자 한다. 이런 목적에 따라 연구자는 질문지를 구성하게 되는 직무만족을 측정하기 위해 다시 하위 요인으로 자율성, 보수, 업무요구, 조직요구, 인간관계, 직업적 긍지의 6가지 하위요인에 대해 알아보았으며, 역할 갈등과 관련해 역할보호, 능력부족, 환경장애, 협조부족의 4가지 하위 요인에 대해 알아보았다. 이 가운데 직무만족을 결정하는 하위요소인 '보수'요인에 대해서만 알아보자.

코치들의 직무만족도를 알아보기 위한 연구에서 측정도구(질문지)는 만족도를 측정하기 위한 문항으로 구성되어 있으며 만족도를 측정하는 하위 개념으로는 자율성, 보수, 업무요구도, 조직요구도, 인간관계, 직업적 긍지로 이루어져 있다.

질문지의 전체 문항은 54개였으며, 그 가운데 직무만족도를 측정하는 문항이 25개였으며, 다시 보수에 대한 만족도를 측정하기 위한 5개의 문항으로 질문지가 구성되었다.

연구자는 이렇게 구성된 질문지를 이용해 본 조사를 실시하기 전에 사전조사(pretest)를 실시하게 된다. 사전조사를 실시하는 이유는 본 검사에 앞서 질문지의 문항들이 잘 구성되었는지 알아보고, 연구자가 예상하지 못한 문제점을 발견하기 위해 실시한다. 이때 연구자는 응답자가 질문지를 작성하고 나면 충분한 면접을 통해 문항 가운데 이해하기 어려운 문항이 있었는지, 질문지를 완성하는데 지루하지는 않았는지, 문항의 수는 적당한지, 질문지의 구성은 보기에 쉬운지를 알아보아야 한다.

사전조사가 끝나면 조사자료를 이용해 신뢰성(reliability) 분석을 하게 된다. 이 과정을 통해서 충분한 신뢰도가 확보되어야만 본 조사에 들어갈 수 있으며, 그렇지 못하면 신뢰도가 낮은 이유를 분석하고 이를 개선해 조사에 들어가야 한다. 참고적으로 신뢰성분석은 당연한 이야기지만 본 조사에 대한 분석에서도 이루어지게 되며, 일반적으로 본 조사의 결과를 보고하게 된다.

7) 신뢰도분석(Reliablity)의 목적

동일한 개념을 측정하는 여러 항목들에 대한 항목분석과 신뢰도 계수 계산 몇 개의 질문을 하나의 개념에 대한 측정도구로서 사용하고자 할 때 그 질문들에 대한 응답들이 동일한 개념을 측정하였기 때문에 비슷하게 나타나야 한다는 것을 전제로 하는 분석이 신뢰도분석(reliablity analysis)이다. 크론바흐 알파계수(Cronbach's α)와 같은 신뢰도계수를 계산해서 각 변수에 대한 항목분석(item analysis)과 한 개념에 대한 전체 변수의 신뢰도를 제공한다.

8) 사용되는 변수의 척도

(1) 순서척도 구간 비율척도

한 개념을 나타내는 적어도 2개 이상의 문항(변수)들이 있어야 한다. 이때 변수들은 순서척도(가능하면 5점 척도 이상)나 구간 비율척도로 측정되어야 한다.

2. 요인분석(Factor analysis)

설문지가 한 개념에 대해 여러 문항으로 묻는 형태로 된 경우에는 바로 신뢰도 분석을 할 수 있다. 그러나 미리 설정하지 않은 몇 가지 개념에 대해 많은 문항들을 사용해서 묻는 설문지인 경우에는 서로 관련이 있는 문항들을 하나의 요인으로 묶어내는 요인분석을 선행한다. 요인분석의 결과로 만들어지는 요인들의 각각에 대하여 그 요인에 속하는 문항(변수)들을 가지고 신뢰도 분석을 할 수 있다.

1) 요인분석의 기초개요

두 개의 변수간에 상관이 있는 경우, 그들 변수는 무엇인가 공통적인 것을 측정하고 있다고 생각할 수 있다.

많은 변수가 서로 복잡하게 상관하고 있는 경우에도 그들의 상관관계를 설명할 수 있는 몇 가지의 공통적인 성분을 생각하여, 개개의 변수를 그러한 공통적인 성분을 반영하는 부분과 각각의 변수에 독자적인 부분으로 나누어서 생각할 수 있다. 요인분석(factor analysis)에서는 공통적인 성분을 공통요인(common factor)이라고 부른다.

요인분석의 목적은 변수간의 상관행렬로부터 공통요인을 끄집어내어 그 공통요인을 이용해서 변수간의 상관관계를 설명하고, 공통요인과의 관계에 의해서 각 변수의 성질을 간결한 형태로 기술하는 것이다. 또 요인분석의 결과를 변수나 관측대상의 분류를 위해서 이용하는 경도 많다. 요인분석(factor analysis)은 여러 변인간의 관계성이나 패턴을 파악하고 변인들이 갖고 있는 정보를 잠재된 적은수의 구조(construct)로 축약하거나 요약하기 위해 사용하는 통계기법이다.

요인분석은 n개의 관측 가능한 양적변수들 사이의 공분산관계내지는 상관관계를 설명할 수 있는 p(<n) 개의요인(Factor)이라고 불리는, 관측되지 않는 가설적인변수를 찾는 다변량분석법 이다. 변수가 여러 개 있는 경우 비슷한 특성을 가진(상관관계가 높은) 변수들끼리 모아 몇 개의 집단으로 나눈 후각집단을 대표할 수 있는 새로운 요인들을 찾는다. 따라서 원래의 변수n 개보다 요인의수는p 개로 작아지는 변수축소법이라고 할 수 있다.

(1) 여러 개의 변수로 측정된 자료를 변수들 간에 공분산관계 및 상관관계를 이용하여 이해하기 쉬운 형태로 축소, 요약을 하는데 사용한다.

(2) 타당성(Validity)검정의 일부로서 많은 항목들이 어떠한 개념이나 현상을 측정하였을 때 과연 각변수들이 모두 동일한 개념을 측정하였는가를 확인하는데 사용한다.

(3) 측정한 개념의 타당성을 저해하는 변수들을 추출하는데 사용한다.

① R type 요인분석과 Q type 요인분석

연구문제와 관련하여 변인들간의 상관을 분석할 것인지 혹은 응답자들간 상관을 분석할 것인지를 결정해야한다. 어떤 상관을 분석할지에 따라 요인분석방법이 달라지는데, 변인들을 묶어주는 R type과 개별응답자들을 묶어주는 Q type 요인분석을 분류된다. 특히, Q type 요인분석은 계산상의 어려움 때문에 대안적으로 군집분석(cluster analysis)을 사용하는 것이 바람직하다.

② 주성분분석(PCA)과 공통요인분석(CFA)

연구목적에 따라 상관행렬이 계산되면 요인모델을 결정해야하는데, 요인을 추출하기위해 사용되는 가장 일반적인 모델은 주성분분석법(principle component analysis)과 공통요인법(common factor analysis)이 있다. 주성분분석법은 요인의수를 최소한으로 산출하고 최초변인들이지닌 정보(변량)를 극대화하고자 할 때 사용되는 반면, 공통요인법은 최초변인들을 통해 쉽게 파악되지 않는 잠재적인 공통요인이나 차원을 알고자할 때 사용된다.

③ 요인부하량(factor loading)과 커뮤넬리티(communality)

요인부하량(factor loading)은 각변인과 요인간의 상관관계라고 생각할 수 있다. 따라서 요인부하량이 관찰변인과 요인의상관이 고요인에 대한 각 변인의 가중치라는점에서 요인부하량이 크면 그만큼 그요인을 잘 측정하는 변인이라고 할 수 있다. 또한 요인부하량의 자승은 결정계수 R^2를 의미하기 때문에 요인부하량이 높은변인은 해당요인을 그만큼 잘 설명하는 변인이라고 할 수 있다. 반면, 커뮤넬리티(communality: h^2으로 표시)는 추출된 요인들에 의해 설명되는 각관찰변인들의 변량비율이라고 할 수 있다. 요인부하량이 산출되었을때, 커뮤넬리티는 각요인에 대한 개별변인의 요인부하량을 자승하여 더하여 구할 수 있다.

④ 아이겐 값(eigenvalue)

아이겐 값은 요인부하량과 관련하여 개별요인에 대한 모든 관찰변인의 요인부하량을 자승하여 더한 값이다. 따라서 아이겐 값은 개별요인의 상대적 중요도를 나타내며 아이겐 값을 설명 변인의 수로 나누어 주면 설명 변량이 산출된다.

⑤ 직교회전(orthogonal rotation)과 사교회전(oblique rotation)

요인회전은 최초의 요인행렬이 산출된 후 다시요인을 단순구조로 만들고 순수한 요인들을 얻기 위해 요인축을 회전하는 과정이다. 직교회전은 추출된요인들이 서로 독립적이라고 가정 할 때(요인간상관=0) 사용되며, 사교회전은 요인들이 독립적이지 않다고 가정될때(요인간상관≠0)사용한다.

⑥ 요인분석의 해석 및 활용

요인분석결과에 대한해석은 이론적으로 충분한 근거를 가져야한다. 또한 산출된 요인점수는 중다회귀분석이나 판별분석 등에 적용할 수도 있다. 예를 들어, 중다회귀분석이나 판별분석에서 많은 변인을 한꺼번에 사용할 수 없거나 다중공선성이 발견될 때, 이들 변인을 요인분석하여 산출된 요인점수를 독립변인으로 사용하면 매우 효과적인 분석을 수행할 수 있게 된다. 이때에는 요인의 회전을 직교방식(orthogonal rotation)으로 하여 요인점수를 구해야 다중공선성을 방지할 수 있다(∵요인간상관=0).

2) 요인분석의 사용목적

표 6-9. 요인분석의 사용목적

구분	내용
잠재적인 요인의수	① 한 요인에 높게 부항된 문항은 다른 요인에 낮게 부하되어야 요인적으로 순수한 문항이 된다. 한요인에 높게 부하된다는 것은 요인분석을 통해 산출된 최종의 요인부하량(factor loading)의 값이 한 요인에서 크고 나머지 요인에서 작은 경우이다.
잠재요인의 본질	② 요인분석을 통해 요인을 해석하는 과정은 연구에 사용된 이론의 구성개념을 파악하는 것이다. 이때 요인을 명명할 때는 이론적으로 가장보편적인 명칭을 사용한다.
잠재요인의 상대적 중요도	③ 상대적 중요도는 각 요인의 설명 변량을 통해 알 수 있다.
가설적인 이론검증	④ 요인을 추출해나가는 과정은 구성하는 개념들의 타당도를 검증하는 과정이다. 연구자는 사전에 기대되는 요인의수와 요인(구성개념)의 본질에 관한 가설을 설정하고 요인분석을 통해검증 할 수 있다.
요인점수를 활용한 분석	⑤ 요인점수(factor score)는 중다회귀분석이나 판별분석에서 변인들간의 다중공선성이 있을때 투입될 변인들을 요인분석하여 유의미한 차원 혹은 잠재적인 요인으로 묶은 후 중다회귀분석이나 판별분석에 사용하면 다중공선성의 문제를 해결할 수 있다.

3) 요인분석의 기본가정

요인분석은 관찰변인을 독립변인과 종속변인으로 구분하지 않기 때문에 모든 자료가 동일한 척도로 구성되어야 한다. 일반적으로 요인분석에 사용되는 자료는 연속변인이라고 가정하기 때문에 등간척도 이상의 자료가 적합하지만, 0과 1로 코딩된 가변인(dummy variable)을 사용하기도 한다.

표 6-10. 요인분석의 기본가정

구분	내용
200개 이상의 표본크기	① 요인분석은 관찰변인간의 상관을 이용하기 때문에 상관의 크기에 매우 민감하다. 왜냐하면 사례수가 적어지면 그만큼 요인분석에 사용되는 상관계수가 불안정하게 산출되기 때문에 요인분석결과를 해석하는데 매우 주의해야 한다.
다변량 정상성	② 연구목적이 요인간의 관계에 있는 경우에는 관계없지만, 잠재적인 요인수에 대한 통계적인 추론을 하고자 한다면 다변량정상성을 가정해야 한다. 즉, 모든 변인들의 가능한 선형조합이 정상분포를 이룬다는 다변량정상성이 확보되어야 한다.
변인들의 선형적 관계	③ 요인분석에서는 일반적으로 변인간의 적률상관(Pearson의 적률상관)을 이용하기 때문에 변인간의 직선적인 관계(선형성)를 가정한다(다변량정상성).
다중공선성 (multicollinearity)	④ 변인들간에 다중공선성이 있다는 의미는 중복된 정보를 갖는 것을 의미하므로 요인분석에서 제외되어야 한다. 이를 파악하기 방법으로, 중다상관자승(SMC: multiple R^2)은 변인들간의 선형조합의 정도를 나타내는 커뮤넬리티이다. 따라서 커뮤넬리티가 1.0에 가까우면 다중공선성이 있다고 판단 할 수 있다.
표본의 상관행렬	⑤ 부분 상관계수(partial correlation coefficient)의 적절성 KMO(Kaiser-Meyer-Olkin)의 표본적절성 측정치 Bartlett의 구형성검증(spericity test) 요인분석될 변인간의 상관

4) 주성분분석의 종류

데이터를 표준화하지 않고 직접 원 데이터에 대해서 주성분분석을 적용하는 방법을 [분산공분산행렬로부터 출발하는 주성분분석]이라 하고, 표준화한 데이터에 대해서 주성분분석을 적용하는 방법을 [상관행렬로부터 출발하는 주성분분석]이라고 한다.

어느 쪽의 행렬로부터 출발하느냐의 판단기준은 다음과 같이 생각할 수 있다.

(1) 각 변수의 측정단위가 다르다. ······▶ 상관행렬

(2) 각 변수의 산포도 차이를 반영시키고 싶다. ······▶ 분산공분산행렬

(3) 각 변수의 산포도 차이를 반영시키고 싶지 않다. ······▶ 상관행렬

(4) 그 밖에 ······▶ 양쪽 적용

5) 분산공분산행렬

이제 세 개의 설명변수 x1, x2, x3로 이루어지는 다변량 데이터가 있다고 한다. 이것들을 기초로 변수마다의 분산(variance)과 두 변수마다의 공분산(convariance)을 계산하여 다음과 같은 형태로 정리한 행렬을 분산공분산행렬이라고 한다.

6) 요인분석의 목적

많은 변수들을 적은개수의 주성분변수나 요인변수로 축소한다.

SPSS 요인분석에서는 주성분분석(Principal Component Analysis)과 요인분석(Factor Analysis)을 할 수 있다.

(1) 주성분분석

많은 수의 변수를 정보의 손실을 최소화 하면서 하나 또는 몇 개의 종합적 지표(주성분)로 요약하는 분석이다. 예를 들면, 여러 개의 시험 성적을 통합한 종합적 성적을 만들고자 하거나, 여러 가지 증상들을 통합한 종합적

질병 중증도를 만들고자 할 겨우, 각 지역의 사회경제적 현상(인구수, 학력, 총고용수, 주택가격 등)에 관한 데이터를 가지고 적은 개수의 사호경제적 지표를 구성하고자 할 경우에 주성분분석을 할 수 있다. 즉, 주성분분석은 변수의 차원을 축소하여 자료를 요약하는 것을 주목적으로 한다.

(2) 요인분석

많은 수의 변수들이 가지고 있는 정보를 소수 몇 개의 잠재적 요인(Factor)에 의하여 설명하고자 하는 분석이다. 예를 들면, 성격검사의 많은 문항들은 몇 가지 성격특성(요인)들로 구분할 수 있는데 이와 같이 여러 개의 관련 있는 문항(변수)들을 하나의 요인으로 묶어서 차후의 분석(선형회귀분석, 판별분석, 군집분석 등)에 사용하기 위한 분석이다. 요인분석은 구체적으로 다음과 같은 목적으로 이용될 수 있다. ① 변수들을 축소한다. 많은 문항(변수)들을 적은 수의 요인 변수로 줄려준다. ② 불필요한 문항(변수)을 제거한다. 몇 가지 주요한 요인에 영향을 거의 주지 못하는 문항들을 제거할 수 있다. ③ 변수들의 특성을 파악한다. 변수들은 상호 독립적인 몇 가지 요인으로 축소되는데 그 요인들의 특성을 파악함으로서 변수들을 이해할 수 있다. ④ 측정도구의 타당성(validity)을 알 수 있다. 하나의 특성을 측정하기 위해 여러 개의 문항(변수)들을 사용했을 경우에 이 문항들이 요인분석에서 한 개의 요인으로 묶여지는 것은 그 측정도구가 타당함을 나타내준다.

7) 사용되는 변수의 척도

순서척도, 구간 비율척도 몇 개의 개념을 잠재적으로 대표하는 많은 수의 변수(문항)들이 필요하다. 변수들은 순서척도(가능하면 5점 척도 이상)나 구간 비율척도로 측정되어야 한다.

8) 보조 통계분석이나 그래프

각 변수들의 히스토그램을 그려서 정규성 검토주성분분석에서는 일반적으로 변수를 축소, 요약하는데 목적이 있기 때문에 정규성을 검토할 필요가 없다. 그러나 요인분석에서는 변수들이 정규분포를 따른다는 가정이 필요하다. 특히 요인점수(factor score)를 후속 분석에서 사용하고자 할 때 필요하다. 케이스 수가 많은 경우(변수 개수보다 적어도 50개 이상)에는 반드시 필요하지는 않으나, 케이스 수가 적은 경우에는 각 변수들의 히스토그램을 그려서 정규분포와 너무 동떨어진 변수를 찾고 이 변수에 대해서는 변환을 하여 사용하는 것이 좋다.

9) SPSS WIN 요인분석(FACTOR ANALYSIS) 설문지 작업

이것은 SPSS Win 17.0 프로그램을 이용한 통계 처리와 결과 해석에 도움이 될 수 있도록 작성한 것입니다. 그래서 프로그램 자체의 사용법보다는 통계 처리와 결과 해석만을 다루었습니다. 곧, SPSS data edit 창의 메뉴 중에서 [Statistics]에 해당되는 내용입니다.

여기에서 분석에 쓰인 자료는 “전문직 종사자의 전문직업성과 직업만족도에 대한 연구('95)”에 쓰인 방송연기자(TV 탤런트) 100명을 대상으로 한 설문조사 자료입니다.

여기에서 요인분석을 통해 측정하는 이론 변수는 전문직업성(professionalism)으로 홀(Hall)의 전문직업성 척도를 사용하여 측정한다. 이 척도는 50개의 문항으로 이루어져 있으며 리커트(likert) 척도로 되어있다. 홀은 전문직업성을 다섯가지 개념적인 차원으로 구분하였는데(Hall,1968: 92-104) 여기에서는 스니젝(Snizek,1972: 109-114)이 홀의 전문직업성 척도를 이용하여 경험분석을 재차 시도한 것 중 신뢰도가 높았던 문항을 사용한다.

(1) 전문조직에의 준거성

(The use of the professional organization as a major reference)

* 전문직업 조직들은 전문직의 가치, 신념, 그리고 정체성을 강화한다.

전문직업인들이 이러한 조직에 대해 얼마나 준거성을 갖는가를 측정하기 위해 홀은 이를 다음과 같은 문항으로 척도를 구성하여 측정하였다.

① 나는 체계적으로 전문가 조직(협회)의 잡지(기관지)를 읽는다(변수 proo).

② 나는 내 지역에 있는 전문가 조직(협회)에 가입해 있다(변수 prof).

③ 협회가 동료들과 의견을 교환하는 장을 마련해주기 때문에 즐겁다(변수 pros).

④ 나는 전문가 조직(협회)이 나를 지원해주리라고 믿는다(변수 proj).

⑤ 내 동료의 대부분은 전문가 조직에 가입해 있다(변수 prov).

(2) 공적봉사심(Belief in Public Service)

* 전문직은 사회에 필수불가결하며 유익한 것이다. 이에 대해서는 다음과 같은 문항으로 측정하였다.

① 다른 직업보다 나의 직업이 사회적으로 공익에 기여한다(변수 poa).

② 다른 직업보다 나의 직업이 본질적으로 사회에 기여이다(변수 pron).

③ 나의 직업의 공익성은 아무리 강조해도 지나치지 않다(변수 pror).

④ 어떤 직업이 필수불가결하다면 그것은 바로 우리직업이다(변수 proi).

⑤ 다른 어떤 직업도 나의 직업보다 유익하지 않다(변수 proe).

(3) 자기 통제에 관한 믿음(Belief in Self-Regulation)

* 자기 통제에 대한 믿음은 동료 전문직 종사자들을 스스로 통제해야 한다는 태도를 의미한다. 곧 외부인사에 의해서가 아니라 단지 전문직 동료들만이 지신들의 일에 대해 평가하고 판단할 수 있다는 것이다.

① 나의 동료 전문가들은 서로에 대해서 잘 평가할 수 있다(변수 prop).

② 전문직 기준을 어기는 사람은 그의 동료 전문가들에 의해서 판단되어야 한다(변수 prot).

③ 우리 직업의 문제들은 동료들 이외에는 알지 못한다(변수 prol).

④ 우리는 동료들을 평가할 진정한 방법을 알고 있다(변수 proh).

⑤ 외부인이 우리의 일을 판단할 기회란 많지 않다(변수 proc).

(4) 소명의식(Sense of the Field)

* 전문가들이 자신의 일에 완전히 몰두함으로써, 직업은 그 자체가 목적이며 목적을 위한 수단이 아니라는 점을 측정하는 문항들이다.

① 우리 직업에 종사하는 사람들은 자신의 직업에 소명의식을 갖는다(변수 prok).

② 자신의 일에 대한 헌신은 가장 큰 기쁨이다(변수 prob).

③ 수입이 감소하더라도 우리 직업에 종사하는 사람들은 일을 계속할 것이다(변수 prog).

④ 자신의 일을 믿지 않는 사람들은 아주 작다(변수 proq).

(5) 자율성(Autonomy)

* 자율성은 자신의 작업에 관한 결정을 하는데 있어서 외부의 강압과 통제를 받지 않는 것을 의미한다.

① 나는 내가 해야 할 직업 활동에 대해서 나 스스로 결정한다(변수 prom).

② 내가 판단하지 않고 직업 활동을 결정하는 경우란 별로 없다(변수 prou).

③ 나는 일하는 모든 상황에서 책임지는 위치에 있다(변수 prod).

10) SPSS WIN 예제: 전문직업성 측정 분석법

통계(Statistics) ▶

데이터 축소(Data Reduction) ▶

요인분석(Fator Analysis)

윈도우 상에서 요인분석을 선택한다. 변수(V)에는 왼쪽 상자에 있는 전문직업성 문항 22개(poa에서 prov까지)를 선택하여 옮긴다. 기술통계(D) 대화상장에서 일변량 기술통계(U), 초기해법(I), 상관계수(C), 유의수준(S), KMO와 Bartlett의 구형성 검정 등을 선택한다. 요인추출(E) 대화상자에서 방법은 주성분 분석을 선택한다. 주성분법은 변수들을 요인들의 선형결합으로 가정하는 것으로 기본 설정으로 되어 있다. 추출에서는 고유값

(eigenvalue)이 1 이상으로 기본 설정되어 있다. 이외에는 기본설정대로 돌려본다.

표 6-11. 각 변수들의 평균과 표준편차, 분석된 사례수

	평균 Mean	표준편차 Std. Deviation	Analysis N
PROB	4.74	.47	87
PROC	3.71	1.10	87
PROD	3.98	.99	87
PROE	3.94	1.18	87
PROF	4.23	1.04	87
PROG	4.05	1.06	87
PROH	3.60	1.02	87
PROI	4.74	.60	87
PROJ	3.15	1.24	87
PROK	4.00	.94	87
PROL	3.90	1.00	87
PROM	4.38	.84	87
PRON	4.41	.64	87
PROO	3.39	1.27	87
PROP	3.31	1.02	87
PROQ	3.71	.95	87
PROR	4.56	.64	87
PROS	3.31	1.17	87
PROT	3.62	1.33	87
PROU	3.92	1.12	87
PROV	4.39	.75	87
POA	1.48	.63	87

* 각 변수들의 평균과 표준편차, 분석된 사례수가 제시되어 있다.

표 6-12. Kaise-Meyer-Olkin(KMO) 측도와 구형성검정치

Kaiser-Meyer-Olkin Measure of Sampling Adequacy.		.587
Bartlett's Test of Sphericity	Approx. Chi-Square	459.631
	df	231
	Sig.	.000

* Kaise-Meyer-Olkin(KMO) 측도는 변수쌍들 간의 상관관계가 다른 변수에 의해 잘 설명되는 정보를 나타내는 것이므로 이 측도의 값이 적으면 요인분석을 위한 변수들의 선정이 좋지 못함을 나타낸다. KMO 값이 .90 이상이면 좋은 것이며 .50 이하이면 받아들일 수 없는 것으로 판정한다. 이 경우 .587로 받아들일 수는 있으나 바람직하지 않은 상황임을 알 수 있다.

* Bartlett의 구형성검정치(Sphericity)는 "상관관계 행렬이 단위행렬이다"라는 영가설을 기각할 수 있는지를 보여주는 결과치로 영가설이 기각되지 않을 경우 요인분석 모델을 사용할 수 없다. 위의 22개 변수에 대한 분석결과의 검정치가 459.631이고 이 값의 유의수준이 .000이므로 영가설은 기각된다. 따라서 요인분석의 사용이 적합하며 공통요인이 존재한다고 결론을 내릴 수 있다.

표 6-13. 주성분 분석에 의한 각 변수의 공통성

	Initial	Extraction
PROB	1.000	.637
PROC	1.000	.617
PROD	1.000	.672
PROE	1.000	.593
PROF	1.000	.697
PROG	1.000	.752
PROH	1.000	.695

PROI	1.000	.680
PROJ	1.000	.683
PROK	1.000	.711
PROL	1.000	.622
PROM	1.000	.767
PRON	1.000	.745
PROO	1.000	.628
PROP	1.000	.711
PROQ	1.000	.761
PROR	1.000	.720
PROS	1.000	.719
PROT	1.000	.686
PROU	1.000	.676
PROV	1.000	.729
POA	1.000	.848
Extraction Method: Principal Component Analysis.		

* 이것은 공통성에 대한 내용으로 각 변수의 초기값과 주성분 분석에 의한 각 변수의 공통성이 제시되어 있다. 이 결과에서 중요한 것은 공통성이 낮은 변수를 찾는 것으로 공통성값이 .40이하인 경우 분석에서 제외하는 것이 좋다.

표 6-14. 회전된 성분행렬과 요인값

	Initial Eigenvalues			Extraction Sums of Squared Loadings			Rotation Sums of Squared Loadings		
Component	Total	% of Variance	Cumulative %	Total	% of Variance	Cumulative %	Total	% of Variance	Cumulative %
1	3.771	17.139	17.139	3.771	17.139	17.139	2.253	10.242	10.242

2	2.208	10.034	27.174	2.208	10.034	27.174	2.204	9.338	19.580
3	1.733	7.877	35.051	1.733	7.877	35.051	1.762	8.010	27.590
4	1.638	7.448	42.498	1.638	7.448	42.498	1.579	7.176	34.766
5	1.352	6.146	48.644	1.352	6.146	48.644	1.577	7.170	41.936
6	1.293	5.876	54.520	1.293	5.876	54.520	1.574	7.157	49.093
7	1.153	5.239	59.759	1.153	5.239	59.759	1.562	7.099	56.191
8	1.133	5.148	64.907	1.133	5.148	64.907	1.561	7.094	63.285
9	1.070	4.862	69.769	1.070	4.862	69.769	1.427	6.484	69.769
10	.873	3.968	73.738						
11	.811	3.685	77.423						
12	.709	3.224	80.646						
13	.680	3.091	83.737						
14	.606	2.752	86.490						
15	.558	2.538	89.028						
16	.517	2.351	91.379						
17	.470	2.136	93.515						
18	.370	1.681	95.196						
19	.324	1.472	96.668						
20	.299	1.357	98.025						
21	.227	1.032	99.057						
22	.207	.943	100.000						

Extraction Method: Principal Component Analysis.

* 고유값이 1 이상인 요인은 모두 9요인임을 알 수 있다. 이론적으로 설정한 5가지의 요인 보다 많음을 알 수 있다. 여기에서 중요한 것은 요인의 수를 가능한 줄이면서 설명력을 높이는 것이다. 이외에 요인 스크리 도표와 성분행렬, 회전된 성분행렬 등이 제시되는데 이중에서 중요한 것은 회전된 성분행렬로 여기에서 제시된 값을 요인값으로 제시하게 된다.

표 6-15. 베리맥스법

	Component								
	1	2	3	4	5	6	7	8	9
PROR	.827	.107	-4.605E-02	-1.773E-02	-6.655E-03	-2.153E-03	-2.570E-02	-4.614E-03	.144
PROI	.790	7.155E-02	5.367E-02	.121	-6.655E-02	-3.138E-02	1.340E-02	6.548E-02	.150
PROV	.650	.338	.222	.173	.128	2.293E-03	1.276E-02	.212	-.228
PROE	.422	-.115	.182	-.371	.274	.244	-.160	-.251	-9.178E-02
PROF	.125	.753	.106	7.911E-02	.129	-9.188E-04	6.759E-02	.112	.252
PROO	.232	.746	2.225E-03	-4.011E-02	-7.250E-03	-6.144E-02	6.166E-02	7.932E-02	-3.697E-02
PROJ	-7.246E-02	.627	-.119	7.061E-02	.108	.474	2.301E-02	-6.443E-02	.156
PROU	-4.459E-03	-9.369E-02	.786	.189	8.309E-02	-5.811E-02	6.940E-03	-4.858E-02	3.457E-02
PROB	9.760E-02	9.268E-02	.727	1.210E-02	-.100	-2.088E-02	2.665E-02	.147	.239
PROM	.118	.162	.148	.752	1.494E-02	.345	.142	2.283E-03	1.944E-02
PROC	8.036E-02	-6.466E-02	.127	.729	1.482E-02	-.171	-.120	.113	-4.583E-02
PROT	.111	.164	9.573E-03	6.917E-02	.773	-.114	.150	6.605E-02	-7.017E-02
PROS	-.182	.249	-1.438E-02	-.114	.543	.400	-.350	-2.534E-02	.181
PROD	.180	.308	.494	8.715E-02	-.501	.146	6.010E-02	7.327E-03	-.131
PROQ	2.132E-02	-2.068E-03	-3.115E-02	7.817E-03	-9.712E-02	.858	3.268E-02	6.725E-02	8.887E-02
PROH	-7.112E-02	.292	.198	5.958E-02	-8.982E-02	-1.812E-02	.736	4.349E-02	-.101
PROP	7.480E-04	-.129	-8.530E-02	-.224	.349	.191	.677	.133	5.505E-02
PROL	3.580E-02	1.450E-02	-.289	.264	-9.960E-02	-.295	.493	-.238	.265
POA	2.200E-02	-8.148E-02	-2.767E-02	-1.818E-02	-2.810E-02	-3.385E-02	6.503E-02	-.912	-5.178E-02
PRON	.347	8.549E-02	.111	.240	5.223E-02	5.006E-02	.307	.654	.141
PROG	.116	.116	.271	-.158	-.215	-1.084E-02	-1.655E-02	.209	.732
PROK	.142	.178	4.352E-02	.138	.306	.275	1.997E-02	-1.661E-02	.684

Extraction Method: Principal Component Analysis.
Rotation Method: Varimax with Kaiser Normalization.
a Rotation converged in 12 iterations.

* 이것은 베리맥스법에 의해서 12번의 반복계산 후에 얻어진 요인별 부하계수이다. 이 방법에 의해 22개의 변수는 9개의 요인으로 묶어졌음을 알 수 있다.

이어서 이론적인 차원을 고려하여 요인수를 임의로 5를 주어 주성분 분석을 실시하였다. 그 결과 소명의식 부분이 하나의 차원을 구성하지 않는 것으로 나타났으며 이러한 결과는 방송연기자의 전문직업성을 구성하는 요인 중에서 소명의식은 하나의 차원으로 구성되기 어렵다는 점을 보여준다.

우리나라 방송연기자의 경우 전문직업성에 있어서 소명의식이 독립적인 차원을 구성하지 못하다고 보고 요인수를 4개로 제한하여 다시 주성분 분석을 하였다. 이때 1차 요인분석 결과(5가지 요인으로 제한한 결과), 요인별 부하계수가 0.5 이하인 문항을 제외하고 동시에 개념적으로 관련이 없는 문항이 포함된 경우에도 제외하였다. 이렇게 해서 최종적으로 분석에 사용된 변수는 총 9개 문항이었다. 9개 문항을 가지고 요인분석을 한 결과는 다음과 같다.

표 6-16. 제외 후 2차 평균과 표준편차, 분석된 사례수

	Mean	Std. Deviation	Analysis N
PROD	3.97	1.00	90
PROF	4.22	1.06	90
PROI	4.74	.59	90
PROL	3.90	.98	90
PROR	4.57	.64	90
PROS	3.30	1.16	90
PROU	3.90	1.15	90
PROH	3.58	1.02	90
PROJ	3.14	1.25	90

표 6-17. 제외 후 2차 회전된 성분행렬과 요인값

	Initial Eigenvalues			Extraction Sums of Squared Loadings			Rotation Sums of Squared Loadings		
Component	Total	% of Variance	Cumulative %	Total	% of Variance	Cumulative %	Total	% of Variance	Cumulative %
1	2.046	22.736	22.736	2.046	22.736	22.736	1.751	19.451	19.451
2	1.632	18.135	40.871	1.632	18.135	40.871	1.641	18.231	37.682
3	1.311	14.566	55.437	1.311	14.566	55.437	1.451	16.120	53.802
4	1.239	13.768	69.204	1.239	13.768	69.204	1.386	15.403	69.204
5	.798	8.869	78.073						
6	.660	7.336	85.409						
7	.516	5.737	91.146						
8	.475	5.273	96.418						
9	.322	3.582	100.000						

Extraction Method: Principal Component Analysis.

표 6-18. 제외 후 2차 베리맥스법

	Component			
	1	2	3	4
PROJ	.851	6.155E-02	9.528E-03	9.613E-05
PROF	.737	.205	.234	.224
PROS	.641	-.175	-.255	-.483
PROI	1.816E-02	.872	.119	-1.975E-02
PROR	.111	.869	-5.508E-03	1.545E-02
PROD	.123	.169	.792	.138
PROU	-4.229E-02	-3.705E-02	.776	-.141
PROH	.183	-.115	.171	.755
PROL	-.100	7.565E-02	-.239	.702

Extraction Method: Principal Component Analysis.
Rotation Method: Varimax with Kaiser Normalization.

a Rotation converged in 6 iterations.

* 위에서 제시된 2차 요인분석의 결과를 요약하여 제시하면 다음과 같다. 2차 요인분석 결과 4개의 요인이 설명하는 변량의 총계는 69.2%로 설명력이 있는 것으로 나타났으며 요인 수를 4가지로 제한하지 않아도 변량이 1.0 이상인 요인수가 4개로 나타났다.

⇒ 요인 1은 전문조직에의 준거성에 해당하는 문항으로 proj, prof, pros 등 세 문항으로 구성되며 각각의 요인별 부하계수는 .851, .737, .641이다. 요인 2는 공적 봉사심에 해당하는 문항으로 proi, pror 등 두 문항으로 구성되며 각각의 요인별 부하계수는 .872, .869이다. 요인 3은 자율성으로 prod, prou 등 두 문항으로 구성되며 각각의 요인별 부하계수는 .792, .776이다. 요인 4는 자기통제에 관한 믿음으로 proh, prol 등 두 문항으로 구성되며 각각의 요인별 부하계수는 .755, .702이다. Rotated Component Matrix(a)Total Variance Explained Descriptive Statistics Rotated Component Matrix(a)설명된 총 분산(Total Variance Explained) 공통성(Communalities) KMO and Bartlett's Test기초 통계치이다.

제7장 기초통계 종류

1. 통계기법과 데이터의 종류
2. 통계학의 개요
3. 모집단과 표본
4. 통계의 기초 개념과 분석
5. 확률공리와 추정
6. 가설검정(test of hypothesis)
7. 통계적 검정의 오차
8. 확률변수와 이항확률변수
9. 회귀분석(regression analysis)
10. 다변량분산분석(MANOVA)
11. 검정통계량
12. 유의수준(a) 및 유의확률(p)
13. 기술통계분석 이란?
14. 빈도분석(frequencies)

제7장 기초통계 종류[2)]

1. 통계기법과 데이터의 종류

1) 카이스퀘어 법: 명목변인간의 상호관련성 여부에 관해 검정하는 하는 기법으로 일반 설문조사의 90% 이상이 이 검정 적용을 요구한다.
2) t-검정(명목*동간 이상): 두 집단간 평균치 차이가 있는지 검정(독립표본, 대응표본, 일표본)
3) 분산분석(명목*동간 이상): 세 집단 이상의 집단의 평균치 차이 검정(일원, 이원,.....n원)
4) 상관분석: 두 연속변수의 선형 상관계수를 나타내는 기법; 인과관계는 없음; 한 변수가 다른 변수의 설명 정도를 보여 줌
5) 회귀분석: 독립변수와 종속변수 사이의 관계식 찾는 기법
6) 주성분 분석: 여러 변수들의 변량을 주성분이라 불리우는 보다 적은 수의 변수로 요약하는 기법
7) 요인분석: 여러 변수들간의 관계를 고려하여 내면에 잠재되어 있는 공통요인을 찾아내는 분석기법

1) 데이터의 종류

(1) 데이터는 양적 데이터와 질적 데이터로 나뉜다.
(2) 질적 데이터에는 명명척도와 순위척도가 있다
(3) 양적 데이터에는 동간척도와 비율척도가 있다

---

2) 인터넷 다음카페(2010). cafe.daum.net/spssmaster,spss,Amos 논문통계도우미,석박사 통계분석(전체내용)

(4) 명명척도는 명사로 이루어져 있고

(5) 순위척도는 숫자로 나타나되 순서의 의미만 가진다. 동간이나 비율의 개념은 포함하지 않는다.
리컬트척도는 순위척도이나 통계처리의 경우 동간으로 간주하여 사용한다.

(6) 동간척도와 비율척도의 차이는 전자와는 달리 후자는 배 혹은 비율의 개념을 가진다. 예를 들어 온도의 경우 30도가 15도보다 두배 더 덥다고 표현할 수 없지만 30cm자가 15cm자보다 두배 더 길다고 말할 수 있다. 전자는 동간척도이고 후자는 비율척도이다.

2. 통계학의 개요

1) 통 계

집단 현상에 대한 수집된 자료를 정리하여 그 자료가 나타내고 있는 의미를 항목별로 어떤 수치로서 표시하고 분석해서 설명하는 것이다.

2) 통계학(statistics)

과학적인 이론에 근거하여 연구 목적에 필요한 자료를 최적한 방법으로 수집하고 과학적인 이론에 의하여 정리, 분석하는 방법을 제시해 주는 학문이다.

현대 사회에서 통계학은 인문, 사회, 자연과학에 모두 이용되고 있으며, 또 그 중요성이 강조되고 있다. 그 이유는 통계적 방법의 과학성이다. 통계학에서는 막연한 추측이나 의사결정을 허용하지 않는다. 과학적인 이론에 근거하여 우리의 관심사에 대한 정확한 대상이 선정되어야 하며, 연구목적에 필요한 자료와 정보가 경제성과 정밀도를 고려하여 최적한 방법으로 수집되고, 수집된 자료는 과학적 이론에 의하여 정리, 분석되어야 한다. 이러한 방법을 제시해 주는 것이 바로 통계학이다.

3) 통계학의 종류

(1) 기술 통계학(descriptive statistics)

통계 자료를 수집, 정리하여 표나 그래프를 사용해서 표현하고, 자료를 요약하여 대표값이나 산포도와 같은 자료의 전반적인 특성을 수량화해서 나타내는 방법을 다루는 분야이다.

〈예〉 합계, 평균, 분산, 상관계수, 교통사고계수, 운동선구 기록 등

(2) 추측 통계학(inferential statistics)

불확실성이 내포된 상황 아래서 올바른 의사결정을 하기 위해 주어진 자료를 분석하여 현재의 상태를 파악하거나 미래의 현상을 예측하는데 도움을 주는 통계적 추론을 다루는 분야이다. 이는 확률론이 바탕이 된다.

〈예〉 모집단, 표본, 모수, 표본통계량, 추정, 가설검정 등

3. 모집단과 표본

1) 모집단

연구조사의 대상이 되는 전체집단을 모집단(population)이라고 정의한다.

가령, 진주지역 주민의 교육만족도 조사연구의 주제로 만족도를 알아보기 위해 200명을 선정하여 연구조사를 실시한다고 할 때, 모집단은 진주지역 주민 전체가 되며, 표본은 이들 중 선출된 200명이 된다. 모집단은 연구조사의 목적과 주제에 따라 그 대상을 달리한다.

2) 표 본

일반적으로 연구조사는 모집단 전체를 대상으로 진행할 수 없기 때문에 모집단의 일부만을 뽑아 조사를 실시한다. 모집단의 성격과 특징을 파악하기 위해서 모집단의 일부만 추출한 것을 표본이라고 하는데, 표본의 크기는 여론조사의 목적과 연구조사 담당자의 판단, 예산 등에 따라서 달라질 수 있다.

표본의 크기가 무조건 크다고 해서 조사에 신뢰성이 있는 것은 아니며, 조사의 신뢰성은 표본의 크기보다는 표본추출의 대표성에 있다.

가령, 한 연구생이 위의 진주지역 주민의 교육 만족도를 조사한다고 할 때, 편의상 담당 학교에서 500명을 대상으로 설문조사를 한다고 하면, 이는 각 학교나 구역별 대표성을 가진 250명의 표본조사를 신뢰성에 미치지 못한다고 할 수 있다.

3) 표본오차

모집단에서 추출한 표본이 모집단의 특성과 일치하지 않아서 생기는 확률의 차이를 표본오차(Sampling Error) 또는 표집오차라고 한다. 즉, '95% 신뢰수준, 표본오차 ±3%'라는 의미는 표본 추출을 하여 연구조사를 실시한 결과가 모집단의 특성과 맞을 확률이 95% 범위 안에 있다는 의미이고, 표본오차가 ±3%라는 의미는 조사 결과의오차 범위가 -3% ~ +3% 사이에 존재한다는 것을 의미한다.

가령, 우리 매스컴을 통해 쉽게 접할 수 있는 예로, 대통령 후보의 지지율 여론조사에서 모 후보의 지지율이 '95% 신뢰수준, 표본오차 ±3% 범위에서 26.5%로 조사됐다면 실제 지지율은 23.5~29.5% 사이에 나타날 수 있다는 말이며, 이러한 결과는 95% 정도는 믿을 수 있고, 5% 수준에서 틀릴 가능성이 있다는 뜻이다.

4) 표본분포

통계조사의 목적은 모집단에 대한 정보를 알아내는 것이다. 여기서 모집단에 대한 정보란, 많은 경우에 모집단의 평균 또는 모집단의 분산과 같은 모집단의 특성값을 말한다. 이러한 모집단의 특성값을 모수(parameter)라 한다.

모집단의 특성값은 모집단 전체를 조사하여야만 알 수 있다. 그러나 대부분의 연구에서는 모집단 전체를 조사한다는 것은 불가능하기 때문에 일반적으로 모수는 미지로 남게 된다. 이러한 경우, 모집단으로부터 표본을 뽑고 표본으로부터 계산되는 표본의 평균 또는 표본의 분산과 같은 표본의 특성값, 즉 통계량을 이용하여 모수를 추정하게 된다.

5) 표본추출(sampling)

(1) 단순임의 추출(simple random sampling)

N개의 요소들로 이루어진 모집단으로부터 n개의 요소(크기가 n인 표본)을 추출하는 방법으로서 모든 (N n)개의 표본들이 추출되어질 확률은 1/(N n)이다.

(2) 층화추출(stratified random sampling)

동질성이 있는 것끼리 묶는 것으로 분산을 줄일 수 있다. 모집단 내의 모든 요소는 어느 한 부모집단에 포함되어야 한다.

(3) 집락추출(clustet sampling)

최소의 비용으로 정해진 정보를 얻는데 적절한 조사방법이다. 이 방법은 모집단에 대한 추출틀을 만들기는 어려우나 집락의 추출틀은 만들기 쉬운 경우에 적절하다.

(4) 계통추출

모집단 N을 모를 때 적절한 간격을 설정하고 요소를 추출한다.

4. 통계의 기초 개념과 분석

1) 대표값

(1) 대표값(central mean)의 정의

측정형 자료의 경우에는 돗수분포표로부터 자료의 특성을 파악할 수도 있지만 측정값들을 객관적으로 대표할 수 있는 측도들을 많이 사용하게 된다. 주로 주어진 자료들이 어떤 값을 중심으로 분포되어 있는가를 나타내는 것으로서, 통계집단의 자료전체를 하나의 수치로 요약하여 대표시킨 값을 대표값이라 한다.

(2) 대표값의 종류

① 계산적 대표값

모든 변량이 계산에 참여하는 추상적 대표값으로서, 극단적인 값의 영향을 받는 대표값이다. 여기에는 산술평균(arithmetic mean), 기하평균(geometric mean), 조화평균(harmonic mean), 평방평균(quadratic mean)이 있다.

② 산술평균

×1, ×2, ×3의 자료가 있을 때 이 자료들의 산술평균값은, (×1+×2+×3)/3이다.

2) 위치적 대표값

모든 변량이 계산에 참여하지 않는 구체적 대표값으로서, 극단적인 영향을 받지 않는 대표값이다.

여기에는 중위수(median), 최빈수(mode), 사분위수(quartile)가 있다.

(1) 중위수(median)

n개의 자료를 크기순으로 배열했을 때,

n개가 홀수이면 (n+1)/2 번째의 값(중앙값)

n개가 짝수이면 n/2번째와 (n/2)+1 번째값의 산술평균이다.

(2) 최빈수(mode)

변량들 중에서 제일 여러번 나오는 수, 즉 빈도가 제일 높은 수를 말한다.

(3) 사분위수(quartile)

자료의 총 돗수가 많을 때 중위수의 개념을 확대하여 주어진 자료를 크기순으로 나열해 놓는데, 이 자료를 4등분했을 때 각각에 해당하는 변량을 말한다. 여기에서 제 p사분위수라 함은 자료를 크기 순서로 늘어놓았을 때 적어도 p%의 관측값이 그 값보다 작거나 같고, 또한 적어도 (100-p)%의 관측값이 그 값보다 크거나 같게 되는 값을 말한다.

제1사분위수 = 제 25백분위수

제2사분위수 = 제 50백분위수

제3사분위수 = 제 75백분위수

예를 들어, 계산적 대표값과 위치적 대표값의 차이를 알아보면

〈예〉 5개의 측정값 3, 6, 8, 12, 16의

산술평균값 = (3+6+8+12+16)/5=45/5=9

중위수 = 변량의 개수가 홀수개이므로 중앙값 8이 된다.

2) 산포도

(1) 산포도(measure of dispersion)의 정의

대표값과 더불어 분포의 형태를 나타내는 중요한 척도로서, "변량들이 대표값 주변에 얼마나 흩어져 있는가" 그 정도를 측정하는 값이다.

(2) 산포도의 종류

① 절대적 산포도

계량 단위가 같거나 대표값의 차이가 적은 두 자료의 산포를 비교하기 위하여 사용한다.

* 범위(range) : 자료의 집합에서 최대 측정값과 최소 측정값의 차이를 말한다.

* 평균편차(mean deviation) : 변량들의 산술평균을 구하여 이 산술평균과 각 변량간의 편차에 절대값을 취해 이들에 대한 산술평균을 구한 것을 말한다.

* 사분편차(quartile deviation) : 대표값 중 제3사분위수에서 제1사분위수를 뺀 값을 2로 나눈 값이다.

* 분산(variance) : 각 변량과 산술평균의 편차를 제곱한 것의 평균을 말한다.

* 표준편차(standard deviation) : 분산의 양의 제곱근을 말한다.

② **상대적 산포도**

계량단위가 틀리거나 대표값의 차이가 큰 두 자료의 산포도를 비교하기 이하여 사용한다.

* 변이계수(coefficient of variation) : K. Pearson에 의해 만들어진 값으로 표준편차를 산술평균으로 나눈 몫이다.

* 사분위 편차계수 : 사분편차/중위수

* 평균편차계수 : 평균편차/산술평균 or 평균편차/중위수

이 밖에도 자료의 정도가 치우친 방향과 정도를 측정하는 값으로 왜도(skewness)가 있고, 돗수분포 곡선의 모양 중 정점이 얼마나 뾰족한가를 측정하는 값으로 첨도(kurtosis)가 있다.

5. 확률공리와 추정

1) 확률의 정의

(1) 수학적 확률(선험적 확률)

실제로 실험이나 조사를 통하지 않고 이론적으로 기대할 수 있는 확률, 전체 n가지 중 사건 A가 나타나는 수를 a가지라고 했을 때, 사건 A가 나타나는 확률은 P(A)=a/n이다.

(2) 통계적 확률(경험적 확률)

실제로 실험이나 조사를 통해서 n회의 조사횟수에서 사건 A가 r번 나타났을 때의 확률은 P(A)=r/n이다.

2) 확률공리

(1) 표본공간 S에서의 임의의 사상 A에 대하여 P(A)는 0보다 크거나 같고, 1보다 작거나 같다.

(2) P(S)=1

(3) 서로 배반인 사상 A1, 12, …에 대하여,

P(A1 U A2 U …)=P(A1)+P(A2)+ …를 만족할 때 P(A)를 A의 확률이라 한다.

3) 조건부확률과 독립사상

(1) 조건부 확률(conditional probability)

두 개의 사건 A, B에 대하여 사건 A가 일어난다는 선행조건 하에 사건 B에 일어나는 확률을 말한다. P(A/B)=P(A 교집합 B)/P(B)

(2) 독립사상(independent event)

사건 A의 발생여부가 사건 B가 일어나는 확률에 아무런 영향을 주지 않는다. P(A | B)=P(A), P(B | A)=P(B)

4) 추정(estimation)

(1) 추정(estimation)

전체모집단(모집단)으로부터 뽑은 표본에서 얻어진 표본의 통계량 값으로 전체집단(모집단)의 통계량 값을 추측하는 것이며, 점추정과 구간추정으로 나눈다.

(2) 점추정(point estimation)

① 정의

표본으로부터 구해낸 통계량을 근거로 모수를 추정할 때 한 개의 값으로 추정하는 방법을 말한다.

② 점 추정값

* 표본평균값 - 모집단평균값 u의 점추정값이다.
* 표본비율 - 모비율 p의 점추정값이다.

③ **점추정값이 갖추어야 할 성질**

* **불편성**(unbiasedness)

- 확률추출에서 모수와 추정량의 기대치간에 차이가 없는 성질이다. 즉, 추정량의 평균이 추정하려고 하는 모수와 같은 성질이다.

* **유효성**(efficirncy)

- 어느 추정량이 더 효율적인가 하는 문제는 두 추정량의 분산을 비교하여 결정되므로, 추정량의 분산을 가장 작은 값으로 만드는 성질을 말한다.

* **일치성**(consistency)

- 표본의 크기가 크면, 추정량이 거의 확실하게 모수에 가까워지는 성질을 말한다.

* **충족성**(sufficient)

- 얻어낸 추정량이 모수에 대한 정보를 얼마만큼 충족하는가를 나타내는 성질이다.

(3) 구간추정(interval estimation)

① **정의**

표본으로부터 구해낸 통계량을 근거로 해서 모수를 추정할 때 어떤 구간 사이에 있을 것이라고 추정하는 방법이다.

② 구간추정에는 평균의 구간추정과 모비율의 구간추정이 있다. 구간추정시 분산이 알려져 있거나(정규모집단), 유한모집단에서 대표본인 경우는 정규분포값을 이용하고, 정규모집단에서 소표본인 경우(모분산을 모를 때)에는 t-분포를 이용한다.

6. 가설검정(test of hypothesis)

1) 통계적 가설

확인되지 않은 명제로서, 모집단에 대한 추측설을 통계적 가설이라 한다.

2) 가설 검정

표본으로부터 얻어지는 정보를 이용하여 모수에 대한 예상, 주장 또는 단순한 추측 등의 옳고 그름을 판정하는 과정을 통계적 가설검정 또는 간단히 검정(test)라 한다.

3) 귀무가설과 대립가설

(1) 귀무가설(null hypothesis)

가설을 세울 때 가능한 한 기각할 목적으로 세우는 통계적 가설. H0라 표기한다.

(2) 대립가설(altemative hypothesis)

가설을 세울 때 가능한 한 채택할 목적으로 세우는 통계적 가설. H1라 표기한다.

* 귀무가설과 대립가설은 상반되는 것이다.

4) 채택역과 기각역

(1) 채택역(acceptance region)

귀무가설 H0를 채택하게 되는 부분이다.

(2) 기각역(rejection region)

귀무가설 H0를 기각하게 되는 부분이다.

7. 통계적 검정의 오차

1) 제1종의 과오(type 1 error)

귀무가설이 참일 때 귀무가설을 기각함으로써 범하는 과오

2) 제2종의 과오(type 2 error)

귀무가설이 거짓일 때 귀무가설을 채택함으로써 범하는 과오

(1) 단측검정과 양측검정

① **단측검정(one tailed test)**

기각역이 오른쪽 한 편에 있거나 왼쪽 한 편, 즉 분포 한쪽 끝에 있는 검정

② **양측검정(two tailed test)**

기각역이 오른쪽, 왼쪽 모두 끝 부분, 즉 분포 양쪽 끝에 있는 검정

3) 유의수준(significance level)

이는 가설이 옳은데도 기각하는 잘못을 범할 확률이다. 즉, 제1종 과오를 범할 확률의 최대 허용한계를 말한다. 일반적으로 유의수준은 alpha(수식이 안 올라감)라 나타내고, 이는 0.01, 0.05, 0.1을 사용한다. 유의수준 alpha 검정법이란 제1종 과오를 범할 확률이 alpha 이하인 검정법을 말한다. 유의수준은 신뢰구간의 반대개념이라 생각하면 된다.

8. 확률변수와 이항확률변수

1) 확률변수

(1) 무작위 실험을 해야 한다.
(2) 그 관측 결과에 대해서 정수를 대입시켜야 한다.
(3) 실험하기 전 그 분포가 가정되어 있다.

2) 이상확률변수

(1) n번의 베르누이실험이 독립적으로 실행해야 한다.(여기서 베르누이실험이란 결과가 오로지 2가지만 나오는 것으로서, 예를 들어 동전을 던졌을 때 앞, 뒤 2가지가 나오는 경우를 들 수 있다.)

(2) 각 베르누이실험에서 성공의 확률은 동일한 값 p이다.(동전을 예를 들 때 성공을 앞면이라 할 때 그 확률은 1/2으로 정해져 있다.)

(3) 이항확률변수는 이러한 베르누이실험의 반복에서 성공의 횟수이다.

9. 회귀분석(regression analysis)

회귀란 상관관계를 구체적인 수학적 함수관계로 파악하고 표현할 때 쓰이는 것으로 회귀관계라고 합니다. 회귀분석이란 함수적인 관련성을 규명하기 위하여 어떤 수학적 모형을 가정하고, 이 모형을 추정된 변수들의 자료로부터 추정하는 통계적 분석방법이다.

10. 다변량분산분석(MANOVA)

1) 다변량분산분석(MANOVA)의 원리

(1) 일원배치 다변량분산분석

분산분석에서와 같이 집단을 나누는 요인(집단)변수의 개수에 의해 일원배치 다변량분석분석, 이원배치 다변량분산분석 등으로 불린다. 가장 단순한 형태인 일원배치 다변량분산분석은 일원배치 분산분석과 매우 흡사하다. 단지 여기서는 하나의 종속변수가 아니고 여러 개의 종속변수 벡터를 한꺼번에 다룬다는 것이 다르다.

(2) 가정의 검토

다변량분산분석을 하기 위해서는 다음의 가정을 필요로 한다.

요인(집단)의 각 수준에서 데이터의 모집단은 동일한 공분산 행렬을 가지는 다변량 정규분포를 따른다.

즉, 정규성의 가정과 등공분산 행렬의 가정이다. 요인(집단)의 각 수준에서 데이터가 많으면(일반적으로 30개 이상)정규성을 검토하지 않아도 된다. 그러나 데이터가 많더라도 공분산 행렬이 동일한지는 검토해 보아야 한다.

2) 다변량분산분석(MANOVA)의 목적

(1) 목적

서로 상관이 있는 두 개 이상의 종속변수가 있는 경우에 두 개 이상의 집단들에 대한 종속변수의 평균(벡터) 비교

다변량분산분석의 사용 예에서 종속변수들은 각각 볼링과 골프점수의 2개 변수(예1), 꽃받침조각의 길이와 폭, 꽃잎의 길이와 폭의 4개 변수(예2),투약전, 투약후 1시간, 2시간, 3시간후 혈압의 4개 변수(예3)이다. 이와 같이 종속변수가 2개 이상이 될 때 집단간에 차이가 있는지 알아보기 위해 다변량분산분석을 사용한다.

(2) 사용되는 변수의 척도

종속변수들은 모두 구간 비율척도이고 요인(집단)변수들은 명목이나 순서척도이다.

사용 예에서 종속변수들은 모두 측정값이므로 구간 비율척도이고 요인(집단)변수는 각각 세 지역(서울, 부산, 광주), 세 가지 품종, 성별(남, 여)로서 모두 명목척도이다.

3) 다변량분산분석(MANOVA)이란

변량분산분석(Multivariate Analysis of Variance : MANOVA)은 분산분석(ANOVA)을 확장한 것이다. 분산분석은 종속변수가 하나인 경우에 집단간에 평균차이가 있는가를 검정하였으나 다변량분산분석은 종속변수가 2개 이상일 때 집단간 평균(벡터)차이가 있는가를 검정하는데 사용한다.

SPSS 다변량분산분석에서는 공분산분석, 균형불완전계획법(balanced incomplete block design), 둥지계획법(nested design), 반복측정계획법(repeated measures design)등 다양한 실험계획법의 분석이 가능한데 특히 반복측정계획법의 분석에 효율적으로 이용된다.

다변량분산분석을 사용하는 몇 가지 예를 들면 아래와 같다.

표 7-1. 다변량분산분석

구분	내용
예 1	① 고등하교 3학년 학생들의 어학실력(볼링, 골프)이 세 지역(서울, 부산, 광주)간에 차이가 있는지 알아보고자 한다.
예 2	② 세 가지 품종의 붓꽃이 꽃받침조각의 길이와 폭, 꽃잎의 길이와 폭의 4가지 변수에 대해 차이가 있는지 알아보고자 한다.
예 3	③ (반복측정계획법) 고혈압 환자들을 대상으로 특정 혈압 강하제의 효과를 알아보기 위해 투약전과 투약 후 1시간, 2시간, 3시간 등의 간격으로 혈압을 측정하였다. 시간이 지남에 따른 혈압 강하제 효과의 변화가 성별에 따라 다른지 조사한다.

11. 검정통계량

1) 검정통계량

설정된 가설을 검정하기 위해 수집된 데이터로부터 계산된 통계량을 말한다. 검정통계량도 임계치와 동일하게 귀무가설을 기각하거나 채택할 수 있는 기준치로 사용된다. 검정통계량을 계산할 때 Z 분포, T 분포, F 분포 중에서 어느 분포를 사용할 것인가는 표본의 수, 집단의 수, 모집단의 표준편차를 알고 있는지의 여부에 따라 결정된다.

① Z 분포를 검정통계량으로 사용할 경우 : 모집단의 표준편차를 알고 있으며 표본 수가 대표본인 경우

② T 분포를 검정통계량으로 사용할 경우 : 모집단의 표준편차를 모르고 표본 수가 소표본일 경우

2) 임계치와 검정통계량의 값 비교

임계치와 검정통계량의 값을 비교하여 귀무가설 기각 혹은 채택 여부를 결정하는데 이때의 영역을 기각역이라고 한다.

12. 유의수준(a) 및 유의확률(p)

1) 유의수준(α)

유의수준이란 귀무가설이 사실일 때 귀무가설을 기각할 확률 즉 제 1종 오류가 일어날 확률을 말한다. 유의수준의 최대 확률치로는 0.1, 0.05, 0.01이 있다.

2)유의확률(p)

유의확률이란 귀무가설을 기각할 수 있는 최소의 유의수준을 의미한다. 이는 SPSS의 분석결과에서 Sig 또는 p로 제시되는데, 이 유의확률이 유의수준보다 작을 경우(유의수준>p값) 귀무가설을 기각이라고 그렇지 않으며(유의수준<p값) 귀무가설을 기각하지 못한다. 유의확률이 유의수준보다 작다는 것은 관측치가 귀무가설 기각영역에 있다는 것을 의미하므로 임계치와 같은 결론을 가지게 된다.

13. 기술통계분석 이란?

기술통계 분석에서 얻어지는 결과는 빈도분석의 통계량과 거의 유사하다. 그러나 빈도분석은 이산적(discrete)인, 즉 범주형인 변수값을 다루는데 비해 기술통계분석은 연속적인 변수값을 갖는다는 점에서 빈도분석과 다르다.

1) 기술통계분석은 언제 사용하는가?

기술통계분석은 분표의 일반적 특성을 알아보고 위해 사용된다. 산포도

(Dispersion)는 특정 질문에 대한 응답이 평균값 주변에 어떻게 몰려 있는지를 알려주며, 이것을 통계학적 표현으로 기술통계 분석이라 한다.

따라서 산포도를 보면 변수값이 평균값 주변에 가까이 모여 있는 지 멀리 떨어져 있는지 알 수 있다.

2) 목적

요약통계량(평균, 표준편차)을 계산하거나 변수값을 z점수로 바꾼다.

기술통계분석은 구간 비율척도 변수들에 대해 요약통계량(평균, 표준편차 등)을 계산하거나 변수값을 표준화값(z 점수)으로 변환해서 변수로 저장할 때 사용된다. 또한 빈도분석과 마찬가지로, 구간 비율척도의 데이터에서 입력 오류를 발견하기 위해서 사용된다.

3) 사용되는 변수의 척도

구간 비율척도 변수, 순서척도 변수(범주들이 등 간격일 때)

사용되는 변수의 척도는 원칙적으로 구간 비율척도이어야 한다. 그러나 순서척도이더라도 각범주들의 간격이 등간격이라고 볼 수 있을 경우이거나 몇 개의 순서척도 변수들의 합으로 된 변수에도 적용할 수 있다.

4) 원리

(1)요약통계량(statistics)

① 중심화 경향(central tendency)

변수값들의 크기에 있어서 중심위치가 되는 값이다.

-평균(mean)

산술평균을 말한다. 변수값들의 퍼짐을 나타내는 통계량인 표준편차와 함께 가장 많이 사용하는 통계량이다.

-중위수(median)

변수값들을 크기순으로 늘어 놓았을 때 가운데에 위치하는 값이다.

-최빈수(mode)

가장 빈번하게 나타나는 변수값이다.

② 퍼짐 정도, 산포도(dispersion)

퍼짐 정도란 변수값들이 중심값으로부터 얼마나 넓게 퍼져 있는가를 나타낸다.

-표준편차(standard deviation)

변수 값들이 평균으로부터 떨어져 있는 정도를 나타내는 것으로서 중심화 경향을 나타내는 평균과 함께 가장 많이 사용된다. 데이터가 모집단인 경우와 표본인 경우 표준편차의 계산이 다르다.

-분산(variance)

표준편차의 제곱을 취한 값이다.

-범위(range)

변수값의 최대값과 최소값의 차이이다.

-평균의 표준오차(standard error of mean)

데이터가 표본인 경우에만 사용하며, 평균의 표준편차이다.

(2)정규분포(normal distribution)

표준정규분포는 평균이 0이고 표준편차가 1이다. 실제 데이터가 정확하게 정규분표를 따르는 경우는 없다. 그러나 키, 체중과 같이 동 · 식물에 대한 측정값들의 분포는 대부분 근사적으로 정규분포를 따른다.

(3)표준점수(standard scores)

데이터에서 한 값의 상대적인 위치를 나타내기 위해서 표준점수를 이용한다. 통계학에서 표준화(standardize)한다는 것은 평균을 0으로 만들고 표준편차가 1이 되도록 데이터들을 변화시키는 작업이다. 표준점수를 때때로 z 점수라고 부르기도 한다. z 점수가 1이라는 것은 1배의 표준편차만큼 평균보다 값이 크다는 것을 의미하고 z 점수가 -0.5라는 것은 0.5배의 표준편차만큼 평균보다 작은 값이라는 것을 의미한다.

5) 기술통계치의 해석과 종류

대표적인 기술통계치에는 먼저 변수들의 집중경향(central tendency)을 나타내는 값들로 평균(mean), 중앙치(median), 최빈치(mode)가 있으며, 산포의 정도를 알기 위한 값으로 최소값, 최대값, 표준편차 등이 있다.

(1) 평균(Mean)

평균값이란 정확하게 이야기하면 산술평균을 의미하는 것으로서 변수가 어떻게 집중화되어 있는가를 나타내는 값이다. 따라서 변수값에서 대표되는 수치를 찾아내어 집단의 성격을 파악하는 분석기법이 바로 평균값 분석이다. 이 방법은 수치로 집단의 성격을 간단 명료하게 설명할 수 있다는 장점을 가지고 있으며, 계산 방식도 단순하여 집단의 구성원이 갖고 있는 변수의 값을 모두 합한 다음 이것을 전체 구성원의 수로 나누면 된다.

(2) 중앙치(Median)

중앙치는 평균치와 마찬가지로 집단의 성격을 대표하는 통계분석기법의 하나로서 가운데에 있는 수를 뜻한다고 볼 수 있다. 예를 들어 한 반에 1등부터 50등까지 있을 때 25등이 그 반의 중앙치가 되는 것이다. 그러나 중위수를 계산하는 방법은 전체의 빈도수가 둘이기 때문에 두 값의 평균값이 중앙치이고, 홀수일 때는 전체의 빈도수에 1을 더하여 나누면 그 값이 중앙치가 된다.

(3) 최빈치(Mode)

최빈치는 특정 질문의 항목에 가장 많이 나온 값을 말한다. 예를 들어 한 학급의 성적 내본 결과 60점을 받은 사람이 가장 많다면 60이 최빈치가 된다.

명목척도(nominal scale) → 최빈치(mode)
서열척도(ordinal scale) → 평균치(mean)
등간척도(interval scale) → 중앙치(median)
비율척도(ratio scale) → 평균치(mean)

이 밖에도 많이 사용되는 값으로는 최소값(minimum), 최대값(maximum), 변동범위(range)가 있으며, 최소값과 최대값은 특정 질문에 해당하는 변수의 값이 가장 적은 빈도수와 가장 큰 빈도수를 말하며, 가장 큰 빈도수와 가장 적은 빈도수 간의 차이를 변동범위라고 한다.

또 하나의 중요한 값으로는 표준편차를 들 수 있다. 표준편차(Standard Deviation: 간단히 SD.라고 쓰기도 한다)는 평균값에서 어느 정도 떨어져 있는지를 알 수 있는 산포도 측정 도구이다. 표준편차를 구하는 공식은 '제곱편차의 루트값'이다. 표준편차가 작을수록 평균값 주변에 몰려 있고 클수록 평균값에서 떨어져 있다. 또한 변수값의 단위가 커지면 표준편차도 커집니다.

14. 빈도분석(frequencies)

1) 목적

도수분포표 작성 및 데이터 입력 오류 발견

빈도분석은 입력된 데이터들이 도수분포표(frequency table) 상에서 어떠한 분포적 특성을 가지고 있는지 파악하는 데 사용된다. 또한 이 분석은 데이터를 다른 통계적 방법에 적용시키기 전에 데이터에 오류가 있는지 점검하는데 유용하다. 도수분포표에서 나타나서는 안 될 데이터 값이 있다면 이것은 코딩 오류이거나 데이터 입력 오류이기 때문이다.

2) 사용되는 변수의 척도

명목척도, 순서척도, 데이터 값의 가지 수 적은 구간 · 비율척도

사용할 수 있는 변수는 성별, 종교, 등과 같은 명목척도 변수, 3점 척도, 5점 척도 등의 순서척도 변수이거나 가족 수(1명, 2명,...)와 같이 변수값의 가지 수가 15개 이내인 구간 비율척도 변수이다.

제8장 교차분석과 T검정 및 분산분석

1. 교차분석이란?
2. 실험 데이터에 대한 T 검정
3. 분산 분석(ANOVA)

제8장 교차분석과 T검정 및 분산분석[3)]

1. 교차분석이란?

교차분석(Crosstabulation)은 명목(성별, 지역별, 직업별, 교육수준별), 순위, 등간 데이터의 성향을 갖고 있는 사회의 가치 내용을 분석하기 위해 사용되는 분석기법이다. 명목 및 서열척도의 범주형 변수(Categorical variables)를 분석하기 위해 한 변수의 범주를 다른 변수의 범주에 따라 빈도를 교차분석하는 교차표를 작성하고 두 변수간의 독립성과 관련성을 분석하는데 이용한다.

1) 교차분석의 목적

두 개의 명목, 순서척도 변수들의 이차원 빈도표 작성과 관련성 분석

교차분석은 명목척도나 순서척도 변수인 두 개의 변수들 간의 관련성(association)을 알아보기 위한 분석으로서 이차원 도수분포표(이원배치표, 교차표, 분할표)를 먼저 작성하고 두 변수간의 관련성을 분석한다. 예를 몇 가지 들어보자.

(1) 커피를 좋아하는 것과 흡연 여부가 어떤 상관이 있는가?
(2) 지역에 따라 밥과 밀가루 음식의 선호에 차이가 있는가?
(3) 성별에 따라 A후보자에 대한 지지도가 다른가?

3) 인터넷 다음카페(2010). cafe.daum.net/spssmaster,spss,Amos 논문통계도우미,석박사 통계분석(전체내용)

2) 사용되는 변수의 척도

두 변수 모두 명목척도나 순서척도

교차분석을 하기 위해서는 변수값의 가지 수가 적어야한다.(대체로 10개 이내) 따라서 교차표를 만들고자 하는 두 개의 변수는 모두 명목척도나 순서척도일 것이다. 그러나 구간 비율척도 변수이더라도 변수값의 가지수가 몇 개 안되거나 원래 변수값을 코딩변경해서 순서척도로 바꾸면 교차분석을 할 수 있다.

3) 독립성 검정

통계학 이론에서는 독립성 검정(Test of indendence)과 동질성 검정(Test of Homogeneity)을 구분하고 있으나 여기에서는 독립성 검정으로서 함께 취급하고자 한다. 독립성 검정의 가설은 다음과 같다.

귀무가설H1: 두 변수는 서로 독립적이다.

대립가설H2: 두 변수는 연관성이 있다.(혹은 한 변수의 값에 따라 다른 변수 값들이 패턴 이 다르다).

귀무가설이 사실이라면 관측 빈도와 기대 빈도가 대부분 비슷할 것으로 예측된다. 따라서 대부분의 셀에서 관측 빈도와 기대 빈도가 상당한 차이를 보이면 우리는 대립가설을 채택하게 되는데 이런 정도를 판정하는 카이제곱 통계량이다.

p값이 유의수준보다 작으면 대립가설을 채택하고 p값이 유의수준보다 크면 대립가설을 채택하지 못하게 된다.

교차분석은 한 변수에 속한 빈도수와 다른 변수에 속한 빈도수를 함께 교차로 분석합니다. 이 기법은 두 변수 사이에 상관관계가 있는지, 있다면 상관관계의 정도가 강한지 아니면 약한지를 분석하는데 주로 사용한다.

빈도분포표가 한 변수의 값에 빈도수가 몇 개인지를 분석하는데 반해, 교차표는 두 변수의 값이 공유하고 있는 빈도수가 몇 개인지를 파악하는데 사용된다. 그리고 교차표에 사용할 수 있는 데이터는 명목 데이터 혹은 서열

데이터의 성향을 가진 변수여야 하며 변수값의 범위는 제한적이어야 한다. 제한적이라는 것은 변수값의 항목이 무제한적으로 있는 것이 아니라 일정한 항목만큼 있어야 한다는 것을 의미한다. 그 이유는 교차표 분석에서는 변수값이 아니라 각 변수값이 속한 빈도수를 가지고 통계분석을 하기 때문이다.

다음과 같은 설문에서 빈도분포표는 각 응답에 몇 명이나 응답했는지만 알 수 있다.

〈문제〉 1년 전과 비교하여 백화점 쇼핑횟수에 변화가 있습니까?

① 대폭 줄었다. ② 조금 줄었다. ③ 비슷하다. ④ 조금 늘었다. ⑤ 많이 늘었다.

그러나 다음과 같이 연령을 교차분석하면 '대폭 줄었다'를 선택한 사람 중에 20대가 몇 %인지 30대는 몇 %인지 분석할 수 있다. 이것은 연령뿐만 아니라 성별 직업에 따라서도 분석해 볼 수 있다.

연령 ① 20대 ② 30대 ③ 30대 ④ 50대

4) 카이자승 검증이란?

카이자승(Chi-square) 검증은 실제빈도(실제 조사를 통해 측정한 빈도수를 말하며, 실제로 '백화점 쇼핑 횟수의 변화'를 묻는 항목에서 '조금 줄었다'를 선택한 20대 남자가 39명이라면 이것을 실제 빈도라 한다)와 기대빈도(특정 집단의 분포가 전체 인구 집단의 분포와 동일한 것으로 간주하여 미리 알아본 특정 집단의 빈도수를 말하는 것으로 '백화점 쇼핑횟수의 변화'를 묻는 항목에서 '비슷하다'를 선택한 30대의 답변수가 기대빈도가 된다)의 비교 분석을 통해 두 변수간의 상관관계 여부를 파악하는데 사용하는 하나의 검증 통계값이다.

2. 실험 데이터에 대한 T 검정

데이터는 크게 관찰(observation)과 실험(experimentation)에 의하여 얻어진다.

설문조사 같은 관찰에 의한 수집방법에서는 관찰되는 대상에 아무런 조작을 가하지 않고 데이터를 수집한다. 그러나 실험에 의한 수집방법에서는 실험자가 실험대상을 통제하여 실험변수가 아닌 외적변수들의 영향을 최소화시킬 수 있다. 따라서 변수들간의 인과관계나 변수의 효과를 엄격하게 알아보고자 할 경우에는 실험방법에 의하여 데이터를 수집하는 것이 좋다.

실험을 할 경우에는, 실험 목적에 맞는 데이터를 얻기 위해서 적절한 실험계획을 세워야 한다. 실험계획법은 원래 농업에서 수확량을 증가시키는 재배방법과 관련하여 발전되었다. 이런 연유로, 실험계획에서는 비교하는 집단을 나누기 위한 집단변수의 범주를 처리(treatment) 혹은 수준(level)이라고 부른다.

1) 독립표본 T 검정 목적

두 집단의 평균 비교

케이스가 다른 두 집단의 모집단 평균을 비교하기 위한 검정이다. 각 집단의 케이스 수가 많은 경우(대표본, 일반적으로 30 이상)에는 모집단의 분포에 관계없이 사용할 수 있지만, 케이스 수가 작은 경우에는 모집단이 정규분포를 따른다는 가정을 만족하는 데이터이어야 한다.

2) 사용되는 변수의 척도

집단 변수는 명목 순서척도이고, 검정변수는 구간 비율척도

예1에서 볼링, 당구, 골프 점수와 같이 평균을 비교하고자 하는 목적(검정)변수는 구간 비율척도이어야 한다. 그리고 성별과 같이 집단을 나누기 위한 집단변수는 명목척도나 순서척도로 되어 있어야 한다. 독립표본 T 검정은 두 집단이 평균을 비교하는 분석이기 때문에 집단변수는 보통 2개의 범주를 가지는 변수이다. 그러나 3개 이상의 범주를 가지는 변수를 사용할 수 있는데 이 경우에는 3개 이상의 범주 중에서 비교하고자 하는 두 개의 범주만을 선택하여 분석한다. 또한 SPSS에서는 구간 비율척도 변수에 대해서도 집단변수로 사용할 수 있도록 하고 있다. 이 경우에는 분리점을 사용해서 두 집단으로 분리한다.

3) T 검정(T-TEST)

T 검정이란 두 개의 평균을 비교하는 분석이다.

예1) 볼링, 당구, 골프 각각의 (평균)점수는 성별에 따라 차이가 있는가?

예2) 볼링, 당구, 골프 각각의 (평균)점수에 있어서 공부 집중이 잘 되는 학생 집단과 집중이 잘 안 되는 학생 집단간에 차이가 있는가?

예3) 학생들의 볼링과 골프 점수, 당구와 골프 점수를 각각 비교해 볼 때 차이가 있는가?

위에 제시한 세 가지 질문들은 모두 두 개의 평균을 비교하는 문제이다. 그러나 자세히 살펴보면 예3은 예1과 예2와는 다른 형태의 질문임을 알 수 있을 것이다. 예1과 예2에서는 성별(남,여)과 공부 집중정도(잘됨, 안됨)변수에 의해 케이스가 다른 두 집단으로 구분디고 이 두 집단의 볼링, 당구, 골프 평균 점수를 비교한다. 이 때 두 집단에서는 겹치는 케이스가 있을 수 없기 때문에 두 집단의 케이스를 서로 독립인 두 개의 표본이라고 한고 두 집단의 평균을 비교하기 위해서는 독립표본 T 검정을 한다.

예3은 각 케이스에 대해 같은 성질의 두 변수값(예: 볼링과 골프 점수)이 있는 경우로서 두 변수의 평균값을 비교하는 질문이다. 이 경우에는 케이스 전체의 볼링 점수와 골프 점수는 상관관계가 어느 정도 존재하기 때문에 서로 독립인 두 집단이라고 말할 수 없다. 따라서 평균을 비교하기 위하여 독립표본 T 검정을 사용할 수 없게 된다. 이와 같이 각 케이스에 대해 측정된 두 변수의 평균을 비교하기 위해서는 대응표본 T 검정을 해야 한다.

4) T - 검정(독립표본 t 검정)

표 8-1. 집단 통계량

	성별	N	평균	표준편차	평균의표준오차
볼링점수	남자	41	57.83	22.690	3.544
	여자	59	69.59	18.073	2.353
당구점수	남자	41	55.39	27.082	4.230
	여자	59	58.88	26.066	3.394
골프점수	남자	41	47.61	28.072	4.384
	여자	59	49.71	24.007	3.125

표 8-2. 독립표본 검정

		Levene의 등분산 검정		평균의 동일성에 대한 t-검정						
		F	유의확률	t	자유도	유의확률(양쪽)	평균차	차이의 표준오차	차이의 95% 신뢰구간 하한	차이의 95% 신뢰구간 상한
볼링점수	등분산이가정됨	3.012	.086	-2.881	98	.005	-11.764	4.084	-19.868	-3.660
	등분산이가정되지않음			-2.766	73.228	.007	-11.764	4.254	-20.241	-3.287
당구점수	등분산이가정됨	.135	.715	.648	98	.518	-3.491	5.385	-14.178	7.195
	등분산이가정되지않음			-.644	84.054	.521	-3.491	5.423	-14.275	7.292
골프점수	등분산이가정됨	2.455	.120	.402	98	.689	-2.102	5.234	-12.489	8.285
	등분산이가정되지않음			-.390	77.231	.697	-2.102	5.384	-12.23	8.619

집단 통계량을 보면, 볼링점수의 남학생과 여학생의 평균은 각각 56.83과 69.59로서 여학생이 12점이나 높다. 당구점수의 남학생과 여학생의 평균은 각각 55.39와 58.88로서 여학생이 3.5점 정도 높다. 또한 골프점수의 남학생과 여학생의 편균은 각각 47.61과 49.71로서 여학생이 2점 정도 높다. 볼링점수는 차이가 많이 나지만 당구와골프점수에서의 차이는 상대적으로 작

다. 볼링점수의 독립표본 검정 결과를 보자. 먼저 Levene의 등분산 검정의 F통계량 값은 3.012이고 이 값은 유의확률(p값)은 0.086으로 나타났다. 이 값은 유의수준을 5%로 할 때 유의수준보다 큰 값이므로 귀무가설를 기각할 수 없게 된다. 따라서 변수이름 볼링점수 다음에 있는 등분산이 가정됨과 등분산이 가정되지 않음 중에서 등분산이 가정됨 줄을 선택하여 T검정 결과를 읽으면 된다. 우리나라 대학교 1학년 전체 남학생과 여학생의 평균 볼링성적 차이 A1-A2에 대한 T 통계량 값은 -2.881이고 자유도는 98이다. T 통계량의 양쪽 유의확률은 0.005이므로 1%의 유의수준에서도 귀무가설를 기각하고 대립가설를 채택하게 된다. 즉, 전체 대학교 1학년 남학생과 여학생의 볼링성적은 차이가 난다는 결론을 내릴 수 있다. 만약 단측 대립가설을 세운다면 이 때 유의확률은 0.005/2= 0.0025이다. A1-A2에 대한 추정값으로서 데이터ㅓ 평균들의 차이값은 -11.76이고 이 통계량의 표준오차는 4.08로 나타났다. A1-A2에 대한 95% 신뢰구간(-19.87, -3.66)이다.

당구점수에서는 Levene의 등분산 검정의 유의확률이 0.715로 나타나서 등분산의 귀무가설을 채택한다. 등분산으로 가정굄 줄에서 T 통계량 값은 -0.648이고 T 통계량에 대한 유의확률은 0.518로 나타나서 귀무가설를 기각할 수 없게 된다. 즉 전체 남학생과 여학생의 당구점수는 차이가 있다고 할 수 없다.

또한 골프점수에서는 Levene의 등분산 검정의 유의확률이 0.120으로 나타나서 등분산의 귀무가설을 채택한다. 등분사으로 가정됨 줄에서 T 통계량 값은 -0.402이고 T 통계량에 대한 유의확률은 0.689로 나타나서 귀무가설를 기각할 수 없게 된다. 즉, 전체 남학생과 여학생의 골프점수는 차이가 있다고 할 수 없다.

3. 분산 분석(ANOVA)

앞장의 T 검정은 두 개의 평균을 비교하는 분석이었다. 이 장에서는 이를 확장하여 세 개 이상의 평균을 비교하는 데 사용하는 분산분석(Analysis of Variance)방법을 다룬다.

분산분석 방법은 실험계획(Experimental Design)에 의해 얻은 데이터를 분석하기 위하여 주로 사용한다. 데이터는 크게 관찰과 실험에 의하여 얻어진다. 설문조사 같은 관찰에 의한 수집방법에서는 관찰되는 대상에 아무런 조작을 가하지 않고 데이터를 수집한다. 그러나 실험에 의한 수집방법에서는 실험자가 실험대상을 통제하여 실험 변수가 아닌 외적 변수들의 영향을 최소화시킬 수 있다. 따라서 변수들 간의 인과관계나 변수의 효과를 엄격하게 알아보고자 할 경우에는 실험에 의하여 데이터를 수집하는 것이 좋다. 실험계획법은 원래 농업에서 수확량을 증가시키는 재배방법과 관련하여 발전되었다. 이런 연유로, 실험계획에서는 비교하는 집단을 나누기 위한 집단변수의 범주를 처리(treatment)라고 하고 집단변수를 요인(factor)이라고 부른다. 실험계획법의 종류는 여러 가지가 있는데, 그 종류에 따라서 분산분석 방법이 다르다.

실험 계획법 비고 완전랜덤계획법(completely randomized design)1개 요인 랜덤완전블록계획법(randomized complete block design)2개요인, 상호작용 무시요인계획법(factorial design)2개 이상의 요인, 상호작용 고려라틴계획법(latin square design)3개요인 등이 있다.

1) 다원변량분석

(1) 다원변량분석은 명목척도로 측정된 두개 이상 여러 개의 독립변인이 동간척도 이상으로 측정된 한 개의 종속변인에 미치는 영향력을 분석하여 연구가설을 검증하는 통계방법이다.

(2) 이 분석에서는 개별 독립변인이 종속변인에 미치는 영향인 주효과(main effect)뿐 아니라 독립변인 간의 상호작용 효과(interaction effect)도 분석할 수 있다.

(3) 독립변인 간에 상호작용이 있다는 말은 한 변인의 효과가 다른 변인의 유목에서 차이가 난다는 것을 의미한다. 상호작용 효과가 통계적으로 유의미하다면 분석은 여기서 끝내고 독립변인의 주효과 분석은 하지 않는다.

(4) 각 독립변인이 종속변인에 미치는 영향력의 크기를 알아보려면 에타계수의 자승 값을 살펴보아야 한다. 독립변인의 부분 에타 계수의 자승값은 다른 독립변인의 주효과와 상호작용 효과를 통제한 상태에서 종속변인에 미치는 영향력을 보여준다.

2) 일원분산분석의 집단의 동질성 검증 및 에타 계수

(1) 일원분산분석에서는 독립변인의 여러 집단이 독립적으로 선정되었기 때문에 이 집단들이 같은 모집단에서 추출되었는지를 먼저 알아야 한다. 여러 집단이 같은 모집단에서 추출되었다면 아무 문제가 없지만, 여러 집단이 다른 모집단에서 추출되었다면 집단의 표본 수가 동일한가에 따라 분석방법이 달라진다. 같으면 분석 가능하지만 다르다면 비모수통계방법을 사용해야 한다.

(2) 집단의 동질성 검증은 Levene F 검증으로 한다.

(3) 일원분산분석에서는 독립변인이 종속변인에 미치는 영향력 크기를 보여주는 값으로 에타 계수의 자승의 값을 제시한다. 변량분석의 에타계수는 회귀분석의 Multiple R 과 같은 수치로서 차이점은 전자는 명목척도의 독립변인과 동간척도 이상의 종속변인간의 상관을 보여주는 수치이고, 후자는 동간척도이상의 독립변인과 종속변인간의 상관을 보여준다.

(4) 에타 자승의 값은 설명변량의 크기를 보여주며 에타 자승의 값은 회귀분석의 R자승과 같은 의미이다. 예를 들어 에타 자승 값이 0.382라면 독립변인의 설명변량이 38.2%라는 의미이고 종속변인과 0.618의 상관계수를 지닌다 할 것이다.

3) 변량분석(Analysis of variance : ANOVA)의 개요

(1) 변량분석의 개요

변량분석(Analysis of variance : ANOVA)은 t-test가 가지고 있는 문제점을 극복하기 위해 고안된 방법이다. 변량분석은 분산분석, ANOVA, F검증, F분석, 일원배치 분산분석(One way ANOVA)등으로 불리우며, 한 변수내에 있는 두 독립표본(개별집단, 요인수준)이상의 종속변수의 평균 차이가 유의미한지를 비교할 때 사용한다(독립변인이 하나이고 두 개 이상의 값을 갖는 명목자료일 때 두 집단간 평균 차이를 검증). 따라서 종속변수는 등간 또는 비율척도로 측정된 변수이어야 한다. 종속변인의 총분산(SST: 전체자승합)을 집단간 분산(SSB: 집단간 자승합)과 집단내 분산(SSW: 집단내 자승합)으로 분할하고, 그들을 적절한 자유도로 나누어서 평균자승들을 구한 후, 그 평균자승들의 비인 F값을 이용하여 가설을 검증하는 방법이다. 변량분석은 독립변인의 수에 따라 일원, 이원 그리고 삼원변량분석으로 구분된다. 그 이상의 분석도 가능하지만, 계산보다는 결과의 해석에 어려움을 겪게 되므로 거의 사용하지 않는다. 따라서 본 강의에서는 일원변량분석과 이원변량분석만을 다루기로 한다.

변량분석은 그 용어에서 알 수 있듯이 표본의 변량을 분석함으로써 그 표본이 추출된 모집단의 평균들이 동일한 지의 여부를 결정하도록 한다. 그러나 변량분석은 하위집단간 통계치 차의 유의도를 동시에 검증해 주기는 하지만 어느 한 집단과 다른 어느 집단이 의미 있게 차이가 있는지를 판정할 수 없다. 이와 같은 부가적인 정보가 필요한 경우 사후검증(Post-Hoc Test)을 실시함으로써 특정 두 집단간 차이를 검증하게 된다.

(2) 변량분석의 기본 가정

① 종속변수는 양적변수(등간척도 혹은 비율척도)이어야 한다.

② 각 집단에 해당되는 모집단의 분포가 정규분포이어야 한다(정규분포성).

③ 각 집단에 해당되는 모집단의 분산이 같아야 한다(동변량성).

④ 각 모집단내에서의 오차(개인차+실험오차)나 모집단간의 오차(처치효과+개인차+실험오차)는 서로 독립적이어야 한다.

(3) 변량분석의 기본 원리

t 검증은 두 집단의 비교이므로 집단 간의 점수차이가 있다는 것을 밝히면 되지만, 변량분석은 몇 가지 표본평균의 차를 측정해야 한다. 다시 말해서 몇 개의 표본평균이 모두 함께 모여 있는지(작은 평균차), 또는 모두 퍼져 있는지(큰 평균차)를 판정해야 한다. 우리는 이미 한 집합의 값들이 함께 모여 있는지 퍼져 있는지의 정도를 측정하는 절차를 공부하였다. 즉 변산을 계산하면 된다. 따라서 변량분석은 분산(변량)의 원인이 집단간에 있는가 아니면 집단내에 있는가를 알아보는 통계적 방법이라 할 수 있다.

① 세 개의 집단에 각기 다른 처치를 가하여 각 집단마다 다른 결과가 나왔을 때 집단간의 차이에 따른 분산이 있을 수 있고 집단 내에서 피험자간의 분산이 발생할 수 있다. 즉 실험으로 인한 종속변수의 총 변화량은 처치에 의한 집단간 변화량과 집단내에서의 개인차인 집단내 변화량으로 양분된다.

② 만약 세 집단을 비교했을 경우, 처치에 효과가 있다면 세 집단은 서로 다른 평균을 가지게 되므로 집단간 분산이 클 것이고, 처치효과가 없다면 집단간 차이가 없으므로 집단간 분산은 적고 집단내 분산 즉 개인차가 큰 것이라 할 수 있습니다.

③ 분산분석을 통한 집단 간 차이에 대한 유의도 검증을 실시하기 위한 기준(검증을 위한 통계치)으로 집단간 분산에 대한 크기의 한계를 설정하여야 한다. 즉 집단 간 분산의 크기가 얼마 만큼이어야 집단의 차이가 있다고 결론을 내릴 수 있는지를 설정하여야 한다. 검증 위한 통계치인 F 비를 구하는 공식은 다음과 같습니다.

$$F = \frac{\text{집단간 변량}}{\text{집단내 변량}}$$

④ 이처럼 F 비 공식에 의해 집단내 분산에 비추어 집단간 분산의 비율을 계산하여 결론을 유도하는 것이 변량분석의 원리이다. 만약 집단간 분산이 커진다면 이것은 집단 간의 차이가 있다고 할 수 있다. 공식에서와 같이 집단 분산에 대한 집단간 분산의 비율을 F 통계값

이라 부르고 이 F값이 F분포에 의한 기각값보다 클 때 집단 간에 유의한 차이가 있다고 결론을 내리게 된다.

(4) 변량분석과 t검증의 비교

변량분석은 t 검증과 마찬가지로 표본평균을 이용하여 모집단에 관한 가설을 검증한다. t 검증은 단지 두 처치만을 비교하기 때문에 ($\overline{X_1}-\overline{X_2}$: 두 독립표본)나 $\overline{D}$(종속표본) 중 하나를 사용해서 표본평균차를 계산했다. 그러나 변량분석에서는 몇 가지 표본평균의 차를 측정해야 한다. 다시 말해서 몇 개의 표본평균이 모두 함께 모여 있는지(작은 평균차), 또는 모두 퍼져 있는지(큰 평균차)를 판정해야 한다. 우리는 이미 한 집합의 값들이 함께 모여 있는지 퍼져 있는지의 정도를 측정하는 절차를 공부하였다-변산을 계산하면 된다.

t검증에서 t통계치의 분모에는 $s_{\overline{X}_1} - s_{\overline{X}_2}$ 또는 $s_{\overline{D}}$로 표준오차를 계산한다. 표준오차는 표본과 그 모집단 간의 표준거리 측정치를 제공한다. 그래서 t통계치의 구조는 표본간 실제차(분자)와 우연으로 인한 표준차(분모)를 비교한다.

$$t = \frac{\text{평균차}}{\text{표준오차}} = \frac{\text{표본간 차이}}{\text{우연에 의한차이}}$$

비슷한 방법으로 F비의 분모는 비통제, 비구조적 차이, 즉 우연에 의한 차의 측정치를 제공한다. F비의 구조는 (t통계치의 구조와 같이) 표본 간의 실제차와 우연으로 인한 차를 비교한다.

$$F = \frac{\text{처치간 변량}}{\text{처치내 변량}} = \frac{\text{표본간 차이}}{\text{우연에 의한 차이}} = \frac{\text{처치효과} + \text{개인차} + \text{실험오차}}{\text{개인차} + \text{실험오차}}$$

t통계치나 F비에서 큰 값은 표본 간의 차이가 우연에 의한 것보다 큼을 나타낸다. t나 F값이 충분히 클 때 우리는 영가설을 기각하고 처치 간에 유의한 차이가 있다고 결론을 내린다.

(5) 일원변량분석 결과표(ANOVA table)에 대한 이해

① 변량분석의 용어 · 기호 · 공식

* 변량분석에서 요인(factor)은 독립변인을 말한다.

–독립변인이 하나일 때 단일 요인실험이라고 하고, 독립변인이 두 개일 때 이 요인실험이라고 한다.

* 요인을 구성하는 각 처치조건들을 요인의 수준이라 한다.

* 변량분석은 주로 두 개 이상의 처치조건을 다루기 때문에 모든 개별점수와 합계를 구별하는 기호체계가 필요하다.

–처치조건의 수, 즉 요인의 수(독립된 표본의 수)는 k로 나타낸다.

–각 처치내의 점수 개수는 소문자 n으로 쓴다.

–전체실험점수의 총 개수는 대문자 N으로 표기한다.

–각 처치조건의 합은(ΣX)은 대문자 T로 표시한다.

–실험의 모든 점수들의 합은 G로 나타낸다($G=\Sigma T$).

* 표집변량=$S^2=\frac{SS}{df}$이다. 따라서 최종 F비를 계산하려면 두 변량의 SS와 df가 필요하다.

* 변량분석에서는 변량이라는 용어 대신 평균자승 또는 MS라는 말을 사용한다.

표 8-3 변량분석표

변인 변량원	제곱합(SS)	자유도(df)	평균제곱(MS)	F
집단간	$SSb=\sum\frac{T^2}{n}-\frac{G^2}{N}$	k−1	$MSb=\frac{SS_b}{k-1}$	$\frac{MS_b}{MS_w}=t^2$
집단내	$SSw=\sum SS=\sum n(\overline{X}-\overline{G})^2$	n−k	$MSw=\frac{SS_w}{n-k}$	
합계	$SSt=\sum X^2-\frac{(\sum X)^2}{N}=\sum X^2-\frac{G^2}{N}$	N−1		

(6) 일원변량분석에서 집단간 상호비교(사후분석)

분량분석표만 보았을 때 구체적으로 어떤 집단간에 차이가 있는지는 알 수 없다. 그러한 구체적 차이를 밝히기 위해서는 사후분석(Post hoc Multiple Comparisons) 또는 다중비교검증(Multiple Range Test)이라고 하는 추가 분석이 필요하다. 다중 t 검증은 사후분석의 Duncan(.01, .05, .001수준만 지정), Tukey, Scheffe 등이 주로 사용된다. Tukey의 다중 t 검증은피험자 수가 같을 때, Scheffe의 다중 t 검증은 피험자 수가 다를 때 독립변수의 각 집단별로 두 개의 집단끼리의 t 검증을 반복해서 모든 경우의 수로 시행한다. 예를 들어, 독립변수의 각 집단이 1번에서 4번까지 4개가 있다면 1*2, 1*3, 1*4, 2*3, 2*4, 3*4 끼리의 은피험자 수가 같을 때 t 검증을 반복해서 시행한다.

4) 일원배치 분산분석(one-way ANOVA)

(1) 목적

세 개 이상의 집단들에 대한 평균을 비교 실험계획법(완전랜덤계획법)에서는, 한 요인의 종속변수에 대한 효과를 파악해야 한다.

독립표본 T 검정은 케이스가 다른 두 집단이 평균을 비교하는데 사용되었다. 이를 확장하여 케이스가 다른 세 개 이상의 집단들에 대한 평균을 비교하기 위해서는 일원배치 분산분석 방법을 사용한다. 또한 일원배치 분산분석으로 한 요인이 종속변수에 영향을 주는지 알아볼 수 있다. 이 경우에는 다른 외적변수들이 통제된 상태에서 데이터를 수집하여야 한다. 완전랜덤계획법으로 수집한 실험데이터에서는 고려하는 요인 이외의 다른 용인이 통제되었기 때문에 한 요인의 종속변수에 대한 효과를 알아볼 수 있다. 분산분석의 사용 예에서 예1-예3은 일원배치 분산분석으로 알아볼 수 있다.

(2) 사용되는 변수의 척도

종속변수는 구간 비율척도이고 요인변수는 명목이나 순서척도이다.

평균을 비교하고자 하는 목적(종속)변수는 구간 비율척도 이어야 한다.

그리고 집단을 나누기 위한 요인변수는 명목척도나 순서척도이어야 한다. 예1과 예2에서 종속변수는 각각 생활만족도와 시험성적인데 이것은 구간 비율척도로 된 변수이어야 한다. 태도를 물어보는 조사(예: 생활만족도)는 종종 5점 척도로 된 여러 개의 문항으로 질문을 한 후 이 항목들의 합이나 평균값으로 지표를 만든다. 예1과 예2에서 요인변수는 각각 사회계층과 세 가지 교수법 변수이다.

(3) 일원배치 분산분석의 해석방법

표 8-4. 학년 별로 종속변수 기술통계

		N	평균	표준 편차	표준 오차	평균에 대한 95% 신뢰구간		최소값	최대값
						하한값	상한값		
신장	1	117	153.878	5.8675	.5425	152.803	154.952	133.0	170.0
	2	90	157.778	5.2732	.5558	156.673	158.882	145.2	176.2
	3	127	159.496	4.6032	.4085	158.688	160.304	148.0	171.5
	합계	334	157.065	5.7795	.3162	156.443	157.687	133.0	176.2
허리 둘레	1	116	75.883	5.1753	.4805	74.931	76.835	61.0	88.0
	2	90	77.396	6.6788	.7040	75.997	78.794	66.0	102.0
	3	127	79.340	6.2818	.5574	78.237	80.443	66.5	104.5
	합계	333	77.610	6.1977	.3396	76.942	78.278	61.0	104.5

표 8-5. 분산의 동질성에 대한 검정(등분산)

	Levene통계	자유도1	자유도2	유의확률
신장	1.759	2	331	.174
허리둘레	1.442	2	330	.238

표 8-6. 집단-간 분산분석표

				제곱합	자유도	평균제곱	F	유의확률
신장	집단-간	(조합됨)		1984.834	2	992.417	35.947	.000
		선형항	가중되지않음	1922.239	1	1922.239	69.627	.000
			가중됨	1906.631	1	1906.631	69.061	.000
			편차	78.203	1	78.203	2.833	.093
		2차항	가중되지않음	78.203	1	78.203	2.833	.093
			가중됨	78.203	1	78.203	2.833	.093
	집단-내			9138.186	331	27.608		
	합계			11123.020	333			
허리둘레	집단-간	(조합됨)		730.376	2	365.188	10.024	.000
		선형항	가중되지않음	724.694	1	724.694	19.892	.000
			가중됨	727.317	1	727.317	19.964	.000
			편차	3.060	1	3.060	.084	.772
		2차항	가중되지않음	3.060	1	3.060	.084	.772
			가중됨	3.060	1	3.060	.084	.772
	집단-내			12022.109	330	36.431		
	합계			12752.485	332			

① 해석해보면 다음과 같다.

옵션 대화상자에서 기술통계를 선택하였기 때문에 학년 별로 종속변수에 대한 기술 통계량이 출력되었다. 신장과 허리둘레는 학년이 올라감에 따라 대체로 증가하는 것처럼 보인다. 신장에 대한 표준편차는 학년이 올라감에 따라 감소하고, 허리둘레에 대한 표준편차는 2학년이 다른 학년에 비해 약간 크게 나타났다.

다음의 표는 옵션 대화상자에서 선택한 Levene의 등분산 검정에 대한 출력결과이다. 신장과 허리둘레의 유의확률이 모두 0.05보다 크기 때문에 귀무가설, '각 집단의 분산은 모두 같다'가 채택된다. 이와 같이, 등분산의 가정이 만족되므로, '각 집단의 분산은 모두 같다'가 채택된다. 이와 같이, 등분산의 가정이 만족되므로, 학년별로 신장과 허리둘레의 차이가 있는지 알기 위해 일원배치 분산분석을 사용할 수 있게 되었다. 각 항목에 다시 케이스 수에 따라 가중되지 않음과 가중됨의 두 가지로 제시되었다. 케이스 수가 집단마다 다를 경우에는 '가중되지 않음'과 '가중됨'줄의 결과가 다르게 나타나는데 보통 '가중됨' 줄을 읽는다.

먼저 신장에 대한 분산분석표를 보자, 집단-간에 대한 유의확률이 0.000으로 매우 유의하다. 선형항의 '가중됨'줄에 있는 유의 확률이 0.000인 것으로 보아 학년이 증가함에 따라 기도 선형으로 증가하는 것을 알 수 있다. 그러나 2차항의 유의확률은 0.93이므로 유의수준 5%에서 학년별 신장의 평균들에는 2차 함수 추세가 없다고 본다.

허리둘레 대한 분산분석표에서도 신장과 유사한 결론을 내릴 수 있다. 집단-간의 유의확률이 0.000으로 매우 유의하다. 집단-간 제곱합 730.376중에서 '선형항'의 제곱합이 727.317이다. 이것은 집단-간 변동의 대부분이 학년의 선형성에 의한 것임을 말한다.

(4) 사후검정의 해석방법

표 8-7. 두 집단간 평균 비교

종속 변수		(A) 학년	(B) 학년	평균차(A-B)	표준오차	유의 확률	95%신뢰구간	
							하한값	상한값
신장	Bonferroni	1	2	−3.9000(*)	.7367	.000	−5.673	−2.127
			3	−5.6183(*)	.6733	.000	−7.238	−3.998
		2	1	3.9000(*)	.7367	.000	2.127	5.673
			3	−1.7183	.7240	.055	−3.460	.024
		3	1	5.6183(*)	.6733	.000	3.998	7.238
			2	1.7183	.7240	.055	−.024	3.460
허리둘레	Bonferroni	1	2	−1.5128	.8478	.226	−3.553	.527
			3	−3.4574(*)	.7752	.000	−5.323	−1.592
		2	1	1.5128	.8478	.226	−.527	3.553
			3	−1.9446	.8316	.060	−3.946	.057
		3	1	3.4574(*)	.7752	.000	1.592	5.323
			2	1.9446	.8316	.060	−.057	3.946

* .05 수준에서 평균차가 큽니다.

표 8-8. 집단에 대한 평균

	학년	N	유의수준 = .05에 대한 부집단		
			1	2	3
Duncan(a,b)	1	117	153.878		
	2	90		157.778	
	3	127			159.496
	유의확률		1.000	1.000	1.000

동일 집단군에 있는 집단에 대한 평균이 표시됩니다.

a 조화평균 표본 크기 = 108.964을(를) 사용

b 집단 크기가 같지 않습니다. 집단크기의 조화평균이 사용됩니다. 제1종 오류 수준은 보장할 수 없습니다.

표 8-9. 동일집단군으로 묶은 결과

	학년	N	유의수준 = .05에 대한 부집단	
			1	2
Duncan(a,b)	1	116	75.883	
	2	90	77.396	
	3	127		79.340
	유의확률		.066	1.000

동일 집단군에 있는 집단에 대한 평균이 표시됩니다.

a 조화평균 표본 크기 = 108.673을(를) 사용

b 집단 크기가 같지 않습니다. 집단크기의 조화평균이 사용됩니다. 제1종 오류 수준은 보장할 수 없습니다.

① 해석해 보면 다음과 같다.

사후분석의 다중비교 결과이다. 앞의 표는 Bonferronl 방법으로 가능한 모든 두 집단간 평균 비교를 하고 있다. 신장에 대한 결과를 보면 1학년과 2학년의 평균 차이는 -3.9이고 검정의 유의확률이 0.000이므로 차이가 있음을 말해준다. 두 평균 차이값에 표시된 별표는 유의 수준 0.05에서 유의한 차이임을 경우에는 1학년과 3학년만이 유의한 차이를 보이고 있다.

다음에 나오는 표에서는 Duncan의 다중범위 검정에 의해 유의한 차이가 없는 집단을 동일 집단군으로 묶은 결과를 보여주고 있다. 신장과 허리둘레에 대한 Duncan 결과는 Bonferroni 결과와는 약간 다르다. 신장과 허리둘레에 대한 Duncan결과는 Bonferroni 결과와는 약간 다르다. 신장은 학년별로 모두 유의한 차이가 있어서 동일 집단으로 묶이지 않았다. 허리둘레의 경우에는 1학년과 2학년이 동일 집단으로 묶였지만 3학년은 나머지 두 학년과 유의한 차이가 있는 것으로 나타났다.

5) 일변량 일반선형모형(GLM Univariate Model)

(1) 공분산분석(Analysis of Covariance, ANCOVA)의 목적

한 개나 두 개 이상의 요인에 의해 집단들의 평균을 비교할 때, 종속변수에 영향을 주는 다른 구간 비율척도 변수들을 통제하고자 한다.

요인이 한 개인 일원배치 분산분석이나 요인이 두 개 이상인 단순요인 분산분석을 사용해서 요인들의 효과를 검정할 때, 알아보고자 하는 요인외에 다른 변수(제3의 변수라 하자)가 종속변수에 영향을 미치는 경우가 있다. 이런 경우에는 영향을 주는 제 3의 변수들의 효과를 통제해야 알아보고자 하는 요인들의 효과를 정확하게 추정할 수 있다. 제 3의 변수가 범주형 변수라면 단순요인 분산분석에서 이 변수를 모수요인이나 변량요인에 추가해서 분석을 하면 되지만, 제 3이 변수가 구간 비율척도라면 공분산분석으로 이 변수의 효과를 통제할 수 있다. 이 구간 비율척도 변수를 공변량(covariate)이라고 한다.

공분산분석은 이런 공변량을 모형에 포함시켜서 공변량의 효과를 통제한 상황에서 요인(집단)변수 효과를 검정하는 분석이다. 결과적으로, 공분산분석은 분산분석 모형에 회귀분석 모형을 합한 모형에 대한 분석이라고 하겠다.

(2) 사용되는 변수의 척도

종속변수는 구간 비율척도이고 모든 요인변수는 명목이나 순서척도이며, 공변량은 구간 비율척도이다. 위에서 예를 든 세 가지 다이어트 방법의 효과 연구에서는 종속변수가 체중감소량, 한 개의 요인변수가 다이어트 방법(3 수준)이고 공변량이 구간 비율척도인 초기체중이 된다.

① 공분산분석을 하기 전에 모형에서 집단별 공변량의 회귀계수가 같은지를 먼저 검정해야 한다. 이를 위해서는 먼저 대화상자에서 '모형' 단추를 눌러 모형 대화상자로 들어간다. 여기서 사용자 정의를 사용해서 주요인과 요인-공변량 간의 상호작용 항을 모형에 넣는다. 이 모형을 실행시켜서 상호작용고 효과의 유의성 검증을 한다. 공분산분석을 적절하게 사용하기 위해서는 상호작용 효과의 검증을 한다. 공분산분석을 적절하게 사용하기 위해서는 상호작용 효과의 검정에서 귀무가설을 기각하면 안 된다.

② 공변량의 유의성 검증에서 반드시 귀무가설이 기각되어야 한다. 만약 귀무가설이 기각되지 않으면 공분산분석 대신 분산분석을 해야 한다.

(3) 단순요인 분산분석(Simple Factorial ANOVA)의 목적

두 개 이상의 요인에 의한 집단들의 평균 비교 실험계획법(요인실험)에서는 각 요인의 종속변수에 대한 효과와 두 요인 이상의 상호작용 효과를 파악해야 한다. 일원배치 분산분석은 요인이 한 개일 때 수준(집단) 평균들을 비교하는 방법이었다. 그러나 현실적으로 많은 연구에서는 종속변수에 영향을 주는 요인이 두 개 이상 존재하는 경우가 많다.

(4) 사용되는 변수의 척도

종속변수는 구간 비율척도이고 모든 요인변수는 명목이나 순서척도이다. 평균을 비교하고자 하는 목적(종속)변수는 구간 비율척도이어야 한다. 그리고 집단을 나누기 위한 요인변수 모두는 명목척도나 순서척도로 되어있어야 한다.

제9장 상관관계와 회귀분석 및 신뢰성 분석

1. 상관관계
2. 선형회귀분석(regression)
3. 로지스틱 회귀분석(Logistic Regression)
4. 신뢰성 분석(Reliablity)

제9장 상관관계와 회귀분석 및 신뢰성 분석[4)]

1. 상관관계

* 두 변수 모두 서열척도 이상이어야 함

* 상관관계는 독립과 종속 변수의 구분이 없으므로 인과관계가 없는 경우에도 분석 가능함

* 동간척도 이상은 Pearson, 서열척도가 하나라도 포함되면 Spearman 분석을 선택

1) 상관분석(correlation Analysis)의 개념

(1) **상관** : 두 변수의 관계로 한 변수가 변할 때 다른 변수가 어떻게 변하는가를 나타낸다.

(2) **상관계수**(correlation coefficient) - 두 변인 사이의 관련 정도를 수치로 나타낸 것

(3) **상관분석** - 두 변인 또는 그 이상의 변인간의 관계가 어느 정도 밀접한가를 추정하고 기술하는데 사용되는 통계분석기법

(4) 어디에, 왜 사용하는가?

① 독립변인을 체계적으로 조작하기 어려운 경우

② 예비 실험연구, 예언(예언타당도), 타당도성 검증(공인타당도), 질문지 신뢰도 측정(검사-재검사 신뢰도, 반분신뢰도), 이론검증

---

4) 인터넷 다음카페(2010). cafe.daum.net/spssmaster,spss,Amos 논문통계도우미,석박사 통계분석(전체내용)

③ 독립변인과 종속변인간의 관계정도를 수적으로 표현하고자 할 때

2) 상관계수의 해석

표 9-1. 상관계수범위 해석법

상관계수 범위	상관관계의 언어적 해석
.00 – .20	상관이 거의 없다
.20 – .40	상관이 낮다
.40 – .60	상관이 있다.
.60 – .80	상관이 높다.
M.80 – 1.00	상관이 매우 높다.

3) 산포도와 상관계수간의 관계

(1) 산포도(scatter plot) – 두 변수간의 관계를 알아보기 위해 두 변수값을 나타내는 점을 도표에 나타낸 것

4) 산포도와 상관계수간의 관계

(1) 산포도(scatter plot) – 두 변수간의 관계를 알아보기 위해 두 변수값을 나타내는 점을 도표에 나타낸 것

5) 상관관계의 특징(칠판자료)

(1) 방향 : 정적 상관(두 변인이 같은 방향으로 움직이는 경향)
부적 상관(두 변인이 반대 방향으로 움직이는 경향)

(2) 형태 : 직선관계(linear relation), 굴곡진 관계, 고원현상(Plateau)

(3) 관계도 : 자료가 생각되는 특별한 형태에 얼마나 일치하는지 측정(산포도와 상관계수간의 관계 참조)

6) 상관계수의 가설 검증(Pearson 단순상관계수를 중심으로)

(1) 기본 가정 : 두 변수 모두 정규분포를 따르는 분포로부터 확률표본이 추출되었다.

(2) 내용 : 표본상관계수 r에 근거하여, 모집단의 상관관계 ρ(rho)에 대한 가설을 검증 Pearson의 적률 상관계수(두 변수가 연속적일 때)

7) 변인의 유형에 따른 여러

표 9-2. 상관계수의 유형

상관계수의 종류	기호	변인1	변인2	비 고
적률상관계수	r	연속적	연속적	두 변수간 선형결합을 나타내는 Pearson 상관계수로, 가장 안정성 있고 표준오차가 적은 것으로 보편적으로 쓰인다.
등위상관계수	ρ	등위	등위	두 변수의 등간척도의 Spearman 상관계수로, 사례수가 30 이하일 때 r대신 쓰이는 수가 많다.
켄달의 타우-b	τ	등위	등위	동률을 고려한 비모수통계 상관계수로, 사례수가 10 이하일 때 ρ 대신 이것을 쓰는 것이 더 낫다.
켄달의 타우-c	τ	등위	등위	동률을 고려하지 않은 비모수통계 상관계수
양분상관계수	rb	인위적 양분	연속적	대개 문항분석할 때 쓰이며, r보다 표준오차가 크고, 어떤 경우에는 1을 초과한다.
양류상관계수	rpb	실질적 양분	연속적	진짜 양분되는 자료일 경우에 쓰이며, rb보다 낮은 상관계수를 보인다.
사분상관계수	rt	인위적 양분	인위적 양분	두 변인을 어떤 중요한 기준에 의하여 인위적으로 양분했을 때 쓰인다.
파이계수	φ	실질적 양분	실질적 양분	한 검사의 문항간 상관관계를 알아볼 경우에 쓰인다.
유관계수	C	둘 이상의 유목	둘 이상의 유목	χ2과 밀접한 관련이 있으며, 경우에 따라 rt와 비교할 수 있는 상관계수이다.

2. 선형회귀분석(regression)

회귀분석이란 변수들 중 하나를 종속변수로 나머지를 독립변수로 하여 변수들 간의 상호관계 본질을 규명하는 통계기법이다. 다시 말하면, 독립변수가 종속변수에 미치는 영향력을 분석하거나 독립변수의 변화에 따라 종속변수의 변화를 예측하기 위해서 사용하는 통계기법을 의미한다.

회귀분석은 독립변수의 수에 따라 구분할 수 있는데, 독립변수가 한 개인 경우는 단순회귀분석이라고 하고, 둘 이상인 경우에는 다중회귀분석이라고 한다. 그 외에 더미 변수를 이용한 회귀분석 그리고 이변량의 값만을 가지는 종속변수와 독립변수들 간의 관련성을 추정하는 로지스틱회귀분석 등이 있다.

회귀분석은 어떤 하나의 변수 값을, 다른 변수의 값을 사용해서 ① 예측하고 싶다. ②제어하고 싶다. 라고 하는 두 가지 경우에 주로 이용되는 수법이다.

예측하고 싶은 변수를 목적변수라고 부르고, 예측에 사용하는 변수를 설명변수라고 부른다. 제어의 문제에 적용할 경우에는 목적변수가 결과로서 제어되는 변수이고 설명변수가 직접 제어하는 변수이다.

회귀분석에서는 단(순)회귀분석(simple regression analysis)과 중회귀분석(multiple regressio analysis)이 있다.

설명변수가 하나인 경우가 단회귀분석이고 두 개 이상인 경우가 중회귀분석이다.

회귀분석을 적용할 수 있는 데이터의 타입은 목적변수가 양적 변수일 때이다. 설명변수 쪽은 양적 변수이거나 질적 변수이거나 상관없다. 다만 질적 변수를 쓸 경우에는 데이터 값이 0이나 1밖에 취하지 않는 더미변수라고 불리는 변수를 도입하여, 질적인 데이터를 변환하지 않으면 안 된다. 설명변수가 모두 질적인 경우에 이용되는 해석수법에 수량화이론 Ⅰ류라고 불리는 수법이 있는데, 이것은 설명변수를 모두 더미 변수로 해서 중회귀분석을 실시하는 것과 동등하다.

1) 목적과 목표

목적 : 1개 이상의 설명(독립)변수를 가지고 목적(종속)변수에 대한 선형 회귀모형을 만든다.

회귀분석(regression analysis)은 여러 개의 변수들간의 관계를 함수식으로 모형화하기 위한 분석으로서 한 개의 목적(종속)변수를 1개 이상의 설명(독립)변수들의 선형 함수식으로 표현한다.

회귀분석을 통하여 다음과 같은 작업을 한다.

(1) 종속변수와 독립변수(들)을 사용하여 회귀모형을 설정한다.

(2) 설정한 회귀모형 내에 있는 회귀계수(들)을 추정하여 회귀식을 도출한다.

(3) 추정된 모형의 타당성을 검토한다.

(4) 추정된 모형으로 종속변수 값을 예측하는 데 사용한다.

목표 : 단회귀분석은 목적변수 y를 1개의 설명변수 x의 1차식으로 나타내는 것, 즉 y= + 라고 하는 y와 x간의 관계식을 구하는 수법이다.

중회귀분석이란 목적변수 y를 p개의 설명변수 .... 의 1차식으로 나타내는 것, 즉 y=b0+b1x1+b2x2+.....+bpxp라고 하는 y와 x1, x2, x3.... 사이의 관계식을 구하는 수법이다. 회귀분석에서는 b0를 절편 혹은 상수항이라 부르고, b1, b2, ...bp를 (편)회귀계수라고 부른다.

2) 사용되는 변수의 척도

독립변수와 종속변수 모두 구간 비율척도이어야 하지만, 더미 변수 형대로 바꾼 범주형 변수는 독립변수로 사용가능

사용되는 변수의 척도는 독립변수와 종속변수 모두 원칙적으로 구간 비율척도이어야 한다. 그러나 순서척도이더라도 각 범주들의 간격이 등간격이라고 볼 수 있는 경우나 몇 개의 순서척도 변수들의 합으로 된 변수에도 적용할 수 있다. 또한 독립변수로서 범주형 변수를 하용할 수 있는데 이경우에는 반드시 더미(dummy)변수 형태로 바꾸어서 사용해야 한다.

3) 원리

(1)회귀모형의 설정

회귀모형(regression model)이란 여러 개의 변수들간의 관계를 나타내는 모형으로서 하나의 목적(종속)변수 Y를 그 목적변수를 설명한다고 생각되는 설명(독립)변수(들) X1....Xk의 함수식으로 표현하는 통계적 모형이다. 회귀모형에는 선형회귀모형(Linear Regression Model)과 비선형회귀모형(Nonlinear Regression Model)이 있는데 Y가 설명변수들의 선형함수식으로 표현되는 모형을 선형회귀모형이라고 하고, 설명변수들의 비선형함수식(다항함수, 지수함수, 로그함수 등)으로 표현되는 모형을 비선형회귀모형이라고 한다. 또한 선형회귀모형에는 설명변수가 하나인 단순선형회귀모형과 설명변수가 여러 개 있는 다중회귀모형이 있다.

4) 단순회귀분석의 유의점

(1) 단순회귀분석(bivariate regression analysis)은 1개의 독립변수와 1개의 종속변수일 때 사용한다. 2개 이상의 독립변수와 1개의 종속변수일 때는 다중회귀분석(multiple regression analysis)을 사용한다.

(2) 이 때 독립변인과 종속변인 모두 동간척도 이상이어야 한다. 명목척도로 측정된 독립변인은 그대로 사용할 수 없고 가변인(summy variable)으로 바꾸어 사용해야 한다.

(3) 회귀분석의 목적은 크게 두가지다. ① 독립변인이 종속변인에 미치는 영향력을 보여주는 값인 회귀계수를 구한 후 신뢰구간을 통해 모수치를 추정하는 것과 ② 회귀계수의 유의도를 검증하는 것이다.

(4) 절차: ① 연구가설 선정, ② 프로그램 실행, ③ 변인의 기술통계 값 분석, ④ 변인의 상관계수 분석, ⑤ 회구모델의 변량분석 및 유의도 검증, ⑥ 회귀계수 분석 및 유의도 검증, ⑦ 모수치 추정

(5) 방정식: 원회귀방정식(Y=A+B1X1+E), 예측회귀방정식(비표준회귀계수-Y=A+B1X1; 표준회귀계수-Y=B1X1)

(6) 단순회귀분석은 독립변인과 종속변인 간의 상관계수를 구한 후 이 값을 이용한 변량분석을 통해 연구가설을 검증하는 것이다. 상관계수를 제곱하면 설명변량이 되고 이를 결정계수(coefficient of determination)라고도 부른다. 수정된 R제곱은 표본의 사례 수가 적을 때에 해석한다.

(7) 단순회귀분석은 변량분석을 통해 유의도를 검증한다. 일원분산분석과 비교해 볼 때, 기본원리는 같지만 독립변인이 명목척도인가 아님 동간척도 이상인가에 따라 다르고 전자가 변인간의 상관계수를 이용하여 변량분석을 하지만 후자는 평균값 차이를 이용하여 변량분석을 한다.

(8) 회귀분석에서 변량분석의 유의도 검증은 변인간의 관계가 있는지 없는지 만을 판단해 주기 때문에 관계의 방향성이나 크기는 알 수 없다. 영향력의 크기를 알기 위해서는 회귀계수의 유의도를 검증해야 한다.

5) 다중회귀분석의 특성

(1) 절차: ① 연구가설 설정, ② 프로그램 실행, ③ 변인의 기술통계 값 분석, ④ 변인의 상관계수 분석, ⑤ 회귀모델의 변량분석 및 유의도 검증, ⑥ 회귀계수 분석 및 유의도 검증, ⑦ 모수치 추정, ⑧ 부분/편상관 분석, ⑨ 다중 공산성 분석, ⑩ 전제 조건 검증

(2) 다중회귀분석이 복잡한 이유는 여러 개의 독립변인간에 상관이 존재하기 때문이다.

(3) 다중회귀분석의 회귀계수를 해석할 때 주의할 점은 개별 독립변인의 회귀계수는 나머지 독립변인을 통제한 상태에서 구한 값이다.

(4) 다중공산성 문제란 여러 독립변인간의 상관이 높을 때 발생하는 문제를 말한다. 이 현상은 독립변인간의 상관이 높을 때 한 변인이 통계적으로 유의하게 나오면 상관이 높은 다른 변인은 거의 통계적으로 유의하지 않게 나오는 현상을 말한다.

(5) 일반적으로 독립변인간의 상관계수가 0.5 이상이면 다중 공산성 문제가 있다고 말할 수 있다.

(6) 다중공산성 문제를 해결하는 방법은 ① 상관이 높은 독립변인을 합체한 변인으로 만들어 사용하거나, ② 가장 적합하다고 생각하는 하나의 변인만을 선택하여 사용하는 것이다.

(7) 회귀분석의 전제조건: ① random sampling, ② 정상분포, ③ 독립변인과 종속변인의 관계는 선형적, ④ 변량이 동질적이어야 하는데 특히 ③과 ④는 반드시 충족되어야 한다. 선형성과 동질성을 동시에 알아보는 방법은 오차를 표준화시킨 표준오차 점수 분포의 그림을 살펴보는 것이다.

(8) SPSS에서는 회귀분석 중 도표를 선택한 후 X축에 표준예측점수(standardized predicted value: ZPRED)를, Y축에 표준오차점수(standardized residual; ZRESID)를 선택하면 선형성과 변량의 동질성 전제 조건을 검사할 수 있다.

6) 회귀분석을 위한 기본 가정

(1) 산점도를 통하여 독립변수와 종속변수 간에 선형관계가 있는지 확인하여야 한다.

(2) 독립변수의 값에 관계없이 오차항의 정규분포에 따라야 한다.

(3) 오차항의 분산은 독립변수가 변하더라도 동일한 분산을 유지하여야 한다. 이 가정이 무시될 경우, 최소자승법에 의한 추정치는 효율적인 추정치가 되지 못한다.

(4) 오차항들 간에는 상관관계가 없어야 한다. 이 가정이 성립되지 못할 때 자기상관 혹은 계열상관의 문제가 발생한다.

(5) 독립변수들 간의 상관관계가 없어야 한다. 이 가정이 무시될 경우, 독립변수들 간의 1차 함수관계인 다중공선성의 문제가 발생한다.
spss실행은 분석--〉회귀모형--〉 선형으로 들어 간다.

7) 회귀분석에 대한 예비적 해석

회귀분석을 실시하기 전에 그래프를 활용한 1변수마다, 2변수마다의 기본적인 해석을 행하여 데이터의 음미를 충분히 실시해 놓을 필요가 있다. 이와 같은 해석의 단계를 예비적 해석이라고 부른다.

예비적 해석에서는 하나의 변수마다의 분포, 두 변수간의 관계, 이상치(이상적으로 차이가 나는 값)의 존재 등을 시각에 호소해서 검토하게 된다.

회귀분석 등의 다변량분석의 수법은 이상치의 영향을 받기 쉽고 또 두 변수간의 관계에는 직선관계를 상정하고 있는 경우가 많다. 따라서 예비적 해석에 의해 이상치의 유무를 검토한다거나 두 변수간의 관계를 검토하는 것은 극히 중요한 과정이 된다.

(1) 변수마다의 해석

예비적 해석의 제 1단계는 1변수마다의 데이터 해석이다.

다변량 데이터를 구성하는 각 변수마다의 데이터 특징을 파악하기 위해서 1변수마다 기본통계량(평균이나 표준편차)의 산출과 그래프 표현을 실시한다.

평균과 표준편차의 값을 알면, 개개의 데이터가 이상치 인지 어떤지를 쉽게 판단할 수 있다.

데이터의 분석이나 이상치의 존재는 데이터를 그래프로 표현하여 시각적으로 음미하는 것도 필요하다. 이때에 이용하는 그래프로서는 히스토그램이나 도트 플롯이 유효하다.

(2) 두 변수마다의 해석

두 개의 양적 변수가 있어서 한쪽 변수의 데이터가 변화했을 때에 다른 한쪽 변수의 데이터도 그것에 따라서 변화하는 경우, 이들 두 변수간에는 상관관계가 있다고 한다.

예를 들면 신장이 큰 사람은 체중이 무겁고, 신장이 작은 사람은 체중이 가볍다고 하는 경향이 있다면 신장과 체중 사이에는 상관관계가 있다고 한다. 상관관계 중에서도 한쪽 변수의 값이 커지면 다른 한쪽 변수의 값도 커진다고 하는 관계를 양(+)의 상관관계라고 하고, 이것과는 역으로 한쪽 변수의 값이 커지면 다른 한쪽 변수의 값은 작아진다고 하는 관계를 음(-)의 상관관계라 한다.

상관관계의 정도를 재는 지표가 상관계수(correlation coefficient)이다. 상관계수는 보통 r이라고 하는 기호로 표기된다. 상관계수는 -1에서 +1까지의 값을 취하며, 상관계수의 절대치 혹은 상관계수의 자승 값이 1에 가까울수록 상관관계가 강하다고 판단한다.

상관계수의 값이 플러스일 때에는 양(+)의 상관관계가 있다는 것을 시사하고, 상관계수의 값이 마이너스일 대에는 음(-)의 상관관계가 있다는 것을 시사하고 있다. 상관계수가 0에 가까울 때는 그 두 변수간에는 상관관계가 없게 된다.

두 양적변수의 관계도 1변수마다의 해석을 실시할 때와 마찬가지로 그래프로 표현하여 시각적으로 음미하는 것이 필요하다. 이를 위한 그래프로서 산점도 혹은 산포도가 있다.

산점도를 관찰할 때의 요점은 다음의 세 가지이다.

① 변수 사이에는 어떠한 관계가 있는가(직선적이가, 곡선적인가, 무관계인가)
② 이상치(이상적으로 차이가 나는 값)는 없는가
③ 몇 개의 크러스터(군집)가 형성되어 있지 않은가

3. 로지스틱 회귀분석(Logistic Regression)

1) 목적

이분형(예/아니오) 종속변수에 대하여 한 개 이상의 설명(독립)변수들을 가지고 회귀모형을 만든다.

로지스틱 회귀분석(Logistic Regression Analysis)은 존재(1)/부재(0) 형태로 되어 있는 종속변수에 대하여, 한 개 이상의 설명(독립)변수들을 가지고 이를 추측하기 위해 회귀분석을 하는 것이다. 일반적인 회귀분석과 유사한데,

종속변수가 구간 비율척도 변수가 아니라 0과 1의 값을 가지는 이분형 범주형 변수라는 것이 다른 점이다. 또한 로지스틱 회귀분석에서는 회귀계수로 독립변수들의 오즈비(odds ratio)를 쉽게 구할 수 있는 장점이 있다.

종속변수가 범주형 변수라는 점은 판별분석과 동일하지만 독립변수들이 다변량 정규분포를 따르지 않아도 되기 때문에 판별분석 보다 덜 제한적이어서 다양하게 사용할 수 있다.

로지스틱 회귀모형에는 종속변수 값이 0과 1의 두 가지인 이분형 로지스틱 회구모형과 세 개 이상의 값을 가지는 종속변수에 대한 다항 로지스틱 회귀 모형이 있다. 여기서는 이분형 로지스틱 회귀모형 만을 설명하기로 한다.

2) 사용되는 변수의 척도

독립변수는 범주형 변수나 구간 비율척도이고 종속변수는 0과 1의 두 가지값을 가지는 이분형 범주형 변수

로지스틱 회귀분석에서 종속변수는 0과 1을 가지는 이분형 범주형 변수이어야 하다.

독립변수는 범주형 변수와 구간 비율척도를 모두 사용할 수 있다. 더미변수(dummy variable) 형태가 아닌 범주형 독립변수의 경우에는 대화상자에서 범주형 단추를 눌러서 범주형 변수인 것을 지정해야 한다.

3) 원리

(1)로지스틱 회귀분석에서의 가정(assumption)

로지스틱 회구분석을 실행시키기 위해서 판별분석과 같은 분포의 가정은 필요하지 않다. 그러나 독립변수들이 다변량 정규분포를 따르면 추정 결과가 보다 안정적이다. 회귀분석에서와 같이 독립변수들 사이에 다중 공선성이 있는 경우에는 추정에 편의가 생기고 큰 오차가 발생한다.

4. 신뢰성 분석(Reliablity)

신뢰성 분석은 측정도구의 신뢰성(reliability)을 확인하기 위한 분석방법으로서 여기서 측정도구는 연구에 사용된 설문지, 보다 구체적으로 설문지의 문항 정도로 생각하면 쉽겠다.

가장 널리 사용되는 신뢰도 계수는 Cronbach's alpha로 신뢰도 계수 alpha(α)는 검사의 내적 일관성(internal consistency)을 나타내는 값으로서 한 검사 내에서의 변수들간의 평균상관관계에 근거해 검사문항들이 동질적인 요소로 구성되어 있는지를 알아보고자 하는 것이다.

신뢰도 분석은 측정도구의 신뢰도(reliability)를 확인하기 위한 분석방법이다. 여기에서 측정도구는 연구목적으로 작성된 설문지, 즉 설문지의 설문문항을 의미한다고 할 수 있다. 신뢰도를 분석하다는 것은 하나의 개념에 대해 응답자들에게 다시 설문을 하여도 시간이나 상황에 영향을 받지 않고 유사한 결과를 나타낼 것인가를 알아보고자 실시하는 분석방법이다.

신뢰도 분석에 가장 널리 사용되는 신뢰도 계수는 크론바하 알파 계수이며, 이 알파는 검사의 내적 일관성을 나타내는 값으로 한 조사 내에서 변수들 간의 평균 상관관계에 근거해 설문문항들이 동질적인 요소로 구성되어 있는지를 나타낸다.

개별 측정항목과 다른 항목들 간의 상관관계를 나타내는 크론바하 알파 계수는 0에서 1사이의 값을 가지는데 일반적으로 사회과학 연구에서는 0.7 이상이면 측정항목에 대한 신뢰도에는 별 문제가 없는 것으로, 즉 측정항목의 내적일관성을 가지는 것으로 간주한다.

신뢰도 분석은 모든 자료에서 내적 일관성 지수인 크론바하 알파계수를 산출할 수 있는 것은 아니라, 동일한 척도로 구성된 자료에 대한 응답자의 응답의 일관성을 알고자 할 때만 사용할 수 있다. 즉 동일하게 척도화된 자료에서만 사용이 가능하다. 예를 들면, 등간척도로만 구성된 자료의 경우에는 신뢰도 분석을 할 수 있는 반면, 등간척도와 명목척도가 혼합된 자료에 대해서는 신뢰도 분석을 할 수 없다는 것이다.

1) 신뢰도분석(Reliablity)의 목적

동일한 개념을 측정하는 여러 항목들에 대한 항목분석과 신뢰도 계수 계산 몇 개의 질문을 하나의 개념에 대한 측정도구로서 사용하고자 할 때 그 질문들에 대한 응답들이 동일한 개념을 측정하였기 때문에 비슷하게 나타나야 한다는 것을 전제로 하는 분석이 신뢰도분석(reliablity analysis)이다. 크론바흐 알파계수(Cronbach's α)와 같은 신뢰도계수를 계산해서 각 변수에 대한 항목분석(item analysis)과 한 개념에 대한 전체 변수의 신뢰도를 제공한다.

2) 사용되는 변수의 척도

(1) 순서척도 구간 비율척도

한 개념을 나타내는 적어도 2개 이상의 문항(변수)들이 있어야 한다. 이때 변수들은 순서척도(가능하면 5점 척도 이상)나 구간 비율척도로 측정되어야 한다.

(2) 선행 통계분석이나 그래프

3) 선행 통계분석이나 그래프

(1) 요인분석(Factor analysis)

설문지가 한 개념에 대해 여러 문항으로 묻는 형태로 된 경우에는 바로 신뢰도 분석을 할 수 있다. 그러나 미리 설정하지 않은 몇 가지 개념에 대해 많은 문항들을 사용해서 묻는 설문지인 경우에는 서로 관련이 있는 문항들을 하나의 요인으로 묶어내는 요인분석을 선행한다. 요인분석의 결과로 만들어지는 요인들의 각각에 대하여 그 요인에 속하는 문항(변수)들을 가지고 신뢰도 분석을 할 수 있다.

4) 원리

신뢰성이란 동일한 대상에 대해 어떤 측정도구(설문)를 반복하여 적용했을 때, 그때마다 동일한 결과가 나오는지의 여부에 관한 문제이다.

우리가 사용하는 측정도구(설문지)가 알아내려고 하는 개념을 얼마나 믿을만하게 측정하는지 알아보는 방법은 여러 가지가 있다. 신뢰성 측정 방법으로는 재측정법(Retest Method), 항목이분할법(Split-Halves Method) 그리고 내적일치도법(Internal Consistency Method)가 있다. 이중 가장 널리 사용되는 방법은 응답자들에게 동일한 개념을 묻는 비슷한 질문들을 해서 응답자들이 비슷하게 대답하였는지를 측정하는 내적일치도법이다.

(1)크론바흐(cronbach)의 알파계수

이 알파계수는 0과 1사이의 값으로서 1에 가까울수록 문항들에 대한 응답이 서로 유사해서 신뢰성이 높음을 나타낸다. 신뢰도 값이 어느 정도여야 괜찮은 것인지에 대한 일률적인 기준은 없다. 그러나 대체로 0.8이상이면 상당히 신뢰할만한 측정이라고 본다. 신뢰도가 0.6이상인 경우는 아쉬운 대로 쓸 만하다고 할 수 있고 그 이하의 신뢰도에 대해서는 측정 방식을 개선해야 할 것이다.

5) 신뢰도 분석을 위한 기본가정

(1) 숫자화할 수 있는 데이터를 사용해야 한다. 신뢰도 분석에 사용될 수 있는 자료는 서열 혹은 등간척도일 수도 있으나 분석을 하기 위해서는 반드시 숫자로 코딩될 수 있어야 한다.

(2) 관측치는 상호간 독립적이어야 하며 측정 문항간의 오차는 서로 상관관계가 없어야 한다.

6) 신뢰도 분석 해석

표 9-3. 신뢰도 통계량

Cronbach의 알파	Cronbach's Alpha Based on Standardized Items	항목 수
.713	.716	6

표 9-4. 항목 통계량

	평균	표준 편차	N
꾸준함	2.90	1.096	346
열성적	2.68	1.046	346
즉시처리	2.92	1.060	346
상황에 잘대처함	2.85	1.034	346
굳은 의지	3.03	.969	346
주도적 추진	3.00	1.133	346

표 9-5. 항목간 상관행렬

	꾸준함	열성적	즉시처리	상황에 잘대처함	굳은 의지	주도적 추진
꾸준함	1.000	.332	.342	.124	.489	.161
열성적	.332	1.000	.300	.230	.330	.415
즉시처리	.342	.300	1.000	.187	.397	.215
상황에 잘대처함	.124	.230	.187	1.000	.305	.381
굳은 의지	.489	.330	.397	.305	1.000	.225
주도적 추진	.161	.415	.215	.381	.225	1.000

*공분산 행렬을 계산하여 분석에 사용합니다.

표 9-6. 요약 항목 통계량(여기서부터)

	평균	최소값	최대값	범위	최대값 / 최소값	분산	항목 수
항목 평균	2.894	2.676	3.029	.353	1.132	.016	6
항목 분산	1.119	.938	1.284	.346	1.368	.014	6

*공분산 행렬을 계산하여 분석에 사용합니다.

표 9-7. 항목 총계 통계량

	항목이 삭제된 경우 척도 평균	항목이 삭제된 경우 척도 분산	수정된 항목-전체 상관관계	제곱 다중 상관관계	항목이 삭제된 경우 Cronbach 알파
꾸준함	14.47	12.064	.430	.292	.679
열성적	14.69	11.868	.496	.274	.658
즉시처리	14.45	12.213	.432	.214	.678
상황에 잘대처함	14.52	12.778	.364	.200	.698
굳은 의지	14.34	11.974	.541	.352	.647
주도적 추진	14.37	11.972	.419	.261	.683

표 9-8. 척도 통계량

평균	분산	표준 편차	항목 수
17.36	16.539	4.067	6

위의 내용을 해석을 해보면 다음과 같은 내용이다.

6개 문항 전체에 대한 신뢰도로서 크론바흐 알파 값은 분석결과의 처음에 제시되어 있는데 그 값은 0.713으로 나타났다. 다음에는 적극성에 대한 6개 문항, '꾸준함', '열성적', '즉시 처리', '상황에 잘 대처함', '굳은 의지'와 '주도적 추진', 각각에 대한 항목 통계량(평균(mean)과 표준편차(Std Dev))과 항목산 상관행렬(Correlation Matrix)이 출력되었다.

표 9-6. 요약항목 통계량 표에서는 6개 문항의 평균(Item Means)과 표준편차(Item Variances)를 비교하였다. 6개 문항들의 평균에 대해서는, 6개의 평균값이 2.894이고 최소값이 2.676, 최대값은 3.029이며 6개의 평균값이 2.894이고 최소값이 2.676, 최대값은 3.029이며 6개 평균값들의 분산은 0.016이다. 항목 분산들의 통계량을 보면, 항목 분산들은 대체적으로 비슷한 값을 가지고 있는데 그 범위는 0.346이다.

항목 총계 통계량 표에서는 6개 문항 각각에 대해서 그 항목이 없을 경우에 있어서,'5개 문항 합의 평균', '5개 문항 합의 분산', '그 항목과 남은 5개 문항 합과의 Pearson 상관계수', '다중 상관계수 제곱', '크론바흐 알파' 값을 제공한다. 여기에서 '다중 상관계수 제곱'이란, 고려하는 항목을 종속변수로 하고 남은 5개 항목을 독립변수로 하는 다중 회귀분석을 하여 산출되는 R^2값을 말한다. 이 중에서 '크론바흐 알파' 항목을 보면 어느 문항을 제거하더라도전체 신뢰도 값(0.713)을 증가시키지 못하므로 6개 문항을 모두 사용하는 것이 좋다.

척도 통계량 표에서는 6개 문항들의 합(scale)에 대한 평균과 표준편차를 제시하였다.

6개 문항의 합이나 평균을 사용하는데 있어서의 신뢰도 계수인 0.713의 크론바흐 알파 값은 매우 만족할 만한 값은 아니지만 0.6보다 크므로 그런대로 쓸 만하다고 하겠다.

표 9-9. 신뢰도 통계량

Cronbach의 알파	Cronbach's Alpha Based on Standardized Items	항목 수
.496	.499	6

표 9-10. 항목 총계 통계량

	항목이 삭제된 경우 척도 평균	항목이 삭제된 경우 척도 분산	수정된 항목-전체 상관관계	제곱 다중 상관 관계	항목이 삭제된 경우 Cronbach 알파
혼자독서,사색	13.90	10.005	.186	.062	.488
독창적처리	14.74	9.694	.279	.134	.437
다른생활양식	14.37	9.750	.274	.121	.439
비판적임	14.41	9.736	.261	.073	.446
현실보다이상추구	14.38	9.379	.278	.091	.437
간섭싫어함	15.30	10.322	.243	.064	.456

위의 내용을 해석을 해보면 다음과 같은 내용이다.

'독창성'에 대한 6개 문항을 신뢰도 분석한 출력결과이다. 5개 문항 전체의 신뢰도 계수는 0.496으로 나타났다. 이 신뢰도 계수는 0.6보다 작으므로 신뢰도면에서 사용하는 데 문제가 있다고 본다. 또한 항목 총계 통계량 표에서 '크론바흐 알파'값을 보면 어떤 변수를 제거하여서 신뢰도계수를 증가시키지 못한다는 것을 알 수 있다. 따라서 앞의 6개 문항은 같은 개념에 대한 측정이라고 할 수 없거나, 항목의 질문 방법에 문제가 있는 것으로 판단된다.

제10장 요인분석과 변량분산분석 및 비율 통계량

1. 요인분석(Factor Analysis)
2. 다변량분산분석(MANOVA)
3. 다중응답문항의 분석
4. 비율 통계량(ratio ststics)
5. 비모수적 검정(Nonparametric tests)

제10장 요인분석과 변량분산분석 및 비율 통계량[5)]

1. 요인분석(Factor Analysis)

두 개의 변수간에 상관이 있는 경우, 그들 변수는 무엇인가 공통적인 것을 측정하고 있다고 생각할 수 있다.

많은 변수가 서로 복잡하게 상관하고 있는 경우에도 그들의 상관관계를 설명할 수 있는 몇 가지의 공통적인 성분을 생각하여, 개개의 변수를 그러한 공통적인 성분을 반영하는 부분과 각각의 변수에 독자적인 부분으로 나누어서 생각할 수 있다. 요인분석(factor analysis)에서는 공통적인 성분을 공통요인(common factor)이라고 부른다.

요인분석의 목적은 변수간의 상관행렬로부터 공통요인을 끄집어내어 그 공통요인을 이용해서 변수간의 상관관계를 설명하고, 공통요인과의 관계에 의해서 각 변수의 성질을 간결한 형태로 기술하는 것이다. 또 요인분석의 결과를 변수나 관측대상의 분류를 위해서 이용하는 경도 많다.

1) 목적

많은 변수들을 적은개수의 주성분변수나 요인변수로 축소한다.

SPSS 요인분석에서는 주성분분석(Principal Component Analysis)과 용인 분석(Factor Analysis)을 할 수 있다.

(1) 주성분분석

많은 수의 변수를 정보의 손실을 최소화 하면서 하나 또는 몇 개의 종합

5) 인터넷 다음카페(2010). cafe.daum.net/spssmaster,spss,Amos 논문통계도우미,석박사 통계분석(전체내용)

적 지표(주성분)로 요약하는 분석이다. 예를 들면, 여러 개의 시험 성적을 통합한 종합적 성적을 만들고자 하거나, 여러 가지 증상들을 통합한 종합적 질병 중증도를 만들고자 할 겨우, 각 지역의 사회경제적 현상(인구수, 학력, 총고용수, 주택가격 등)에 관한 데이터를 가지고 적은 개수의 사호경제적 지표를 구성하고자 할 경우에 주성분분석을 할 수 있다. 즉, 주성분분석은 변수의 차원을 축소하여 자료를 요약하는 것을 주목적으로 한다.

(2) 요인분석

많은 수의 변수들이 가지고 있는 정보를 소수 몇 개의 잠재적 요인(Factor)에 의하여 설명하고자 하는 분석이다. 예를 들면, 성격검사의 많은 문항들은 몇 가지 성격특성(요인)들로 구분할수 있는데 이와 같이 여러 개의 관련 있는 문항(변수)들을 하나의 요인으로 묶어서 차후의 분석(선형회귀분석, 판별분석, 군집분석 등)에 사용하기 위한 분석이다. 요인분석은 구체적으로 다음과 같은 목적으로 이용될 수 있다. 첫째, 변수들을 축소한다. 많은 문항(변수)들을 적은 수의 요인 변수로 줄려준다. 둘째, 불필요한 문항(변수)을 제거한다. 몇 가지 주요한 요인에 영향을 거의 주지 못하는 문항들을 제거할 수 있다. 셋째, 변수들의 특성을 파악한다. 변수들은 상호 독립적인 몇 가지 요인으로 축소되는데 그 요인들의 특성을 파악함으로서 변수들을 이해할 수 있다. 넷째, 측정도구의 타당성(validity)을 알 수 있다. 하나의 특성을 측정하기 위해 여러 개의 문항(변수)들을 사용했을 경우에 이 문항들이 요인분석에서 한 개의 요인으로 묶여지는 것은 그 측정도구가 타당함을 나타내준다.

2) 사용되는 변수의 척도

순서척도, 구간 비율척도 몇 개의 개념을 잠재적으로 대표하는 많은 수의 변수(문항)들이 필요하다. 변수들은 순서척도(가능하면 5점 척도 이상)나 구간 비율척도로 측정되어야 한다.

3) 보조 통계분석이나 그래프

각 변수들의 히스토그램을 그려서 정규성 검토주성분분석에서는 일반적으로 변수를 축소, 요약하는데 목적이 있기 때문에 정규성을 검토할 필요가 없다. 그러나 요인분석에서는 변수들이 정규분포를 따른다는 가정이 필요하다. 특히 요인점수(factor score)를 후속 분석에서 사용하고자 할 때 필요하다. 케이스 수가 많은 경우(변수 개수보다 적어도 50개 이상)에는 반드시 필요하지는 않으나, 케이스 수가 적은 경우에는 각 변수들의 히스토그램을 그려서 정규분포와 너무 동떨어진 변수를 찾고 이 변수에 대해서는 변환을 하여 사용하는 것이 좋다.

(1) 주성분분석의 종류

데이터를 표준화하지 않고 직접 원 데이터에 대해서 주성분분석을 적용하는 방법을 [분산공분산행렬로부터 출발하는 주성분분석]이라 하고, 표준화한 데이터에 대해서 주성분분석을 적용하는 방법을 [상관행렬로부터 출발하는 주성분분석]이라고 한다.

어느 쪽의 행렬로부터 출발하느냐의 판단기준은 다음과 같이 생각할 수 있다.

① 각 변수의 측정단위가 다르다. ········▶ 상관행렬

② 각 변수의 산포도 차이를 반영시키고 싶다. ········▶ 분산공분산행렬

③ 각 변수의 산포도 차이를 반영시키고 싶지 않다. ········▶ 상관행렬

④ 그 밖에 ········▶ 양쪽 적용

(2) 주성분분석의 효용

새로운 변수 z1, z2, ... zm 이 구해지면 pro의 변수를 m 개로 집약할 수 있게 된다. 이러한 사실은 어떠한 장점을 가져오는 것일까?

이제 6개의 변수로 이루어지는 다변량 데이터가 있다고 하자. 이들 변수의 관계를 파악하기 위해서 산점도를 이용하기로 하면, 두 변수마다 15매의 산점도를 관찰하지 않으면 안 되게 된다. 주성분분석에 의해서, 예를 들면 이 데이터를 2개의 새로운 변수로 집약할 수 있다고 하면 6변수의 정보를 1매의

산점도에 표현할 수 있어 정보의 이해가 훨씬 용이해진다. 또 이 산점도상에서 관측대상을 몇 개의 그룹으로 나눌 수 있다고 하는 효용가치가 있다.

(3) 분산공분산행렬

이제 세 개의 설명변수 x1, x2,x3로 이루어지는 다변량 데이터가 있다고 한다. 이것들을 기초로 변수마다의 분산(variance)과 두 변수마다의 공분산(convariance)을 계산하여 다음과 같은 형태로 정리한 행렬을 분산공분산행렬이라고 한다.

(4) 데이터의 표준화

다변량 데이터는 각 변수가 같은 단위로 측정되어 있는 경우와 변수의 단위가 다른 경우가 있다. 변수의 단위가 다르다고 하는 것은, 신장이라고 하는 변수는 cm의 단위로 측정되고 체중이라고 하는 변수는 kg의 단위로 측정되어 있는 경우 등을 말한다.

이와 같은 경우에는 변수마다 데이터를 표준화하고 나서 주성분분석을 적용하는 것이 좋다. 왜냐하면 주성분분석은 측정단위를 어떻게 취하느냐에 따라서 영향을 받기 때문이다. 물건의 길이를 나타내는 변수이더라도 cm의 단위로 기술된 데이터와 m 의 단위로 기술된 데이터에서는 주성분분석의 결과가 달라지므로, 데이터는 표준화해 놓은 편이 무난하다. 데이터의 표준화란, "각 데이터로부터 평균을 빼고 표준편차로 나눈다." 는 것으로 표준화된 데이터는 평균 0, 표준편차 1이 된다. 변수마다 데이터를 표준화함으로써 변수간 단위의 상위를 소거할 수 있다.

2. 다변량분산분석(MANOVA)

변량분산분석(Multivariate Analysis of Variance : MANOVA)은 분산분석(ANOVA)을 확장한 것이다.

분산분석은 종속변수가 하나인 경우에 집단간에 평균차이가 있는가를 검정하였으나 다변량분산분석은 종속변수가 2개 이상일 때 집단간 평균(벡터) 차이가 있는가를 검정하는데 사용한다.

SPSS 다변량분산분석에서는 공분산분석, 균형불완전계획법(balanced incomplete block design), 둥지계획법(nested design), 반복측정계획법(repeated measures design)등 다양한 실험계획법의 분석이 가능한데 특히 반복측정계획법의 분석에 효율적으로 이용된다.

1) 다변량분산분석(MANOVA)의 목적

서로 상관이 있는 두 개 이상의 종속변수가 있는 경우에 두 개 이상의 집단들에 대한 종속변수의 평균(벡터) 비교를 하는 것이다.

2) 사용되는 변수의 척도

종속변수들은 모두 구간 비율척도이고 요인(집단)변수들은 명목이나 순서척도이다. 종속변수들은 모두 측정값이므로 구간 비율척도이고 요인(집단) 변수는 각각 세 지역(서울, 부산, 광주), 세 가지 품종, 성별(남, 여)로 서 모두 명목척도이다.

3) 다변량분산분석(MANOVA)의 원리

(1)일원배치 다변량분산분석

분산분석에서와 같이 집단을 나누는 요인(집단)변수의 개수에 의해 일원배치 다변량분석분석, 이원배치 다변량분산분석 등으로 불린다. 가장 단순한 형태인 일원배치 다변량분산분석은 일원배치 분산분석과 매우 흡사하다. 단지 여기서는 하나의 종속변수가 아니고 여러 개의 종속변수 벡터를 한꺼번에 다룬다는 것이 다르다.

(2) 가정의 검토

다변량분산분석을 하기 위해서는 다음의 가정을 필요로 한다.

요인(집단)의 각 수준에서 데이터의 모집단은 동일한 공분산 행렬을 가지는 다변량 정규분포를 따른다.

3. 다중응답문항의 분석

1) 다중응답문항의 분석

한 문항에 두가지 이상의 응답항목을 선택하도록 구성된 문항을 다중응답문항이라고 한다.

다중응답문항으로 다음과 같은 예를 들어 볼 수 있다.

문항1. 귀하가 (혹은 귀하의 가정에서) 다음 중앙 일간지 신문 중 현재 구독하고 있는 신문은 무엇입니까? 있는 대로 모두 고르시오

①조선일보 ②동아일보 ③중앙일보 ④한계레 신문 ⑤한국일보

문항2. 귀하의 배우자를 선택할 때 다음 중 가장 중요하게 생각하는 두가지를 고르시오

①외모 ②재산 ③개인 능력 ④성격 ⑤직장 ⑥배우자 집안의 화목

2) 다중응답문항의 코딩

다중응답문항을 데이터로 코딩하는 방법에는 이분법과 범주형 두가지가 있다

3) 다중응답분석

다중응답분석은 한개의 설문에 복수응답을 처리하고 분석하는 것입니다.

그 방법으로는 (1) 범주형, (2) 이분형, (3) 순위형이 있습니다.

범주형은 '아래 보기 중 2(3)개만 고르시오'와 같은 체크할 보기를 정해주는 형태입니다.

다시 말해 선택할 보기의 갯수를 2개 이상 미리 정해주는 설문입니다.

코딩하는 방법은 Q11, Q12, Q13......Q(설문항. 선택할 보기 갯수)로 변수를 정하고 코딩합니다.

분석은 SPSS프로그램상 메뉴-분석-다중응답분석-변수군정의의 순으로 변수를 정의한 뒤(이 때 범주형에 클릭, 범위는 대개 1에서 9까지 여기서 9

는 무응답치, 보기의 갯수가 8이하일 경우)정하고, 이름에 Q1, 설명에는 설문항내용을 기입 후 추가 버턴 클릭, 메뉴-분석-다중응답분석-빈도 혹은 교차분석을 실시합니다.

이분형은 0과 1을 사용합니다. 0은 무응답치, 1은 응답했음을 나타내고, 이는 '아래 보기 중 해당하는 대로 모두 고르시오'와 같은 설문항입니다.

코딩은 변수에 Q11, Q12, Q13, Q14......Q(설문항, 보기 갯수)로 하고 이때 코딩에 있어 만약 어떤 피험자가 보기 5개 중 1,3,5번을 선택했다면 Q11에는 1, Q12에는 0, Q13에는 1, Q14에는 0, Q15에는 1을 넣습니다.

분석은 SPSS프로그램상 메뉴-분석-다중응답분석-변수군정의(이 때 이분형 클릭, 빈도화값에는 1, 이름에 Q1, 설명에 설문항 내용 기입, 추가버턴클릭)를 한 후, 메뉴-분석-다중응답분석-빈도 혹은 교차분석을 실시합니다.

순위형은 '다음 보기 중 2(3)개를 순서대로 고르시오'와 같은 설문 형태입니다.

이를 코딩하는 방법은 범주형 다중응답 설문항과 같은 방법으로 합니다.

대신 분석할 때(예를 들어 3개를 고를 때) 1순위, 2순위에 가중치를 주어야 합니다.

1순위*300%, 2순위*200%, 3순위*100%를 합니다.

분석은 SPSS프로그램상 메뉴-분석-기술통계량-빈도 혹은 교차분석을 실시합니다.

해석방법은 결과상 대부분 1순위의 결과대로 나오니 1순위만 제시하고 해석할 수도 있고,

1-3순위까지 모두 제시하며 따로 해석할 수도 있습니다.

4. 비율 통계량(ratio ststics)

1) 비율 통계량(ratio ststics)의 목적

두 구간 비율 척도 변수의 비에 대한 요약통계량을 계산한다.

비율 통계량은 두 개의 구간 비율척도 변수의 비(ratio)에 대해 다양한 요약통계량을 계산하기 위해서 사용된다. 예를 들어, 5개 국가의 집의 감정가격과 실제 판매가격의 비가 얼마나 차이가 있는지 알아볼 수 있다.

2) 사용되는 변수의 척도

두 개의 양의 값을 가지는 구간 비율척도 변수나 순서척도 변수(범주들이 등간격일 때)

사용되는 변수의 척도는 원칙적으로 양의 값만을 가지는 구간 비율척도이어야 한다. 그러나 순서척도이더라도 각 범주들의 간격이 등간격이라고 볼 수 있을 경우이거나 몇 개의 순서척도 변수들의 합으로 된 변수에도 적용할 수 있다.

5. 비모수적 검정(Nonparametric tests)

1) 비모수 검정이란?

일반적으로, 모수검정은 모집단이 정규분포를 이룬다는 가정하에서 t분포나 F분포를 이용한다. 그러나 실제로 표본추출에 의해 통계분석을 행할 때 이러한 가정은 잘 만족되지 않을 때가 많다. 이같은 문제점을 해결하여 주는 것이 바로 비모수검정(Nonparametric tests)이다. 그리고 비모수검정의 분석에 이용되는 검정변수는 양적 변수가 아니어도 된다는 점이 편리하다.

맨-휘트니검정과 같은 많은 통계적 절차들은 데이터의 분포에 관한 가정이 불필요하다. 비모수 검정은 분포-자유검정(Sistribution-free tests)이라고 부른다. 맨-휘트니 검정과 같은 비모수검정은 일반적으로 모수검정보다 더 약한 것으로 알려져 있으므로 모수검정이 사용하기에 적당하지 못하다고 판정될 때 비모수검정을 사용하는 것이 좋다. 예를 들면, 데이터가 명목이거나 서열척도일 때 혹은 등간척도가 현저하게 비정규 분포일 때 모수검정은 적절하지 못하다. 비모수검정의 유의수준은 대개 데이터의 순위에 기초를 두고 있기 때문에 모집단의 분포형태와는 관계없이 결정되어질 수 있다.

비모수적 통계방법은 적용하는 것이 다를 뿐 해석과 제시방법은 모수적통계방법과 동일하다.

모집단의 분포에 대해 모수형의 가정(정규분포 등)을 하지 않는 검정 12장까지 다루어 온 통계적 방법은 대체로 모집단에 대해 어떠한 가정을 하였다. 예를 들어, 두 집단의 평균을 비교하기 위해 독립표본 T 검정을 사용할 때 우리는 두 표본의 모집단 분포가 각각 정규분포라는 가정을 하게 된다. 이러한 방법을 모수적 방법(parametric method)이라고 한다. 만약 모집단이 정규분포와는 전혀 다른 형태를 가지고 있는데도 불구하고 이런 모수적 검정을 하게 되면 분석 결과에 상당한 오류가 있을 수 있다. 데이터의 수가 매우 적어서 모집단의 분포가 정규분포인지 의심스럽거나 데이터에 이상점(outlier)이 있는 경우, 혹은 히스토그램으로 보아 정규분포보다 꼬리 부분이 두터운 경우에는 모집단의 분포에 가정이 거의 필요 없는 비모수적 방법(nonparametric method)을 사용하면 보다 효율적이다.

(1) **모수적 방법**: 모집단의 분포를 정규분표와 같이 모수(parameter:평균과 표준편차 등)가 있는 분포로 가정하고 이에 대한 추론을 하는 방법

(2) **비모수적 방법**: 모집단에 대해 모수가 있는 분포로 가정하지 않고 추론하는 방법

비모수적 방법들은 대개 관측치 자체보다도 관측치의 부호나 순위를 사용한다.

SPSS 비모수적 검정에서는 다음과 같은 검정들을 제공하고 있다.

검정 종류영문 이름설명카이제곱검정Chi-Square Test범주형 변수에 대

해 관측도수와 기대도수의 차이에 대한 카이제곱 검정을 한다. 이항검정 Binomial Test두 개의 범주를 가진 범주형 변수에 대해 관측도수와 이항분포하의 기대도수를 비교하는 카이제곱 검정을 한다. 이것은 한 범주의 비율을 검정하는 것과 같다. 이런 검정Runs Test한 변수의 두 가지 값을 고려할 때, 두 가지 값이 랜덤하게 나타나는지 알아보는 검정 독립 2-표본검정 Two-Independent-Samples Test독립표본 T 검정(모수적 검정)에 대응되는 비모수적 검정. 윌콕슨의 순위합 검정(혹은 맨-휘트니의 U 검정)이 가장 많이 쓰인다. 일표본 K-S 검정One-Sample-Kolmogorov-Smirnov Test 한 변수의 관측분포를 이론적인 분호(정규분포, 균일분포, 포아송분포 등)와 비교하는 검정독립 K-표본검정Tests for Several Independent Samples일원배치 분산분석(모수적 검정)에 대응되는 비모수적 검정, 크루스칼-왈리스 검정이 가장 널리 쓰인다. 대응 2-표본검정Two-Related-Samples Test대응표본 T 검정(모수적 검정)에 대응되는 비모수적 검정. 윌콕슨의 부호순위검정 이나 부호검정이 널리 쓰인다. 대응 K-표본검정Tests for Several Related Samples 랜덤완전블록 계획법에 대한 분산분석(모수적 검정)에 대응되는 비모수적 검정. 프리드만 검정이 많이 쓰인다.

2) 이항분포, 카이제곱검정, 런 검정

(1) 이항 분포 검정이란 무엇인가?

이항분포 검정이란 이항분포를 따르는 변수의 관찰치가 연구자가 예상한 기대빈도와 일치하는 지를 검정하는 기법이다. 즉, 동전을 10번 던지는 경우 앞면이 5번 나올 확률 혹은 10번 다 앞면이 나올 확률 등의 여부를 검정할 때 이용하는 것으로 기대치와 관측치(실제 데이터)의 차이를 비교하는 방식을 tkdydd한다.

(2) 카이제곱 검정이란 무엇인가?

카이제곱 검정은 표본의 관측치와 기대치 간의 일치 여부를 검정하고자 할 때 사용하는 통계기법이다.

(3) 런(run)검정이란 무엇인가?

특수한 경우를 제외하고는 대부분 표본은 무작위적으로 추출되어진다. 두 개의 값을 가지는 변수의 관측값들이 무작위인지. 아니면 앞부분의 관찰치가 뒤에 나타나는 관측값에 영향을 미치는 지를 검정하는 것이 런검정이다. 예를 들면, 동전을 반복해서 던질 때 앞면(1)과 뒷면(0)이 나온 순서가 무작위인지를 검정할 때 이용된다. 동전을 던졌을 때 '11001011100'과 같이 나타났을 경우, 관측치 계열에서 어떤 속성들이 연속적으로 동일 관측된 것을 런(run)이라고 한다. 위의 경우는 6개의 연속적인 런(11/00/1/0/111/00)으로 구분된다. 런 검점은 런의 수를 판단하여 무작위성을 검정하게 되는데, 런의 수가 매우 많거나 매우 적으면 관찰치 간의 연관성이 있다고 할 수 있다.

(4) 윌콕슨 검정이란 무엇인가?

윌콕슨(Wilcoxon)은 짝을 이룬 관측치들이 서로 차이가 있는 지를 검증하는 분석기법으로 정규분포 또는 연속형 척도(등간 및 비율척도)와 같은 짝을 이룬 표본이 t-test 요건을 충족하지 못하였을 때 이용할 수 있다. 따라서 윌콕슨 검정은 모집단의 분포가 정규분포일 필요도 없으며, 최소한 연속적 서열척도이면 분석은 가능하게 된다.

(5) 켄달(Kendall) 검정이란 무엇인가?

켄달 검정은 서열척도로 측정된 두 개 이상의 변수값들이 동일한 모집단에서 추출되었는지의 여부를 검정하는 방법으로써, 켄달의 일치계수를 계산하여 관측치별로 각 변수에 대하여 부여한 순위와 일치하는 지를 검정한다.

(6) 맨-휘트니(Mann-Whitney)검정이란 무엇인가?

맨-휘트니 검정은 두 개의 표본이 동일한 모집단에서 추출되었는지를 검정하는 기법이다. 이는 분산의 동질성이나 정규분포를 가정하는 모수통계분석방법인 T-TEST와 같이, 두 집단의 차이 검정에 있어서 유용한 통계분석방법으로써 연속적 서열(순위)척도로 측정된 자료를 사용한다. 그리고 맨-휘트니 검정은 입력된 자료에 순위를 지정하여 각 집단의 순위평균을 비교한 방식의 검정을 하게 된다.

(7) 크루스칼-윌리스(Kruskal - Wallis)검정이란 무엇인가?

크루스칼-윌리스 검정은 세 개 이상의 집단 간 차이를 검정하는 통계분석 기법이다.

기본적인 전제조건은 맨-휘트니 검정과 동일하다.

3) 비모수 통계

(1) 비모수통계란 무엇인가?

모수검정은 일반적으로 모집단이 정규분포를 이룬다는 가정 하에서 T분포나 F분포를 이용한다. 그러나 인문 및 사회과학분야에서 실제로 표본추출에 의해 통계분석을 실시할 때 이러한 가정을 충족시키지 못하는 경우가 많다. 이러한 경우에 사용하는 통계기법이 바로 비모수검정이다. 즉, 관측값이 어느 특정한 확률분포를 따른다고 전제할 수 없는 경우에 실시하는 검정방법으로 모수에 대한 언급이 없어 분포무관방법이라고도 한다. 이러한 비모수적검정의 특징은 ① 최소한의 가정을 전제로 하므로 가정이 만족하지 않음으로써 발생하는 오류를 줄일 수 있다. ② 대부분의 경우 관측값보다는 상대적 순위를 이용하여 검정통계량을 유도하므로 순서척도로 관측된 자료를 검정하는데 유용한다. ③ 계산과정이 단순하여 통계적 의미를 쉽게 이해할 수 있으므로 통계에 대하 SRLV은 지식을 필요로 하지 않는다.

(2) 비모수검정은 어떤 경우에 사용하는가?

비모수검정은 모수검정보다 검정력이 더 약한 것으로 알려져 있지만 모수검정이 부적합할 때 비모수검정을 이용하게 된다. 즉 자료가 명목척도이거나 서열척도일 때 혹은 등간척도가 현저하게 비정규분포를 이룰 때, 모수검정은 적절하지 못하므로 비 모수검정을 이용하게 된다.

① 모수통계(parametric test)

모집단 분포의 형태와 모수에 대한 사전정보가 충분하고 변수의 척도가 등간척도 이상인 경우에 적용되는 통계기법

② 비모수통계(nonparametric test)

모집단 분포의 형태와 모수에 대한 정보가 부족해 모집단의 특성에 대한 가정을 세우기 어렵거나 자료의 척도가 명목척도나 서열척도인 경우 적용되는 통계기법

(3) 비모수통계 분석방법의 종류는?

비모수통계 분석방법은 크게 5가지 종류로 분류할 수 있다.

① 적합도 검정

모집단이 일정한 확률분포 형태를 갖는다고 가정할 경우, 표본에서 얻어진 분포가 모집단에서 가정하고 있는 분포에 적합한지를 검정하는 방법으로써 단일표본 카이제곱 검정, 단일표본 콜모고로프-스미르노프검정, 이항분포 검정이 활용된다.

② 무작위성 검정

일련의 관찰치가 무작위적으로 발생한 것인지 아니면 앞에서 발생한 사건이 뒤에서 발생하게 될 사건에 영향을 미치는 지를 검정하기 위한 방법으로써 런 검정이 사용된다.

③ 변수간 분포의 동질성 검정

정규분포와 같은 특정한 분포를 가정하지 않은 확률분포에서 두 개의 변수 또는 3개 이상의 변수 값들이 이루는 확률분포가 동일한 지를 검정하는 방법으로써 부호검정, 윌콕슨 검정, 맥네마르 검정, 프리드맨 검정, 켄달의 검정, 코크란큐 검정이 활용되고 있다.

④ 집단가 분포와 동질성 검정

두 집단 또는 세 집단 이상의 특정변수에 대한 확률분포가 동일한지 또는 차이가 있는 지를 검정하는 방법으로써, 두 집단간의 비교에는 맨-휘트니 검정, 2개 표본의 비교에는 콜로고로프-스미르노프 검정, 월드-월포비치 검정이 활용되고, 세 집단이상의 비교에서는 중앙값 검정, 크루스칼-윌리스 검정이 사용된다.

⑤ 변수 간의 상관관계분석

4) 단일표본 카이스케어 검정이란?

카이스케어 검정(Chi-Square Test)이란 변수의 범주에 따라 관측빈도와 기대빈도간의 차이를 근거로 한 카이스케어 통계량을 계산한다. 최소한 하나 이상의 수치변수가 있어야 한다.

(1) 이항분포검정이란?

이항분포검정(Binominal test)은 데이터들이 이항분포에서 기대되는 빈도와 일치하는지를 검정한다. 예를 들면 동전을 10번 던지는 경우 3번 앞면이 나올 확률이라든지, 아니면 10번 다 앞면이 나올 확률 등의 여부를 검정하고자 할 때 이용한다. 이것은 이론적으로 얻어지는 이항분포에서의 기대치와 실제 데이터의 차이를 비교하는 방식을 사용한다.

(2) 단일표본 콜모고로프-그미르노프검정?

단일표본 콜모고로프-스미르노프검정(One-sample Kolmogorov-Smirnov test)은 관측된 변수의 누적분포함수를 정규, 일양 또는 포아송의 특정 이론적 분포와 비교하는 것이다. K-S검정은 카이스케어 검정과 마찬가지로 이론적인 빈도분포의 적합도(goodness of fit)를 측정하는 도 하나의 척도이다. 이 때 사용되는 통계량을 D로 나타내는데 이는 표본의 누적확률분포와 가설로 설정된 누적확률분포의 최대차이를 의미한다. K-S는 카이스케어 검정보다 더 강력한 검정방법으로 알려져 있으며, 사용하기가 쉽다는 장점을 가지고 있다. K-S 검정에서 Z는 관측 및 이론적 분포 함수간의 가장 큰 차이(절대값)로부터 계산된다.

(3) 두 독립표본검정?

두 독립표본검정은 한 변수에 관한 사례의 두 집단을 비교하는 데 이용한다. 두-독립표본 검정을 위해서 맨-휘트니 검정(Mann-Whitney test)을 많이 이용한다. 맨-휘트니검정은 기본적인 분포의 형태에 대한 가정을 필요로 하지 않는다. 이 검정은 두 개의 독립표본들이 같은 분포를 갖는 모집단으로부터 추출되었다는 가설을 검정하는 것이다. 이 검정은 변수가 등간척도가 아닌 서열척도의 경우에도 적용 가능하다.

5) 대응 2-표본 검정(Two-Related-Samples Test)

(1) 목적

대응표본 T 검정에 대응되는 비모수적 검정. 데이터가 매우 작은데 정규성이 의심되거나 데이터에 이상점이 있는 경우.

서로 대응되는 두 변수의 평균을 비교하고자 할 때 우리는 일단 대응표본 T 검정을 생각할 수 있다. 이 검정을 시행하려면 표본크기(케이스 수)가 크거나(>30), 케이스 수가 작다면 두 변수 차이 값의 모집단 분포가 정규분포라고 가정할 수 있어야 된다. 그러나, 데이터의 수가 매우 적어서 모집단의 분포가 정규분포인지 의심스럽거나 두 변수 차이 값에 이상점이 있는 경우, 혹은 히스토그램으로 보아 정규분포보다 꼬리 부분이 두터운 경우에 대응표본 T 검정을 사용하면 그 결과에 상당한 오류가 있을 수 있다. 따라서 이런 경우에는 비모수적 방법을 사용하는 것이 일반적으로 더 효율적이다.

6) 독립 K-표본 검정 (Tests for Several Independent Samples)

(1) 목적

일원배치 분산분석에 대응되는 비모수적 검정. 데이터가 매우 적은데 정규성이 의심되거나 데이터에 이상점이 있는 겨우.

세 개 이상의 집단(처리)에 대한 평균을 비교하고자 할 때 우리는 일단 일원배치 분산분석을 생각할 수 있다. 이 검정을 시행하려면 모든 집단의 표본크기(케이스 수)가 크거나(>30), 케이스 수가 작다면 각 집단의 모집단 분포가 정규분포라고 가정할 수 있어야 된다.

그러나, 각 집단의 데이터 수가 매우 적어서 모집단의 분포가 정규분포인지 의심스럽거나 데이터에 이상점이 있는 겨우, 혹은 히스토그램으로 보아 정규분포보다 꼬리 부분이 두터운 경우에 일원배치 분산분석을 사용하면 그 결과에 상당한 오류가 있을 수 있다. 따라서 이런 경우에는 비모수적 방법을 사용하는 것이 일반적으로 더 효율적이다.

(2) 원리

가장 많이 사용하는 독립 K-표본 비모수적 검정은 크루스칼-왈리스 검정(Kuskal-Wallis Test)이다. 크루스칼-왈리스 검정법은 일원배치 분산분석의 데이터 구조에서 데이터를 혼합순위로 대체한 다음 일원배치분산분석표를 만들어 검정하는 것이다.

7) 독립 2-표본 검정(Two-Independent-Samples Test)

(1) 목적

독립표본 T 검정에 대응되는 비모수적 검정. 데이터가 매우 작은데 정규성이 의심되거나 데이터에 이상점이 있는 경우

두집단(처리)의 평균을 비교하고자 할 때 우리는 일단 독립표본 T 검정을 생각할 수 있다. 이 검정을 시행하려면 표본크기(케이스 수)가 크거나 (>30), 케이스 수가 작다면 두 집단의 모집단 분포가 각각 정규분포라고 가정할 수 있어야 된다.

그러나, 데이터의 수가 매우 적어서 모집단의 분포가 정규분포인지 의심스럽거나 데이터에 이상점이 있는 경우, 혹은 히스토그램으로 보아 정규분포보다 꼬리 부분이 두터운 경우에 독립표본 T 검정을 사용하면 그 결과에 상당한 오류가 있을 수 있다. 따라서 이런 경우에는 비모수적 방법을 사용하는 것이 일반적으로 더 효율적이다.

(2) 원리

가장 많이 사용하는 독립 2-표본 비모수적 검정은 맨-휘트니 검정(Mann-Whitney U Test)이다. 이 검정은 윌콕슨의 순위합 검정(Wilcoxon Rank Sum Test)이라고도 한다.

맨-휘트니 검정은 윌콕슨의 순위합 검정과 동일한 결과를 보여준다.

8) 카이제곱 검정(chi-square test)

(1) 목적

범주형 변수의 관측도수와 기대도수 차이에 대한 카이제곱 검정 여기에서 말하는 카이제곱 검정은 일차원 빈도표에 대한 분석이다.

제11장 선형회귀분석과 로지스틱 회귀분석

1. 선형회귀분석(regression)
2. 로지스틱 회귀분석(Logistic Regression)

제11장 선형회귀분석과 로지스틱 회귀분석[6)]

1. 선형회귀분석(regression)

회귀분석이란 변수들 중 하나를 종속변수로 나머지를 독립변수로 하여 변수들 간의 상호관계 본질을 규명하는 통계기법이다. 다시 말하면, 독립변수가 종속변수에 미치는 영향력을 분석하거나 독립변수의 변화에 따라 종속변수의 변화를 예측하기 위해서 사용하는 통계기법을 의미한다.

회귀분석은 독립변수의 수에 따라 구분할 수 있는데, 독립변수가 한 개인 경우는 단순회귀분석으라고 하고, 둘 이상인 경우에는 다중회귀분석이라고 한다. 그 외에 더미 변수를 이용한 회귀분석 그리고 이변량의 값만을 가지는 종속변수와 독립변수들 간의 관련성을 추정하는 로지스틱회귀분석 등이 있다.

회귀분석은 어떤 하나의 변수 값을, 다른 변수의 값을 사용해서 ① 예측하고 싶다. ②제어하고 싶다. 라고 하는 두 가지 경우에 주로 이용되는 수법이다.

예측하고 싶은 변수를 목적변수라고 부르고, 예측에 사용하는 변수를 설명변수라고 부른다. 제어의 문제에 적용할 경우에는 목적변수가 결과로서 제어되는 변수이고 설명변수가 직접 제어하는 변수이다.

회귀분석에서는 단(순)회귀분석(simple regression analysis)과 중회귀분석(multiple regressio analysis)이 있다.

설명변수가 하나인 경우가 단회귀분석이고 두 개 이상인 경우가 중회귀분석이다.

---

6) 인터넷 다음카페(2010). cafe.daum.net/spssmaster,spss,Amos 논문통계도우미,석박사 통계분석(전체내용)

회귀분석을 적용할 수 있는 데이터의 타입은 목적변수가 양적 변수일 때이다. 설명변수 쪽은 양적 변수이거나 질적 변수이거나 상관없다. 다만 질적 변수를 쓸 경우에는 데이터 값이 0이나 1밖에 취하지 않는 더미변수라고 불리는 변수를 도입하여, 질적인 데이터를 변환하지 않으면 안 된다. 설명변수가 모두 질적인 경우에 이용되는 해석수법에 수량화이론 Ⅰ류라고 불리는 수법이 있는데, 이것은 설명변수를 모두 더미 변수로 해서 중회귀분석을 실시하는 것과 동등하다.

1) 목적과 목표

목적 : 1개 이상의 설명(독립)변수를 가지고 목적(종속)변수에 대한 선형 회귀모형을 만든다.

회귀분석(regression analysis)은 여러 개의 변수들간의 관계를 함수식으로 모형화하기 위한 분석으로서 한 개의 목적(종속)변수를 1개 이상의 설명(독립)변수들의 선형 함수식으로 표현한다.

회귀분석을 통하여 다음과 같은 작업을 한다.

(1) 종속변수와 독립변수(들)을 사용하여 회귀모형을 설정한다.

(2) 설정한 회귀모형 내에 있는 회귀계수(들)을 추정하여 회귀식을 도출한다.

(3) 추정된 모형의 타당성을 검토한다.

(4) 추정된 모형으로 종속변수 값을 예측하는 데 사용한다.

목표 : 단회귀분석은 목적변수 y를 1개의 설명변수 x의 1차식으로 나타내는 것, 즉 y= + 라고 하는 y와 x간의 관계식을 구하는 수법이다.

중회귀분석이란 목적변수 y를 p개의 설명변수 .... 의 1차식으로 나타내는 것, 즉 y=b0+b1x1+b2x2+.....+bpxp라고 하는 y와 x1, x2, x3.... 사이의 관계식을 구하는 수법이다. 회귀분석에서는 b0를 절편 혹은 상수항이라 부르고, b1, b2, ...bp를 (편)회귀계수라고 부른다.

2) 사용되는 변수의 척도

독립변수와 종속변수 모두 구간 비율척도이어야 하지만, 더미 변수 형대로 바꾼 범주형 변수는 독립변수로 사용가능

사용되는 변수의 척도는 독립변수와 종속변수 모두 원칙적으로 구간 비율척도이어야 한다. 그러나 순서척도이더라도 각 범주들의 간격이 등간격이라고 볼 수 있는 경우나 몇 개의 순서척도 변수들의 합으로 된 변수에도 적용할 수 있다. 또한 독립변수로서 범주형 변수를 하용할 수 있는데 이경우에는 반드시 더미(dummy)변수 형태로 바꾸어서 사용해야 한다.

3) 원리

(1)회귀모형의 설정

회귀모형(regression model)이란 여러 개의 변수들간의 관계를 나타내는 모형으로서 하나의 목적(종속)변수 Y를 그 목적변수를 설명한다고 생각되는 설명(독립)변수(들) X1....Xk의 함수식으로 표현하는 통계적 모형이다. 회귀모형에는 선형회귀모형(Linear Regression Model)과 비선형회귀모형(Nonlinear Regression Model)이 있는데 Y가 설명변수들의 선형함수식으로 표현되는 모형을 선형회귀모형이라고 하고, 설명변수들의 비선형함수식(다항함수, 지수함수, 로그함수 등)으로 표현되는 모형을 비선형회귀모형이라고 한다. 또한 선형회귀모형에는 설명변수가 하나인 단순선형회귀모형과 설명변수가 여러 개 있는 다중회귀모형이 있다.

4) 단순회귀분석의 유의점

(1) 단순회귀분석(bivariate regression analysis)은 1개의 독립변수와 1개의 종속변수일 때 사용한다. 2개 이상의 독립변수와 1개의 종속변수일 때는 다중회귀분석(multiple regression analysis)을 사용한다.

(2) 이 때 독립변인과 종속변인 모두 동간척도 이상이어야 한다. 명목척도로 측정된 독립변인은 그대로 사용할 수 없고 가변인(summy variable)으로 바꾸어 사용해야 한다.

(3) 회귀분석의 목적은 크게 두가지다. ① 독립변인이 종속변인에 미치는 영향력을 보여주는 값인 회귀계수를 구한 후 신뢰구간을 통해 모수치를 추정하는 것과 ② 회귀계수의 유의도를 검증하는 것이다.

(4) 절차: ① 연구가설 선정, ② 프로그램 실행, ③ 변인의 기술통계 값 분석, ④ 변인의 상관계수 분석, ⑤ 회구모델의 변량분석 및 유의도 검증, ⑥ 회귀계수 분석 및 유의도 검증, ⑦ 모수치 추정

(5) 방정식: 원회귀방정식(Y=A+B1X1+E), 예측회귀방정식(비표준회귀계수-Y=A+B1X1; 표준회귀계수-Y=B1X1)

(6) 단순회귀분석은 독립변인과 종속변인 간의 상관계수를 구한 후 이 값을 이용한 변량분석을 통해 연구가설을 검증하는 것이다. 상관계수를 제곱하면 설명변량이 되고 이를 결정계수(coefficient of determination)라고도 부른다. 수정된 R제곱은 표본의 사례 수가 적을 때에 해석한다.

(7) 단순회귀분석은 변량분석을 통해 유의도를 검증한다. 일원분산분석과 비교해 볼 때, 기본원리는 같지만 독립변인이 명목척도인가 아님 동간척도 이상인가에 따라 다르고 전자가 변인간의 상관계수를 이용하여 변량분석을 하지만 후자는 평균값 차이를 이용하여 변량분석을 한다.

(8) 회귀분석에서 변량분석의 유의도 검증은 변인간의 관계가 있는지 없는지 만을 판단해 주기 때문에 관계의 방향성이나 크기는 알 수 없다. 영향력의 크기를 알기 위해서는 회귀계수의 유의도를 검증해야 한다.

5) 다중회귀분석의 특성

(1) 절차: ① 연구가설 설정, ② 프로그램 실행, ③ 변인의 기술통계 값 분석, ④ 변인의 상관계수 분석, ⑤ 회귀모델의 변량분석 및 유의도 검증, ⑥ 회귀계수 분석 및 유의도 검증, ⑦ 모수치 추정, ⑧ 부분/편상관 분석, ⑨ 다중 공산성 분석, ⑩ 전제 조건 검증

(2) 다중회귀분석이 복잡한 이유는 여러 개의 독립변인간에 상관이 존재하기 때문이다.

(3) 다중회귀분석의 회귀계수를 해석할 때 주의할 점은 개별 독립변인의 회귀계수는 나머지 독립변인을 통제한 상태에서 구한 값이다.
(4) 다중공산성 문제란 여러 독립변인간의 상관이 높을 때 발생하는 문제를 말한다. 이 현상은 독립변인간의 상관이 높을 때 한 변인이 통계적으로 유의하게 나오면 상관이 높은 다른 변인은 거의 통계적으로 유의하지 않게 나오는 현상을 말한다.
(5) 일반적으로 독립변인간의 상관계수가 0.5 이상이면 다중 공산성 문제가 있다고 말할 수 있다.
(6) 다중공산성 문제를 해결하는 방법은 ① 상관이 높은 독립변인을 합체한 변인으로 만들어 사용하거나, ② 가장 적합하다고 생각하는 하나의 변인만을 선택하여 사용하는 것이다.
(7) 회귀분석의 전제조건: ① random sampling, ② 정상분포, ③ 독립변인과 종속변인의 관계는 선형적, ④ 변량이 동질적이어야 하는데 특히 ③과 ④는 반드시 충족되어야 한다. 선형성과 동질성을 동시에 알아보는 방법은 오차를 표준화시킨 표준오차 점수 분포의 그림을 살펴보는 것이다.
(8) SPSS에서는 회귀분석 중 도표를 선택한 후 X축에 표준예측점수(standardized predicted value: ZPRED)를, Y축에 표준오차점수(standardized residual; ZRESID)를 선택하면 선형성과 변량의 동질성 전제 조건을 검사할 수 있다.

6) 회귀분석을 위한 기본 가정

(1) 산점도를 통하여 독립변수와 종속변수 간에 선형관계가 있는지 확인하여야 한다.
(2) 독립변수의 값에 관계없이 오차항의 정규분포에 따라야 한다.
(3) 오차항의 분산은 독립변수가 변하더라도 동일한 분산을 유지하여야 한다. 이 가정이 무시될 경우, 최소자승법에 의한 추정치는 효율적인 추정치가 되지 못한다.

(4) 오차항들 간에는 상관관계가 없어야 한다. 이 가정이 성립되지 못할 때 자기상관 혹은 계열상관의 문제가 발생한다.

(5) 독립변수들 간의 상관관계가 없어야 한다. 이 가정이 무시될 경우, 독립변수들 간의 1차 함수관계인 다중공선성의 문제가 발생한다.
spss실행은 분석-->회귀모형--> 선형으로 들어 간다.

7) 회귀분석에 대한 예비적 해석

회귀분석을 실시하기 전에 그래프를 활용한 1변수마다, 2변수마다의 기본적인 해석을 행하여 데이터의 음미를 충분히 실시해 놓을 필요가 있다. 이와 같은 해석의 단계를 예비적 해석이라고 부른다.

예비적 해석에서는 하나의 변수마다의 분포, 두 변수간의 관계, 이상치(이상적으로 차이가 나는 값)의 존재 등을 시각에 호소해서 검토하게 된다.

회귀분석 등의 다변량분석의 수법은 이상치의 영향을 받기 쉽고 또 두 변수간의 관계에는 직선관계를 상정하고 있는 경우가 많다. 따라서 예비적 해석에 의해 이상치의 유무를 검토한다거나 두 변수간의 관계를 검토하는 것은 극히 중요한 과정이 된다.

(1) 변수마다의 해석

예비적 해석의 제 1단계는 1변수마다의 데이터 해석이다.

다변량 데이터를 구성하는 각 변수마다의 데이터 특징을 파악하기 위해서 1변수마다 기본통계량(평균이나 표준편차)의 산출과 그래프 표현을 실시한다.

평균과 표준편차의 값을 알면, 개개의 데이터가 이상치 인지 어떤지를 쉽게 판단할 수 있다.

데이터의 분석이나 이상치의 존재는 데이터를 그래프로 표현하여 시각적으로 음미하는 것도 필요하다. 이때에 이용하는 그래프로서는 히스토그램이나 도트 플롯이 유효하다.

(2) 두 변수마다의 해석

두 개의 양적 변수가 있어서 한쪽 변수의 데이터가 변화했을 때에 다른 한쪽 변수의 데이터도 그것에 따라서 변화하는 경우, 이들 두 변수간에는 상관관계가 있다고 한다.

예를 들면 신장이 큰 사람은 체중이 무겁고, 신장이 작은 사람은 체중이 가볍다고 하는 경향이 있다면 신장과 체중 사이에는 상관관계가 있다고 한다. 상관관계 중에서도 한쪽 변수의 값이 커지면 다른 한쪽 변수의 값도 커진다고 하는 관계를 양(+)의 상관관계라고 하고, 이것과는 역으로 한쪽 변수의 값이 커지면 다른 한쪽 변수의 값은 작아진다고 하는 관계를 음(-)의 상관관계라 한다.

상관관계의 정도를 재는 지표가 상관계수(correlation coefficient)이다. 상관계수는 보통 r이라고 하는 기호로 표기된다. 상관계수는 -1에서 +1까지의 값을 취하며, 상관계수의 절대치 혹은 상관계수의 자승 값이 1에 가까울수록 상관관계가 강하다고 판단한다.

상관계수의 값이 플러스일 때에는 양(+)의 상관관계가 있다는 것을 시사하고, 상관계수의 값이 마이너스일 대에는 음(-)의 상관관계가 있다는 것을 시사하고 있다. 상관계수가 0에 가까울 때는 그 두 변수간에는 상관관계가 없게 된다.

두 양적변수의 관계도 1변수마다의 해석을 실시할 때와 마찬가지로 그래프로 표현하여 시각적으로 음미하는 것이 필요하다. 이를 위한 그래프로서 산점도 혹은 산포도가 있다.

산점도를 관찰할 때의 요점은 다음의 세 가지이다.

① 변수 사이에는 어떠한 관계가 있는가(직선적이가, 곡선적인가, 무관계인가)

② 이상치(이상적으로 차이가 나는 값)는 없는가

③ 몇 개의 크러스터(군집)가 형성되어 있지 않은가

2. 로지스틱 회귀분석(Logistic Regression)

1) 목적

이분형(예/아니오) 종속변수에 대하여 한 개 이상의 설명(독립)변수들을 가지고 회귀모형을 만든다.

로지스틱 회귀분석(Logistic Regression Analysis)은 존재(1)/부재(0) 형태로 되어 있는 종속변수에 대하여, 한 개 이상의 설명(독립)변수들을 가지고 이를 추측하기 위해 회귀분석을 하는 것이다. 일반적인 회귀분석과 유사한데, 종속변수가 구간 비율척도 변수가 아니라 0과 1의 값을 가지는 이분형 범주형 변수라는 것이 다른 점이다. 또한 로지스틱 회귀분석에서는 회귀계수로 독립변수들의 오즈비(odds ratio)를 쉽게 구할 수 있는 장점이 있다.

종속변수가 범주형 변수라는 점은 판별분석과 동일하지만 독립변수들이 다변량 정규분포를 따르지 않아도 되기 때문에 판별분석 보다 덜 제한적이어서 다양하게 사용할 수 있다.

로지스틱 회귀모형에는 종속변수 값이 0과 1의 두 가지인 이분형 로지스틱 회구모형과 세 개 이상의 값을 가지는 종속변수에 대한 다항 로지스틱 회귀모형이 있다. 여기서는 이분형 로지스틱 회귀모형 만을 설명하기로 한다.

2) 사용되는 변수의 척도

독립변수는 범주형 변수나 구간 비율척도이고 종속변수는 0과 1의 두 가지값을 가지는 이분형 범주형 변수

로지스틱 회귀분석에서 종속변수는 0과 1을 가지는 이분형 범주형 변수이어야 하다.

독립변수는 범주형 변수와 구간 비율척도를 모두 사용할 수 있다. 더미변수(dummy variable) 형태가 아닌 범주형 독립변수의 경우에는 대화상자에서 범주형 단추를 눌러서 범주형 변수인 것을 지정해야 한다.

3) 원리

(1) 로지스틱 회귀분석에서의 가정(assumption)

로지스틱 회구분석을 실행시키기 위해서 판별분석과 같은 분포의 가정은 필요하지 않다. 그러나 독립변수들이 다변량 정규분포를 따르면 추정 결과가 보다 안정적이다. 회귀분석에서와 같이 독립변수들 사이에 다중 공선성이 있는 경우에는 추정에 편의가 생기고 큰 오차가 발생한다.

제12장 서남대학교 박사논문 양식

제12장 서남대학교 박사논문 양식

※별지 서식 1

○○學位論文

논문제목은 25 point에서
좌우여백 확보

西南大學校 大學院
○ ○ 학 과

서 남 인

指導敎授 ○ ○ ○

2011年 2月

※별지 서식 2

○○學位論文

논문제목은 25 point에서 좌우여백 확보

西南大學校 大學院
○ ○ 학 과

서 남 인

指導教授 ○ ○ ○

2011年 2月

논문제목은 25 point에서 좌우여백 확보

西南大學校 大學院
○ ○ 學 科

서 남 인

上記者의 ○○學博士 學位論文을 認准함

	所 屬	姓 名
審査委員長		印
審 査 委 員		印
審 査 委 員		印
審 査 委 員		印
審 査 委 員		印

※ 석사학위 논문의 심사위원 날인은 2개로 함(박사 경우 4개)

2011年 2月

博士學位論文

스포츠 마사지와 신체교정의 통합그룹처치가 요통에 미치는 영향

西南大學校 大學院
社會體育學科

이 승 도

指導敎授 김 두 기

2009年 2月

서남대학교 대학원 학위논문 작성지침(2008. 3 .1)

1. 논문의 심사과정은 다음과 같습니다.

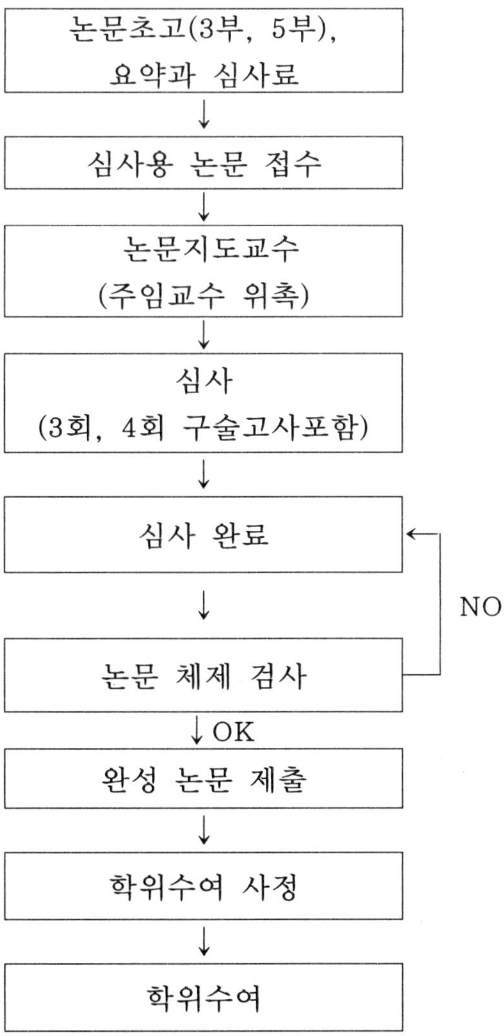

※ 대학원 교학과에서 체제 검사를 통과한 논문들만이 졸업사정에 제출되오니, 반드시 논문체제에 맞추어 논문을 작성하시기 바랍니다.

2. 논문 초고 작성 및 제출방법

1) 소정 기일내에 학위 논문(이하 '논문'이라 칭한다) 초고(석사학위는 3부, 박사학위는 5부)를 본 대학원 교학과에 제출하여야 한다.
2) 심사용 논문을 제출할 때에는 반드시 논문 초록과 그 파일(한글 기준)을 함께 제출하여야 한다.
3) 논문제출승인서를 첨부하여야 한다. (별지 1호)
4) 소정의 논문 심사료를 납부하여야 한다.
5) 논문 초고 작성방법은 다음과 같다.
   (1) 논문은 국문 또는 외국어로 쓰고 횡서로 한다.
   (2) 심사용 논문도 가능한 논문 체제에 맞추어 작성하여야 한다.
   (3) 용지의 질 및 크기는 임의로 할 수 있다.
   (4) 인쇄 또는 워드프로세서로 작성한다.

3. 본 논문 작성 및 제출

1) 제출 자격

논문 초고가 논문심사위원회에서 통과되면 본 논문을 작성 제출한다.

2) 작성 및 제출방법

(1) 본 논문은 다음 항에 기술하는 본 논문작성 지침에 따라 이를 작성하여야 한다.
(2) 완성된 논문은 대학원 교학과에 제출한다.
   석사학위논문 - 금박표지 4부, 연질표지 4부
   박사학위논문 - 금박표지 4부, 연질표지 4부
   주 : 제출하는 논문 중 4부는 필히 논문인준서에 심사위원(교수)의 확

인서명 또는 날인을 받아야 한다. (논문내용을 파일(한글 기준)으로 제출한다.)

4. 본 논문 작성 지침

1) 서식, 용지 및 제본

(1) 논문은 국문 또는 외국어로 쓰고 횡서로 한다.
(2) 논문에 사용하는 용지는 제본 후 A4(210×297mm)규격 백색용지를 사용하고 글자는 흑색으로 한다.
(3) 논문 내용은 용지의 상하좌우에 각각 정해진 여백을 남긴다.

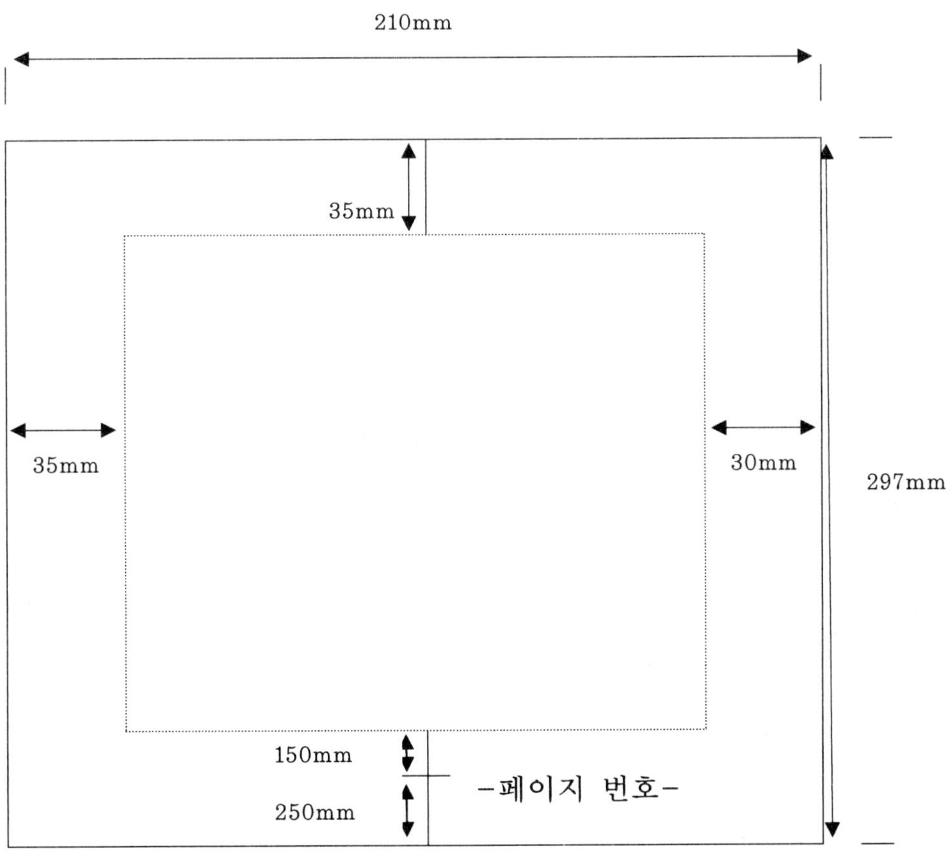

(4) 모든 글은 줄간격 200%(아래한글 기준)로 하고 50면 이하는 용지의 단면 인쇄를 원칙으로 한다. 면수가 많은 논문(50면 이상)은 양면 인쇄도 가능하다.

(5) 제본할 때는 경질표지의 경우 석사는 감청색, 박사는 흑색으로 하고, 연질표지는 베이지색으로 한다.
제본한 후 가로 21.0cm, 세로 29.7cm이어야 한다.

(6) 겉표지는 별지 1호 양식에 따르고 글자는 금박으로 한다. 필요할 경우 논문제목 밑에 부제목(sub-title)을 붙여도 무방하다.

(7) 겉표지 안쪽에는 백색 모조지를 붙이고 면지는 120 모조지로 하고 그 다음에 속표지(별지 2호 양식)를 넣는다.

2) 논문기재 순서 및 방법

(1) 속 표지 : 별지 2호 양식에 따른다.

(2) 논문 인준서(Approval) : 별지 3호 양식에 따른다.

(3) 감사의 글(Acknowledgment)
논문 제출자가 지도교수 및 어느 개인 또는 단체에 감사의 뜻을 표하려고 할 때 이 글을 쓸 수 있다.

(4) 본문내용 차례(Table of Contents)
차례를 항목으로 나눌 때 장-절-1-1)-(1) 또는 1-1.1- 1.1.1등으로 나누며 아래의 보기 형식을 원칙으로 한다.

[보 기]

제 1장 서론 ……………………………………
제 2장 본론 ……………………………………
　제 1절 ……………………………………
　제 2절 ……………………………………
　　1) QQ ……………………………………
　　　(1) AAA ……………………………………
:
:
제 5장 결론 ……………………………………

(5) 표 및 그림 차례(List of Tables and List of Figures)

표1, 표2, …… 그림1, 그림2, ……라고 일련번호를 붙이고 제목을 기입한다.

(6) 영문초록(Abstract)

본문이 국문인 경우에는 영문으로 된 초록을 기재한다. 단, 본문이 외국어인 경우에는 국문초록을 기재한다.

(7) 본문(Text)

가) 본문 내용은 차례에 의하여 기술한다.

나) 논문에서는 인용문헌을 본문주로 하여 표시하되 김갑돌(2003:72)와 같이 반드시 저자와 간행 연도 및 인용 면수를 밝혀야 한다. 만일 보충설명이 필요한 경우는 각주로서 일련번호를 붙이고 아라비아 숫자로 표기한다. 이때 각주는 모두 해당면 밑에 기재한다.

(8) 참고문헌(Bibliography)

논문에서는 본문이 끝난 다음에 논문작성에 이용한 참고문헌을 국내 국외로 구별하여 저자의 성명을 가나다순 또는 abc순으로 하여 기재한다.

(9) 국문초록

본문이 국문인 경우 국문 초록을 기재한다. 단, 외국어인 경우 외국어 초록을 기재한다.

(10) 부록 : 필요한 경우에 삽입한다.

3) 참고문헌의 기재방법

(1) 문헌이 학위논문인 경우 다음 순서로 기재한다.

(가) 저자 이름

(나) 출판 년도

(다) 논문 제목

(라) 출판기관 및 학위종별

(예) 김서남(2003). 지리산권 생물보존 현황, 서남대학교 대학원 생물학과 석사학위청구논문.

(2) 문헌이 단행본인 경우 다음 순서로 기재한다.

(가) 저자 및 편집자의 이름, 번역자 이름

(나) 출판 년도.

(다) 책이름.

◦ 한글문헌: 굵은 글씨체로 표시한다.

◦ 외국문헌: 이탤릭체로 표시한다.

(라) 출판에 관한 사항.

다음 사항을 기본적으로 기재한다.

1) 출판지역

2) 출판사

(마) 만일 편저에서 일부의 문형을 인용한 경우는 해당 면수를 밝힌다. (25-31 등으로 표시한다.)

예)

한글문헌 : 홍길동(2001). 남원춘향제, 서울: 길동출판사.

홍길동(2002). 춘향은 추녀였다, 춘향의 모습, 35-663 남원: 서남대학교 출판부.

외국문헌 : Jones.W.T.(1952). *A History Western Philosophy*, New York: Harcourt, Brace & Co.

Kimble.P.A.(1994). Design Education, In Delong.M.R(ed) Design and future of Education, 112-125, seoul: Design

(3) 문헌이 정기간행물인 경우 다음 순서로 기재한다.

(가) 저자 이름

(나) 출판년도(괄호안에 써넣는다.)

(다) 논문 제목

(라) 잡지 이름

○ 한글문헌: 굵은 글씨체로 표시한다.

○ 외국문헌: 이탤릭체로 표시한다

(마) 권 호수 : 예) 7권 3호인 경우 : 7(3)

(바) 출판사 또는 발행기관 - 필요한 경우

(사) 면 수 : 25~31 등으로 표시한다.

예)

한글 문헌 : 홍길동(2001). 지방정부의 발전방안, 한국정부연구, 7(3), 120-129.

외국문헌 : Dahl, R.A.(1947). Worker's Control of Industry and the British Labour Party, American Political Science Review, 5(3), 890-893.

4) 문헌이 Working Paper인 경우 다음 순서로 기재한다.

(가) 저자 이름

(나) 출판 연도

(다) 자료 제목

(라) 출장 장소

(마) Working Paper, 연구보고서 번호

예) 최은경(2003). 한국ICT교육의 설계, 서남대학교 기초과학 연구소, SRWP2002-3.

5) 인터넷을 검색한 자료인 경우 다음 순서로 기재한다.

(가) 저자 이름

(나) 출판 연도

(다) 자료 제목

(라) 검색한 사이트 명.

(마) 검색일

예) 최은경(2003). 한국 산업의 미래, http:// www.edu.net(검색일 : 2003.3.1).

라. 문헌 재인용

1) 문헌의 재인용은 하지 않은 것을 원칙으로 한다.

2) 만일 문헌을 재인용한 경우는 반드시 그 출처를 밝혀야 한다.

(별지 1호)

학위청구논문 제출승인서

서남대학교 대학원 석사과정

- 전 공 :
- 세부전공 :
- 학 번 :
- 성 명 : (한자:)
- 주민등록번호 :

본인은 대학원 학칙 제15조(학위청구논문 제출자격)에 의해 학위청구 논문을 제출하고자 하오니 허가하여 주시기 바랍니다.

어학시험 · 종합시험 합격자
졸업학점(24학점) 이수자 또는 수강신청자

년 월 일

신 청 인 : (인)
지도교수 : (인)
전공 주임교수 : (인)

대 학 원 장 귀 하

(별지서식 1) 학위논문 표지

표지면 : 폭 270mm

등면

간격	내용	크기
45mm		
	○士學位論文	14 Point
15mm		
	논문제목은 25 Point에서 좌우여백 확보	25 Point
30mm		
	西南大學校 大學院	16 Point
	○○學科	16 Point
15mm		
	筆　者　名	16 Point
20mm		
	指導敎授 ○○○	16 Point
	2011年　2月(학위수여 예정일)	16 Point
40mm		

297 mm

(등면) 제목이 길 경우 그 길이가 130mm 이내가 되도록 조절함 / 性名 / 2011年 2月

(별지서식 2) 학위논문 내표지

표지면 : 폭 270mm

간격	내용	크기
45mm		
	○士學位論文	14 Point
15mm		
	논문제목은 25 Point에서 좌우여백 확보	25 Point
30mm		
	西南大學校 大學院	16 Point
	○○學科	16 Point
15mm		
	筆　者　名	16 Point
20mm		
	指導敎授 ○○○	16 Point
	2011年 2月(학위수여 예정일)	16 Point
40mm		

297 mm

(별지서식 3) 인준서

표지의 폭이 270mm인 점을 감안하여 265mm

297 mm

40mm		
	논문제목은 25 Point에서 좌우여백 확보	25 Point
10mm		
	西南大學校 大學院	16 Point
	○○學科	16 Point
15mm		
	筆　者　名	16 Point
25mm		
	上記者의 ○○學博士 學位論文을 認准함	16 Point
20mm		
	所屬　　姓名 審査委員長　㊞ 審 査 委 員　㊞ 審 査 委 員　㊞ 審 査 委 員　㊞ 審 査 委 員　㊞	16 Point
	2011年　2月(학위수여 예정일)	16 Point
40mm	※ 석사학위 논문의 심사위원 날인은 2개로 함	

표지의 폭이 210 mm 인 점을 감안하여

(별지서식 4) 본문양식

35 mm

35 mm

30 mm

가. 글자크기 : 11pt로 인쇄한다(단, 각주는 9pt로 한다.).

나. 글자체 : 신명조

다. 줄간격 : 200%

라. 용지 여백

위 쪽 : 35 머리말 : 0

왼 쪽 : 35 오른쪽 : 30

아래쪽 : 25 꼬리말 : 15

※ 단 표지는 왼쪽과 오른쪽 여백을 같게 한다.

297 mm 이내가 되도록 조절

본문의 끝행

25mm

– 쪽 –

영자신문을 활용한 한국 중학생의 읽기능력 신장방안 연구[7)]

서남대학교 대학원[8)]
○○학과 ○○○○전공[9)]

이 몽 룡[10)]

지도교수: 성 춘 향[11)]

〈국문초록〉[12)]

언어의 목적은 의사소통을 위한 것이며 언어를 가르칠 때에도 이 점을 고려해야한다. 우리 나라는 영어교육의 역사를 살펴볼 때에 영어교육의 효과에 있어서 많은 문제점이 있다.

. . . 중략 . . .

7) 논문제목: 신명조 15 bold(부제목은 13point)
8) 소속대학원: 신명조 11
9) 소속학과 및 전공: 신명조 11
10) 학생이름: 신명조 11
11) 논문지도교수: 신명조 11
12) 국문초록 header: 신명조 11

그림목차 서식:

그림 목차

목차서식:

목 차[13)]

---

13) 목차: 신명조 15, bold. 한글 논문일 경우 Contents라고 적지 않는다.
1) 표 목차: 신명조 11, 한글 논문일 경우 List of Tables로 적지 않는다.
2) 그림목차: 신명조 11. 한글 논문일 경우 List of Pictures로 적지 않는다.
3) 국문초록: 신명조 11. 한글 논문일 경우 Abstract로 적지 않는다. “국문요약”으로 적지 않는다. “국문초록”의 음절 사이를 띄지 않도록 주의하시오. “국 문 초 록”으로 기록하지 않는다.
4) 목차의 일련 번호의 마지막 숫자 다음에는 점을 찍지 않는다.
5) 이하 다른 목차 내용은 모두 신명조 11을 사용한다.

6) 참고문헌: 신명조 11. 한글 논문일 경우 References 또는 Bibliography로 적지 않는다.
7) 신명조 11. 한글 논문일 경우 Abstract라고 적지 않는다.

영문초록 서식:

ABSTRACT[1)]

A Study of Developing the Reading Skills of Korean Middle School Students with English Newspapers[2)]

Lee Mong-ryong[3)]
Dept. of
Graduate School of Seonam University

Directed by Prof. Seong Chun-hyang[4)]

The purpose of this study is to show the effect that English newspapers for teenagers has on thier motivation for reading English and the achievement level of their reading practice.[5)]

With respect to the reading skills in English, there are several problems in English education in middle school. For example, . . .

1) English Abstract Header: Time News Roman 11, Bold
2) Title of the Paper: Time New Roman 15, bold
3) Student name, Major, School Name, University Name: Times New Roman 11, bold
4) Director Professor: Times New Roman 11, bold
5) Body of the Abstract: Times New Roman 11

표목차 서식:

표 목차[1]

1) 표 목차 타이틀: 신명조 15, Bold
2) 표 목차의 일련 번호 다음에는 마침표를 찍는다.
3) 표 목차 제목: 신명조 11

* 실제 사용한 서식과 논문형식의 예

博士學位論文

스포츠 마사지와 신체교정의 통합그룹처치가 요통에 미치는 영향

西南大學校 大學院
社會體育學科

이 승 도

指導敎授 김 두 기

2009年 2月

스포츠 마사지와 신체교정의 통합그룹처치가 요통에 미치는 영향

西南大學校 大學院
社會體育學科

李　承　度

上記者의 體育學博士 學位論文을 認准함

	所屬	姓名	
審査委員長			㊞
審 査 委 員			㊞
審 査 委 員			㊞
審 査 委 員			㊞
審 査 委 員			㊞

2009年 2月

* 실제 사용한 목차의 예

목 차

표 목차

그림 목차

* 실제 사용한 영문초록의 예

ABSTRACT

A Study of the Influence on Lumbago on Sports Massage and Integrated Group Treatment of Physical Correction

Seung-Do Lee
Dept. of Sports
Graduate School of Seonam University

Directed by Professor. Du-Gi Kim

In this study, as the experimental subject, the lumbago patients who had muscle soreness caused by posture (except those with degenerative Lumbar Intervertebral....

* 실제 사용한 본문형식의 예

제 1장 서 론

제 1절 연구의 필요성

현대인들은

제 2절 연구의 목적

현대인들 중

제 3절 연구의 가설

이 논문의

제 4절 연구의 제한점

이 연구의 목적을 달성하기 위하여 다음과 같은 제한점을 두었다.

제 2장 이론적 배경

제 1절 스포츠 마사지

우리는 신체의 어느 부위에 아픔을 느끼거나 굳어 있다고 느끼면

1. 마사지의 시대적 상황

1) 근대 마사지학의 시초

근대 마사지학의 시초가 된 것은 19세기 초에 스웨덴의 Ling이 학문으로

제 2절 신체교정

1. 신체교정학이란?

신체교정은 신체운동 균정술의 한 분과이고, 하나의 학문으로써 "좋은

제 3장 연구 방법

제 1절 연구대상 및 방법

본 연구의 대상은

제 2절 실험도구

본 실험에 사용되는 도구로는

제 3절 실험절차

1. 실험 내용

본 실험을 하기위해서

제 4절 실험설계

본 실험을 실행하기

제 5절 자료처리방법

본 실험자 90명의 설문지법 LBP VAS~10 시각상사척도

제 4장 결 과

본 연구의 결과는 다음과 같다.

제 5장 결론 및 제언

제 1절 결론

본 연구의 대상은 경남

제 2절 제언

우리가 일상생활에서 가장

* 실제 사용한 국문초록의 예

스포츠 마사지와 신체교정의 통합그룹처치가 요통에 미치는 영향

서남대학교 대학원

사회체육학과

이 승 도

지도교수 : 김 두 기

<국문초록>

본 연구의 대상은 경남

* 실제 사용한 참고문헌의 예

참고문헌

김의수외5명(1991). **運動療法Ⅱ스포츠마사지**. 한국학술자료사. pp25~314

문상은(2003). **체형에 따른 요통의 진단과 치료**. 도서출판 대학서림. pp31~57

이승도(2005). 스포츠 마사지를 통한 시각상사척도 변화 비교. **한국스포츠리서치 제16권 제4호**(통권 91호). 8월. pp279~290

서울의대재활의학교실(1994). **재활의학**. 서울: 삼화출판사. pp308~316

Birch, J. G., Herring, J. A., Roach, J. W. and Johnston, C. E.:(1988), *Cotrel-Dubousset Instrumentation in Idiopathic Scoliosis.* A Preliminary Report. Clin. Orthop., pp227: 24,

Bland, J. H.:(1987), *Disorders of the Cervical Spine, Diagnosis and Medical Management.* W. B. Saunders Co.

William P. Bunnell:(1988), *The Natural History of Idiopathic Scoliosis. Clinical Orthopaedics and Relater research.* April: Number 229: pp 20-25

네이버(2008), 한국스포츠마사지협회, http://blog.naver.com/cala0529?Redirect, (검색일 : 2008.5.1).

네이버(2008), 질병과의 상호관계, http://oha.cr.kr/chiro/chiro3.htm, (검색일 : 2008.5.1).

* 실제 사용한 그림목차의 예

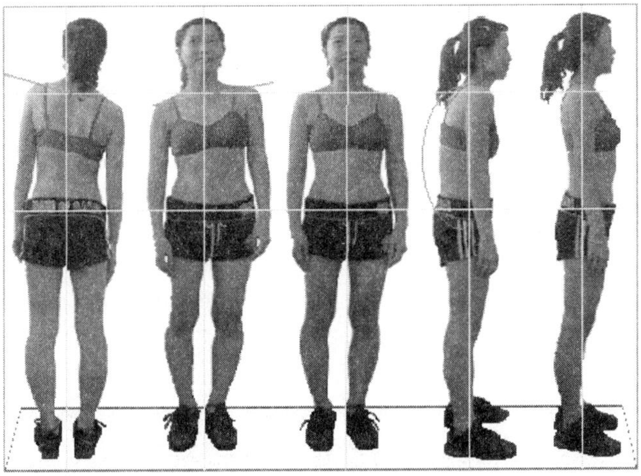

그림 4. 정상과 비정상의 서있는 자세

* 실제 사용한 표 목차의 예

표 14. 대응표본 검증-통증레벨 낮음(시각5이하, 통각50이하)

대응표본검증-통증레벨낮음(시각5이하, 통각50이하)									
		대응차							
		평균	표준편차	평균의 표준오차	차이의95%신뢰구간 하한	차이의95%신뢰구간 상한	t	자유도	유의확률(양쪽)
스포츠마사지	시각상사척도시작전	-3.063	.772	.193	-3.474	-2.651	-15.870	15	.000
	시각상사척도3회후	-1.188	.750	.188	-1.587	-.788	-6.333	15	.000
	통각계시작전	-60.375	4.256	1.064	-62.643	-58.107	-56.739	15	.000
	통각계3회후	-70.563	3.464	.866	-72.408	-68.717	-81.493	15	.000
신체교정	시각상사척도시작전	-2.875	.885	.221	-3.347	-2.403	-12.993	15	.000
	시각상사척도3회후	-.938	.929	.232	-1.432	-.443	-4.038	15	.001
	통각계시작전	-61.438	3.829	.957	-63.478	-59.397	-64.178	15	.000
	통각계3회후	-70.000	4.000	1.000	-72.131	-67.869	-70.000	15	.000
스포츠마사지+신체교정	시각상사척도시작전	-3.313	.793	.198	-3.735	-2.890	-16.704	15	.000
	시각상사척도3회후	.500	.516	.129	.225	.775	3.873	15	.002
	통각계시작전	-59.063	3.356	.839	-60.851	-57.274	-70.397	15	.000
	통각계3회후	-75.938	3.065	.766	-77.571	-74.304	-99.094	15	.000

지도교수 위촉신청서

<table>
<tr><td colspan="3">서남대학교 대학원 학 과 : 사회체육학과 전 공 : 사회체육</td></tr>
<tr><td colspan="2">성 명 : 서 남 인</td><td>학 번 : 2006*******</td></tr>
<tr><td colspan="2">현주소 : 경남
(TEL :010 - -)</td><td>주민등록번호 : ******_*******</td></tr>
<tr><td>지도교수</td><td colspan="2">소속 : 서남대학교 사회체육학과 직위 : 학과주임교수 성명 : 홍 길 동</td></tr>
<tr><td colspan="3">위와 같이 학위논문 지도교수 위촉을 신청하오니 승인하여 주시기 바랍니다.

2011 년 0 월 0 일

신 청 인 : 서 남 인 (인)
지도교수 : 홍 길 동 (인)

서 남 대 학 교 대 학 원 장</td></tr>
</table>

주임교수	교학과장	대학원장	결
			재

참고문헌

강신규(2001). **리더십 유형에 대한 종업원의 지각이 조직몰입에 미치는 영향에 관한 실증연구.** 배재대학교 대학원. 박사학위논문.

강윤식(2004). **능력지각, 자기효능감이 축구선수의 경쟁상태불안에 미치는 영향**. 경기대학교 교육대학원. 석사학위논문.

강인혜(2008). **노인의 댄스스포츠 참여와 여가만족과의 관계에 관한 연구**. 원광대학교 교육대학원. 석사학위논문.

강종천(2005). **호텔관리자 리더십이 조직구성원의 조직몰입과 조직시민행동에 미치는 영향.** 경기대학교 대학원. 박사학위논문.

강현미(2005). **성인의 댄스스포츠 참여가 정신건강에 미치는 영향.** 목포대학교 교육대학원. 석사학위논문.

구본동(1999). **변혁적 리더십과 가부장적 리더십이 임파워먼트와 조직몰입에 미치는 영향**. 한국외국어대학교. 박사학위논문.

금시환(2009). **태권도 선수의 경기 전 체중감량과 경쟁상태불안의 관계**. 영남대학교 스포츠과학대학원. 석사학위논문.

김진(1996). **나누고 싶은 이야기**. 뜨인돌.

김경원(2009). **체육수업 상황에서 경험하는 상태불안 수준과 내적동기와의 관계**. 인천대학교 교육대학원. 석사학위논문.

김계수, 조문식(2004). The relationship between service quality management practices and their effects on customer satisfaction :a causal model. **고객만족경영연구. 한국고객만족경영학회 6**(2), pp.139-154.

김계영(2009). **프로골프선수의 심리기술훈련 적용에 대한 사례연구**. 울산대대학원. 박사학위논문.

김광근, 서철현, 주현식(2006). 호텔종사원의 직무특성이 조직몰입, 직무만족, 조직시민행동에 미치는 영향. **대한경영학회, 19**(2), 469-488.

김광준(2006). **경기 유형이 골프선수의 스트레스 호르몬반응과 면역반응, 경쟁상태불안 및 경기력에 미치는 영향**. 서울대학교 대학원. 박사학위논문.

김기중(2009). **고등학교 배구선수의 경쟁 상태불안 수준이 경기수행능력에 미치는 영향**. 인천대학교 교육대학원. 석사학위논문.

김기홍(1991). **논문작성은 이렇게 하라**. 서울: 성광문화사.

김미선(2009). **방과 후 학교에 참여하는 초등학생들의 댄스스포츠 활동이 몰입경험 및 정서발달에 미치는 영향**. 용인대학교 체육과학대학원. 석사학위논문.

김병준, 성창훈(1996). 스포츠 동기용인으로서의 재미: 개념 및 관련 연구, **한국스포츠교육학회지. 3**(2), 99-122.

김병찬(2003). **유도선수들의 스포츠 성취동기에 관한 연구**. 관동대학교 대학원. 석사학위논문.

金福樂(1992). **무용학습이 성장기 아동의 사회적·정서적 발달에 미치는 영향**. 漢陽大學校 大學院. 석사학위논문.

김성동(2003). 변혁적 리더십이 종사원 임파워먼트 및 몰입에 미치는 영향 연구. **한국호텔관광학회, 5**(3), 9-23.

김수현(2003). **초등학교 무용교육의 실태 조사연구 : 대전광역시를 중심으로**. 공주대학교 교육대학원. 석사학위논문.

김아름(2009). **신경언어프로그래밍(NLP)기법이 검도선수의 경쟁상태불안 감소에 미치는 영향**. 국민대학교 교육대학원. 석사학위논문.

김영천(1995). 방법론, 반성, 그리고 희망에 관하여: 후기식민주의 시대의/를 위한 한국에서의 질적연구, **교육논총, 11**, pp. 144-151.

김영천(1995). 질적연구의 지적 전통과 그 예 : 문화기술지에서 포스트모더니즘까지, ("교육과정과 수업을 위한 연구방법 탐구":"교육과정과 수업연구를 위한 질적연구방법")**한양대학교 한국교육문제연구소, 세미나, 11**, pp. 144-151.

김영천(1995). A postcolonial ethnographer goes home to Korea: Researcher as other, **오하이오주립대학교 질적연구포럼**.

김영천(1996). 교실질서의 성취와 회복: 한국 초등학교 교실에서의 관리/통제(management)에 대한 미시문화기술적 연구, **교육사회학연구, 6**(2), pp. 67-91.

김영천(1996). 질적/후기실증주의 연구작업에서 고려해야 할 방법적 이슈들, **교육과정연구, 14**(3). pp.41-72.

김영천(1997). **네 학교 이야기: 한국 초등학교의 교실생활과 수업**, 문음사.

김윤성(2002). **조직시민행동, 조직몰입에 대한 지각된 조직적 지원의 선행요인과 매개효과에 관한 연구**. 영남대학교 대학원. 박사학위논문.

김정주(1998). **청소년지도자의 조직몰입과 관련변인**. 서울대학교 대학원. 박사학위논문.

김정택(1978). **특성불안과 사회성과의 관계 : Spielberger의 STAI를 중심으로**. 고려대학교 대학원. 석사학위논문.

김준희, 전성욱(2001). 댄스스포츠 참가자들의 사회적지지 및 몰입경험과 생활만족의 관계. **한국여성체육학회지 15**(2), pp.85-99

김지훈(2009). **효율적인 검도 도장 운영 발전을 위한 조사연구**. 용인대교육대학원. 석사학위논문.

노덕선(2009). **스포츠센터 조직구성원의 조직공정성·직무만족·조직몰입 및 조직시민행동의 관계**. 서남대학교대학원. 박사학위논문.

데이빗 칼슨(1996). **자존감**. 도서출판 두란노

류규삼(2003). **중학교 축구선수들의 기능수준과 포지션에 따른 심리적 요인 분석**. 국민대학교 교육대학원. 석사학위논문.

마상진(2004). **실업계 고등학교 교사의 직업교육 가치성향과 조직몰입의 관계**. 서울대학교 대학원. 석사학위논문.

문익수, 박정근, 최만식, 김경배, 서지영(1995). 코칭 자신감 척도 (CCS-2) 개발. **文化體育部 體育政策局. 스포츠科學硏究論叢.** pp.253-286.

민황식(2009). **무도 수련정도가 경호원의 직무만족에 미치는 영향**. 용인대학교 교육대학원. 석사학위논문.

박민석(1996). 중년기 남녀의 삶의 질을 관한연구1. **한국가정관리학회지. 14**(2), 33-47.

박승수(2006). **남자 중·고 축구선수의 스포츠 경쟁상태 불안에 관한 연구**. 목포대학교 교육대학원. 석사학위논문.

박양하(2010). **대학축구선수의 운동스트레스가 학교생활태도에 미치는 영향**. 서남대학교 일반대학원. 박사학위논문.

박재현(2009). **초등학교 검도 수련생의 추가적 줄넘기 훈련이 체력 및 정신건강에 미치는 영향**. 영남대학교 스포츠과학대학원. 석사학위논문.

박태원(2009). **경기력 수준에 따른 주니어 골프선수의 경쟁상태불안 강도 및 방향의 비교분석**. 용인대학교 대학원. 석사학위 논문.

배일현, 전익수(2003). 산업재영업에 있어서 조직공정성, 조직시민행동 및 영업성과의 관계. **경영학연구, 32**(1), 1-21.

백성수(1996). **수분 및 탄수화물-전해질 음료보충이 고온 환경에서 장시간 운동시 스트레스 호르몬에 미치는 영향**. 서울大學校 大學院 석사학위논문. p63.

백성수(1998). 수분 및 탄수화물-전해질 음료보충이 고온환경에서 장시간 운동시 스트레스 호르몬에 미치는 영향. **空軍士官學校. 論文集 41**(1), pp.265-275.

백성수, 성창훈(2000). 중학교 체육수업의 재미 촉진요인과 저해요인. **한국스포츠교육학회지 7**(2) 통권12호, pp.99-116.

서혜진(2002). **고등학교 운동선수의 학교생활 태도와 진로계획과의 관계**. 이화여자대학교 교육대학원. 석사학위논문.

성창훈, 김병준(1996). 청소년 운동선수의 스포츠 참가동기 심층분석, **한국스포츠교육학회지. 7**(1), 153-171

성태제(2002). **타당도와 신뢰도,** 서울: 학지사.

송명신(2009). **주니어 골프선수들의 경쟁상태 불안이 경기력에 미치는 영향**. 용인대학교 체육과학대학원. 석사학위논문.

신동성, 구해모, 김병현, 김용승, 장덕선, 유진(2003). 스포츠심리검사 및 자료관리를 위한 전산프로그램 개발. **국민체육진흥공단**. 한국체육과학연구원.

심규철(2009). **전통무예해동검도 수련이 학교생활적응에 미치는 영향**. 국제문화대학원대. 석사학위논문.

안정환(2009). **한·일 유도선수의 운동능력에 따른 경쟁불안의 차이 분석**. 용인대학교 대학원. 석사학위논문.

양명환(1998). 신체활동과 심리적 행복감: 인지적-정서적 상태측정지 개발. **한국스포츠 심리학회지, 9**(2), 113-124.

양명환(1998). 여가스포츠와 생활의 질. **體育科學硏究 濟州大學校體育科學硏究所 4**(3) pp.259-265

양병화(1998). **다변량 자료분석의 이해와 활용**. 학지사.

엄성호(2003), 우수 양궁선수의 시합 집중을 위한 인지행동 전략. **한국스포츠심리학회지 14**(1), 28. pp.51-68.

원지민(2009). **고등학교 배드민턴 선수의 특성불안에 대한 대처방안**. 건국대학교 교육대학원. 석사학위 논문.

유진(1997). 스포츠성취목표 지향성과 동기분위기가 내적동기, 자긍심, 운동수행에 미치는 효과. **한국스포츠교육학회지. 8**(1), 69-85.

유진, 허정훈(2001). 체육 성취목표 지향성과 동기분위기 지각이 내적동기와 운동수행에 미치는 효과. **한국스포츠교육학회지. 12**(1), 109-123.

유진, 허정훈(2002). 스포츠 심리기술 질문지 개발과 타당화. **한국체육학회지 41**(3), pp.41-50.

유진, 장덕선(1998). 스포츠심리학과 심리적 기술에 대한 한국 코치와 운동 선수들의 인식: 탐색적 분석. **1998년 서울 국제 스포츠 과학기술대회**, 493-499

윤덕선(1982). 醫療倫理敎育 의 方向 〈座談〉. **人間科學硏究所, 人間科學 62**('82.4) pp.206-215.

윤덕선, 강우철(1982). 의료륜리교육의 방향 〈좌담〉. **인간과학연구소. 62**('82.4) pp.206-215.

윤미영(1996). **이동전화서비스에서 경쟁우위 확보를 위한 마케팅전략에 관한 실증적 연구**. 淑明女大學校 大學院. 석사학위논문.

윤영길(1999). **고교·대학 축구선수들의 운동스트레스 척도개발**. 서울대학교 교육대학원. 석사학위논문.

윤영길(2004). **축구 경기력 결정 심리요인의 위계적 중요도**. 서울대학교 대학원 박사학위논문.

윤영길, 정청희(1999). 고교·대학 축구선수의 운동스트레스의 개발. **한국스포츠심리학회. 99춘계학술발표회 논문집**. pp 17-48.

이인효(1990). **인문계 고등학교 교직문화 연구**, 서울대학교 교육대학원, 박사학위논문.

이광부(1987). 硏究論文集. **韓國科學技術院. 第1**-4卷

이동준, 김도진(2007). 스포츠센터 종사자의 조직공정성과 조직몰입 및 조직시민행동의 관계. **한국사회체육학회지, 30,** 305-314.

이민규(1996). **생각을 바꾸면 세상이 달라진다**. 양서원.

이순묵(1990). **공변량 구조분석**. 성원사.

이승도(1998). **씨름선수들의 경력과 체급이 경쟁상태 불안에 미치는 영향**. 명지대학교 교육대학원. 석사학위논문.

이영준(2002). **요인분석의 이해**, 서울: 도서출판 석정.

이영희(1992). **男·女 跆拳道 選手들의 體重減量 實態에 관한 연구**. 동국대학교 교육대학원. 석사학위논문.

이용숙(1989). 문화기술적 연구방법. **한국교육과정평가원**.

이용숙(1993). 영국국민학교 참여관찰일지, **교육개발(3월과 4월)**, pp.66-84.

이용숙(1995). 교육과정 및 수업연구를 위한 질적 연구방법, **교육논총, 11**, pp. 59-113.

이용숙(1999). 교육과 연구에 있어서의 질적 연구방법 1:자료 수집 방법을 중심으로, KICE **연구포럼, 한국교육과정평가원,** pp.107-143.

이용숙(2000). 교육과 연구에 있어서의 질적 연구방법 2:자료 수집 방법을 중심으로, KICE **연구포럼. 한국교육과정평가원,** pp.144-198.

이용숙, 김영천(1999). 교육과 연구에 있어서의 질적 연구방법. KICE 연구포럼. 청소년상담학의연구: 질적 연구방법의 적용. **한국청소년상담원, 청소년상담연구 7**(1), pp.87-126.

이용숙, 정환규, 박금화 (1988). 국민학교 수업방법의 개선을 위한 문화기술적 연구, **한국교육개발원 연구보고서**.

이은경(2000). **심리척도 핸드북 Ⅱ**. 고려대학교 부설 행동과학연구소. 편학지사.

이은정(2007). **중년기혼여성들의 댄스스포츠 참여에 따른 여가만족과 생활만족의 관계**. 명지대대학원. 석사학위논문.

이종길 외(1992). 여가활동유형별 생활만족도의 변화에 대한 분석. **體育科學論叢 한국체육과학연구원 9**(1), pp.96-126.

이종길(1992). 스포츠시설의 마켓팅 전략을 위한 Hybrid Conjoint Analysis. **스포츠과학연구원 41**(2), pp.44-48.

임철빈(2006). **학부모의 검도 체육관선택 요인 중요도가 구매행동에 미치는 영향.** 단국대학교 경영대학원. 석사학위논문.

장상희, 홍동식 공역(1989). **사회통계학-원리와 실제**. 박영사.

장용갑(2011). **전자호구가 태권도 경기시 선수·지도자·심판의 경기판정 및 경기력 향상의 활성화 방안에 대한 연구**. 서남대학교 일반대학원. 미간행박사학위논문.

장은미(1995). 정규직과 임시직의 조직몰입에 관한 연구. **인사조직학회 1995년 춘계학술연구발표회,** 38-55.

전성욱(2001). **댄스스포츠 참가자들의 사회적 지지 및 몰입경험과 생활만족의 관계**. 용인대학교 대학원. 석사학위논문.

최원미(2009). **중년여성들의 댄스무브먼트 참여정도가 행복감과 가정생활 만족도에 미치는영향.** 용인대학교 대학원. 석사학위논문

정민영 외 3인(1991). **논문 작성법**. 서울: 명지사.

정성숙(2005). **경호무도 수련이 직무 만족과 조직몰입에 미치는 영향**. 용인대학교 대학원. 박사학위논문.

정철호(2004). **축구선수들의 불안과 자기조절능력과의 관계.** 조선대학교 교육대학원. 석사학위논문.

정청희(2003). **스포츠심리학의 이해**. 서울: 도서출판 무지개사.

정청희(2003). **운동수행 향상을 위한 심리기술훈련**. 서울: 도서출판 무지개사.

정청희(2004). **운동수행 향상을 위한 심리기술훈련**. 서울: 도서출판 무지개사.

정청희, 조병훈(1993). 탁구 선수들의 스포츠 경쟁 불안 검사(SCAT)규준 개발, **서울대 체육연구소지 4**(2)

정충영, 최이규(1998). **SPSSWIN을 이용한 통계분석**. 무역경영사.

정해상(2011). **포지션과 경력에 따른 대학축구선수의 경기전 경쟁 상태불안과 자신감 및 심리적요인과의 관계**. 서남대학교 일반대학원. 미간행박사학위논문.

조영달(1995). 정형화된 사회적 공간으로서의 교실, **교육논총, 11**, pp.152-184.

주현식, 윤승현, 김화경(2007). 컨벤션센터 종사원의 직무특성이 조직몰입·직무만족·조직시민행동에 미치는 영향. **관광연구, 21**(4), 43-60.

채서일(1994). **마케팅조사론**. 학현사.

채서일(2002). **사회과학조사방법론**, 서울: 학현사.

최기성(2001). **우수,비우수 고교 유도선수들의 성별에 따른 경쟁불안에 관한 연구**. 용인대학교 교육대학원. 석사학위논문.

최익봉(2004). **리더의 임파워먼트 행위·조직공정성·신뢰와 조직유효성 간의 관련성에 관한 연구 : 신뢰의 매개적 역할을 중심으로**. 영남대학교 대학원. 박사학위논문.

한국사회학회편(1999). **SPSS 사회조사분석**. SPSS아카데미.

허정훈(2003). 운동선수 자기관리 검사지(ASMQ) 개발. **한국스포츠심리학회지. 14**(2), 95-109.

허정훈, 김병준, 유진(2001). 대학운동선수들의 자기관리 전략 평소 연습과 시합. **한국체육학회지. 40**(1), pp.187~199

홍길동(2005). **양궁심리프로그램의 개발 및 현장 적용연구**. 서울대학교 대학원. 미간행 박사학위논문.

홍준희(2001). **스포츠 상황에서 자기조절 초점과 목표추구 행동간의 관계**. 서울대학교 대학원. 박사학위논문.

홍준희, 김정수, 이중숙(2001). 성취목표성향과 능력지각이 경쟁상태불안에 미치는 영향. **한국스포츠심리학회지 12**(2) pp.151-163.

인터넷 다음카페(2010). **논문통계분석**, http://cafe.daum.net/spssmaster (spss,Amos 논문통계도우미// 석박사 통계분석), (검색일 : 2010.5.1).

인터넷 다음블로그(2010). **논문작성법**, http://evergreen0001.tistory.com/121 (검색일 : 2010.5.1)

Allen, N. J., Meyer. J. P. (1990). the measurement and antecedents of affective, continuance and normative commitment, to the organization. *Journal of occupational psychology, 63*, 3, pp. 235-243.

Allen, N. J., Meyer. J. P. (1993). Organizational commitment: Evidence of career stage effect?, *Journal of Business Research, 26*(1), 49-61.

Apple, M(1979a). What Correspondence theories of the hidden curriculum miss. Review of Education, 5(2), 101-112.

Beard, J. G., & Ragheb, M. G.(1980). Measuring leisure satisfaction. *Journal of leisure Research*, 12(1), 20-33.

Becker, H. S. (1960). Notes on the Concept of Commitment: American *Journal of Sociology, 66,* 30-36.

Belenkey, M., Clinchy, B., Goldberger, N., and Tarule, J. (1986). *Women's ways of knowing*. New York: Basic Books.

Bernstein, R. (1976). The restructuring of social and political theory. New York: Harcourt, Brace & Jovanovich.

Blumer, H. (1969). *Symbolic interactionism*. NJ: Printice-Hall.

Bogdan, R., & Biklin, S. (1992). *Qualitative research of education*. Boston: Allyn and Bacon.

Bredo, E., & Feinberg, W. (Eds.). *Knowledge and values in social and educational research*. Philadelphia: Temple University Press.

Bryman, A. (1988). *Quality and quantity in social research*. London: Unwin Hyman.

Bryman, A., & Cramer, D. (1982). Quantitative Data Analysis for Social Scientists.

CA, Consulting Psychologist Press

Carr, W., & Kemmis, S. (1986). *Becoming critical: education, Knowledge and action research*. New York: The Falmer Press.

Cazden, C., J. V., & Hymes, D. (Eds.). (1972). *Functions of language in the classroom*. New York: Teachers College Press.

Cazden, D. (1986). Classroom discourse. In M. Wittrock (Ed.), *Handbook of research on teaching (2nd)*. 432-463. NY: Macmillan Publishing Company.

Cicourel, A. V. (1968). *The Social organization of juvenile justice*. New York: Wiley.

Cook, J. A., and Fonow, M. M. (1986). Knowledge and women's interests: issues of epistemology and methodology in feminist sociological research. *Sociological Inquiry*, 56(2).

Csikszntmihaliyi(1975). *Beyond boredom and anxiety*. San Francisco: Jossey-Bass.

Cusick. P. (1973). *Inside high school: the student's world*. NY: Holt, Reinharz and Winston, Inc.

Deci, E. L., & Ryan, R. M.(1985). *Intrinsic motivation and self-determination in human behavior*. New York: Plenum.

Denzin, N., & Lincoln, Y. (1994). *Handbook of qualitative research*. California: Sage.

Dillon, W. R., & Goldstein, M. (1984). *Multivariate analysis*: methods and applications. John Wiley & Sons.

Dreeben, R. (1968). *On what is learned in school*. MA: Addison-Wesley.

Duda(1993), Hall과 Kerr(1997), 홍준희 등(2001)

Duda, J. L.(1985). Goals and achievement orientations of Anglo and Mexican American adolescents in sport and the classroom. *International Journal of Intercultural Relations, 9*, 131-155.

Erickson, F. (1986). Qualitative methods in research on teaching. In M. Wittrock (Eds.), *Handbook of research on teaching (2nd)*. 119-161. NY: Macmillan Publishing Company.

Erickson, F., & Shultz, M. (1981). When is a context? some issues and methods in the analysis of social competence. In J. Green & H, Wallat (Eds.), *Ethnography and language on educational setting*, NJ: Ablex Publishing Corporation.

Fine, M. (1991). *Framing Dropouts*. Albany: State University of New York Press.

Florio, S., & Shultz, J. (1979). Social competence at home and at school. *Theory Into Practice*, 18(4), 234-243.

Gilligan, C. (1977). In a different voice: Women's conceptions of self and morality. Harvard Educational Review, 47(4), 481-517.

Gilligan, C. (1982). In a diffent voice. Cambridge, M. A: Harvard University Press.

Giroux, H. (1981). *Ideology, culture, and the process of schooling*. Philadelphia: Temple University Press.

Goudas, M., & Biddle, S.(1993). Pupil perceptions of enjoyment in physical education. Physical Education Review, 16, 145-150.

Green, J. (1983). Research on teaching as a linguistic process: a state of the art. In Gordon (Eds.), *Review of Research in Education*, AERA.

Green, J., & Harker, J. (Eds.) (1988). *Multiple perspective analysis of classroom discourse*. New Jersey: Ablex Publishing Corporation.

Green, J., & Wallet, C. (Eds.) (1981). *Ethnography and language*. New Jersey: Ablex Publishing Corporation.

Griffin, M.(1972). An analysis if state and trait anxiety experienced. In sports competition at different age levels. 58-64.

Griffin, P.(1973). What's a nice girl like you doing in a profession like this *Quest, 19,* 96-101.

Hall, E. G., & Erffmeyer, E. S.(1983). The effect of visuo-motor behavior rehearsal with vidotaped modeling on free throw accuracy of intercollegiate female basketball player. *Journal of Sport Psychology, 5*, 343-346.

Harding, S. (1987). *Feminism and Methodology.* Bloomington: Indiana University Press.

Hargreaves, D., Hester, S., & Mellor, F. (1975). *Deviance in classrooms.* London: Routledge & Kegan Paul.

Heap, J. (1992). Seeing snubs: an introduction to sequential analysis of classroom interaction, Journal of Classroom Interaction, 27(2).

Jackson, P. (1968). *Life in classrooms.* NY: Holt, Reinhart and Winston, Inc.

Jacob, E. (1987). Traditions of qualitative research: A review. *Review of Educational Research*, 51(1), 1-50.

Jones, G., & Swain, A. B. J.(1992). Relationships between sport achievement orientation and competitive state anxiety. *The Sport Psychologist.*

Jones, G., & Swain, A.,(1995). Predispositions to experience debilitative and facilitative anxiety in elite and nonelite performers. *The Sport Psychologist.*

Kaiser, H. F. (1974). An index of factorial simplicity. *Psychometrika, 39,* pp. 31-36.

Lancy, D. F. (1993). *Qualitative Research in education.* New York: Longman.

Leventhal, G. S. (1980). What should be done with equity theory? in K. J. Gergen, M. S. Greenberg, & R. H. Willis(eds). *Justice and social interaction,* pp. 167-218. New York : springer-verlag.

Leventhal, G. S. (1980). What should be done with equity theory? new approaches to the study of fairness in social relationship, In K. S. Geren, M. S. Greenberg and R. H. Willis, social exchange: *Advances in theory and research,* New York: plenum. pp. 27-55.

Levinson, S. (1983). *Pragmatics*. Cambridge University Press.

Locke, E. A. (1976). *The nature and cause of job satisfaction*. In M. D. Dunnette Handbook of industrial and organization, ed, marvin D. Dunnette, pp. 1300-1307.

Lortie, D. (1975). *School teacher: A sociological study*. Chicago: University of Chicago Press.

Lubeck, S. (1985). Sandbox society: Early education in black and white America-A comparative ethnography. Philadelphia: Falmer Press.

Macbeth, D. H. (1991). Teacher Authority as Practical Action: the making and un-making of a quiet reproach. British Journal of Sociology of Education. 11(2).

Martens, R, Burton, D, Rivkin, F, & Simon, J (1990). Reliability and Validity of the Competitive State Anxiety Inventory(CSAI).In C. H. Nadeau, W. C. Halliwell, K. M. Newll, & G. C. Roberts(Eds), *Psychology of motor behavior and sport -1979(pp. 91-99),* Champaign, IL: Human Kinetics.

Martens, R, Vealey. R, S. & Burton, D.(1990). Competitive anxiety in sport. champaign, IL: Human kieties.

Martens, R. Burton D. Vealey, R. Bump, L. & Smith, D.(1990). The development of the Competitive State Anxiety Inventory-2(CSAI-2). In R. Martens, R. S. Vealey & D. Burton (Eds), Competitive anxiety in sport (177-190) Champaign, IL: Human Kinetics.

Martens, R. Burton Vealey, R. S. Bump, L. A. & Smith, D. E.(1980). Reliability and validity of the Competitive State Anxiety Inventory(CSAI). In C. H. Nadeau, W. C. Halliwell, K. M. Newell, & G. C. Robert (Eds), Psychology of motor behavior and sport-1979(pp. 91-99). Champaign, IL: Human Kinetics.

Martens, R., Burton D., Vealey, R., Bump, L., & Smith, D (1990). *The development of the Competitive State Anxiety Inventory-2(CSAI-2).*

Martin, J. J., & Gill, D. L.(1991). The relationships among competitive oriention, sport-confidence, self-efficacy, anxiety, and Performance. *Journal of Sport & Exercise Psychology*, 13, 149-159.

Mathieu, J. E. & Zajac, D. M. (1990). A review and meta-analysis of the antecedents, correlates, and consequences of organizational commitment. *Psychological Bulletin, 108,* 2, pp. 171-194.

McAuley, E., Duncan, E.T., & Tammen, V. V.(1989). Psychometric properties of the Intrinsic Motivation Inventory in a competitive sport setting: A confirmatory factor analysis. *Research Quarterly for Exercise and Sport, 60*, 48-58.

McLaren, P. (1989). *Life in schools.* New York: Longman, Inc.

Metz, M. (1978). *Classrooms and corridors: The crisis of authority in desegregated secondary school.* Berkley, California: University of California, Press.

Moorman, R. H. & Blakely, G. L. & Niehoff, B. P. (1998). Does Perceived Organizational support mediate the relationship between proedural justice and Organizational Citizenship Behavior. *Academy of Management Journal, 41,* pp. 351-357.

Moorman, R. H. (1991). Relationship between organizational justuce and organizational citizenship behaviors: Do fairness perceptions influence employee citizenship? *Journal of Applied Psychology, 76,* pp. 845-855.

Moorman, R. H., Niehoff, B. P. & Organ, D. W. (1993). Treatong employees fairly and organizational citizenship behavior : sorting the effects of job satisfaction, organizational commitment, and procedural justice. *Employee Responsibilities and Rights Journal, 6,* pp. 209-225.

Morrison, E. W. (1994). Role Definitions and organizational citizenship behavior: The importance of theemployee's perspective. *Academy of Managment Journal, 37,* 1543-1567.

Niddeffer, R, M & Dechner, C. M.(1981). On separability of and interference following the use of relaxation procedures. *perceptual and Motor Skills, 30*, 821-822.

Oakley, A. (1981). Interviewing women: A contradiction on terms. In H. Roberts (Ed.), *Doing feminist research*, 30-61, London: Routledge & Kegan Paul.

Ogbu, J. (1974). The next generation: An ethnography of education in an urgan neighborhood. New York: Academic Press.

Ogbu, J. (1981). School ethnography: A multilevel approach. Anthropology and Education Quarterly, 12(1), 3-29.

Organ, D. W. (1988). A Restatement of the satisfaction-Performance Hypothesis. *Journal of Management, 14,* pp. 547-557.

Organ, D. W. (1988). *Organizational citizenship behavior: the good soldier syndrome.* Lexington, MA: Lexington Books.

Organ, D. W. (1994). Personality and Organizational Cotizenship Behavior. *Journal of management, 20,* pp. 465-478.

Patton, M. Q.(1990). Qualitative evaluation and research methods, *Sage Pub.* 300.72 P322 q2.

Payne, G., & Hustler, D. (1980). Teaching the class: The practical management of a cohort. British Journal of Sociology of Education, 1(1).

Philips, S. (1983). *The invisible culture: communication in classroom and community on the Warm Springs Indian Reservation.* New York: Longman.

Price, J. L. & Mueller, C. W. (1986). *Handbook of Organizational Measurement.* Marshield, MA., Pitman Publishing Inc.

Reinharz, S. (1983). Experiential analysis: A contribution to feminist research. In G. Bowles & R. D. Klein (Eds.), *Theories of women's studies.* 162–190. Boston: Routledge & Kegan.

Rhee, J. (1996). *Organizational justice in an employee participation program.* Unpublished Doctoral Dissertation, Cornell University.

Richardson, L, Lockridge, E. (1991). The sea monster: An ethnographic drama. *Symbolic Interaction*, 14, 335–340.

Richardson, L. (1990). *Writing strategies.* Newbery Park: Sage.

Richardson, L.(1992). The Poetic representation of lives: writing a postmodernist Sociology. In *Studies in Symbolic Interaction*, Vol. 13, edited by Norman K. Denzin. 19–28, Greenwich, CT: JAI Press.

Ryan, R. M., Vallerand, R. M., & Deci, E. L.(1984). Intrinsic motivation in sport: A cognitive evaluation theory interpretation. In W. F. Straub and J., Williams (Eds)., *Cognitive sport Psychology* (pp. 231–242). *Lansing, NY: Sport Science Associates.*

Schultz, A. (1967). *The Phenomenology of a social world.* Evanston, Ⅲ: Northwestern University Press.

Smith, L., & Geoffrey, W. (1968). *The complexities of an urban classroom*. NY: Holt, Reinhart and Winston, Inc.

Smith, R,E., Smoll, F.L., ang Schutz, R.W. (1990). Measurement and correlates of sport-specific cognitive and somatic trait anxiety. *The sport Anxiety Scale; SAS*.

Spielberger, C. D (1966). *Anxiety and Behavior*. New York: Academic press.

Spielberger, C. D.(1970). Manual for the State-Trait Anxiety Inventory. Palo alto,

Sudnow, D. (1967). *Passing on: the social organization of dying*. Englewood Cliffs, NJ: Printice-Hall.

Waller, W. (1932). *The sociology of teaching*. New York: Russell & Russell.

Willis, P. (1977). *Learning to labour*, Farnborough: Saxon House.

Willkinson, L. (Ed.) (1982). *Communicating in the classroom*. New York: Academic Press, Inc.

Wolcott, H. (1973). *The man in the principal's office: an ethnography*. NY: Holt, Reinhart and Winston, Inc.

Won, H. J. (1989). *The daily leisure of Korean school adolescents and its relationship to subjective well-being and leisure function*. Unpublished doctoral dissertation, University of Oregon.

저자소개

김 두기 교수

목포대학교(학사)
전남대학교 대학원(석사)
전남대학교 대학원(박사)
현) 서남대학교 사회체육학과 교수
kdg0530@hanmail.net

이 승도 교수

용인대학교(학사)
명지대학교 대학원(석사)
서남대학교 대학원(박사)
현) 서남대학교 사회체육학과 교수
seungdo22@hanmail.net

정 정화 원장

한국국제대학교(학사)
수원대학교 사회교육원(학사)
경상대학교 일반대학원(석사)
현) 정정화에어로빅댄스교육관 원장
happydayc@hanmail.net

이 은하 교수

계명대학교(학사)
계명대학교 대학원(석사)
경북대학교 대학원(박사)
현) 영남사이버대학교 생활스포츠학과 교수
0165655439@hanmail.net

김 종언 교수

전남대학교(학사)
전남대학교 대학원(석사)
전남대학교 대학원(박사)
현) 초당대학교 사회체육학과 교수
jukim@chodang.ac.kr

김 연수 교수

원광대학교(학사)
원광대학교 대학원(석사)
원광대학교 대학원(박사)
현) 서남대학교 사회체육학과 교수
campus@wonkwang.ac.kr